U0647687

"舟山群岛新区自由港研究丛书"编委会

主　编　罗卫东　余逊达
编委会（按姓名拼音排序）
　　　　何文炯　黄先海　楼含松　阮　啸　史晋川　朱新力
工作组　李铭霞　程　丽　陈　婵　周　石

求是智库
ZJU Think Tank

舟山群岛新区自由港研究丛书
丛书主编 罗卫东 余逊达

舟山自由港建设
及其配套产业发展研究

Research on the Construction of
Zhoushan Free Port and the Development
of Its Supporting Industries

马述忠 伍湘陵◎等著

ZHEJIANG UNIVERSITY PRESS
浙江大学出版社

图书在版编目（CIP）数据

舟山自由港建设及其配套产业发展研究／马述忠等
著. —杭州:浙江大学出版社，2020.12
ISBN 978-7-308-21092-8

Ⅰ.①舟… Ⅱ.①马… Ⅲ.①自由港—港口建设—研
究—舟山 ②自由港—产业发展—研究—舟山 Ⅳ.
①F552.755.3

中国版本图书馆 CIP 数据核字（2021）第 032107 号

舟山自由港建设及其配套产业发展研究
马述忠　伍湘陵　等著

责任编辑	陈佩钰	
责任校对	许艺涛　周　靓	
封面设计	项梦怡	
出版发行	浙江大学出版社	
	（杭州市天目山路 148 号　邮政编码 310007）	
	（网址:http://www.zjupress.com）	
排　　版	杭州青翊图文设计有限公司	
印　　刷	浙江新华数码印务有限公司	
开　　本	710mm×1000mm　1/16	
印　　张	22.25	
字　　数	330 千	
版 印 次	2020 年 12 月第 1 版　2020 年 12 月第 1 次印刷	
书　　号	ISBN 978-7-308-21092-8	
定　　价	85.00 元	

版权所有　翻印必究　　印装差错　负责调换
浙江大学出版社市场运营中心联系方式:0571－88925591;http://zjdxcbs.tmall.com

总 序
开启舟山"自由港"筑梦之旅

舟山群岛是中国第一大群岛,拥有 1390 个岛屿和 270 多千米深水岸线,历史上被誉为东海鱼仓和中国渔都。从地缘区位来看,舟山是"东海第一门户",地处中国东部黄金海岸线与长江黄金水道的交汇处,背靠长三角广阔腹地,面向太平洋万顷碧波,是我国开展对外贸易和交往的重要通道。从自然地理来看,舟山港域辽阔、岸线绵长、航门众多、航道畅通,具有得天独厚的深水港口和深水航道优势,是大型深水港及集装箱码头的理想港址。

舟山独特的地缘区位优势与自然地理优势,使它在 16 世纪上半叶就成为当时东亚最早、最大、最繁华的贸易港,汇聚了葡萄牙、日本等十多个国家的商人,呈现出自由贸易港的雏形。但后来由于倭寇入侵等原因,舟山成为海盗、海商与朝廷对抗的地方。明朝开始实行的"海禁"政策,使舟山的区位优势和地理优势未能转化为支撑舟山经济发展的产业优势。鸦片战争期间,那些来到舟山的侵略者也赞叹它优越的地缘区位和自然禀赋。一名英国海军上校在信中就曾这样写道:"舟山群岛良港众多……如果英国占领舟山群岛中的某个岛屿,不久便会使它成为亚洲最早的贸易基地,也许是世界上最早的商业基地之一……其价值不可估量。"然而,晚清政府屡弱无能,舟山的岛屿价值和港口优势并没有得到应有的重视和开发。因此,在近代中国百年历史中,舟山一直以"渔都"

存在着,无人梦及"自由港"。

新中国成立后特别是改革开放政策实施以来,舟山开始焕发勃勃生机,它的地缘区位优势与自然地理优势也受到广泛关注。随着改革开放的深化,2011年6月30日,国务院正式批准设立浙江舟山群岛新区,舟山成为我国继上海浦东、天津滨海和重庆两江之后设立的第四个国家级新区,也是首个以海洋经济为主题的国家级新区,舟山群岛的开发开放上升成为国家战略。2013年1月17日,国务院批复了《浙江舟山群岛新区发展规划》,明确了舟山群岛新区的"三大定位"(浙江海洋经济发展先导区、全国海洋综合开发试验区、长江三角洲地区经济发展重要增长极)和"五大目标"(我国大宗商品储运中转加工交易中心、东部地区重要的海上开放门户、重要的现代海洋产业基地、海洋海岛综合保护开发示范区、陆海统筹发展先行区),舟山的国家战略使命更加清晰。而后,随着我国"一带一路"倡议的提出,2014年11月,李克强总理在考察浙江期间指出,舟山应成为21世纪海上丝绸之路的战略支点。殷殷期许承载了多少历史的蹉跎、时代的重托。

根据国际经验和中国的发展目标及具体情况,我们认为,实现舟山的战略使命,关键在于利用舟山的地缘区位优势与自然地理优势,把舟山创建成中国内地首个自由贸易港区。这既是舟山对国务院提出的"三大定位""五大目标"的深入贯彻,也是舟山"四岛一城一中心"建设目标的突破口和核心环节,更是我国发展海洋经济、创建国际竞争新优势的重大举措。

把舟山创建成自由贸易港区,其技术路线图大致是:从综合保税区到自由贸易园区,再到自由港区。具体而言,第一步,建设综合保税区,让舟山先拥有传统的海关特殊监管区。第二步,选择合适的区域建设舟山自由贸易园区,实行国际通行的自由贸易园区政策,实现贸易自由、投资自由、金融自由和运输自由,使之成为中国内地经济活动自由度最高、最活跃的地区。第三步,争取将舟山全境建设成自由港区,实现贸易和投资自由化,成为能与德国汉堡、荷兰鹿特丹、新加坡、中国香港等相媲美的自由港。

　　自由港作为国际通行的一国或地区对外开放的最高层次和最高形态，其建设内容是多方面的，比如：推动建立完备的自由贸易区法律体系，建立简洁高效的自由贸易区管理体制，逐步放开海关监管、提高海关工作效率，促进金融制度改革等。同时，这些改革举措如何与国家的宏观制度环境相契合，也需要认真考量和应对。这就需要我们从国家战略的角度，先期进行科学的理论研究和顶层设计。基于这样的思路，从2013 年开始，浙江大学社会科学研究院设立"浙江大学文科海洋交叉研究专项课题"，组织金融、管理、贸易、法律、生态等相关领域的专家学者，一方面研究借鉴国内外相关经验，一方面深入舟山进行调查研究，多领域、多角度、多层次地提出问题和分析问题，进而为舟山群岛新区"自由港"建设提供理论论证和决策咨询建议。现在，我们将成果结集为"舟山群岛新区自由港研究丛书"，并作为"求是智库"系列丛书之一献给大家，以响应我国"一带一路"倡议和海洋强国战略建设的伟大号召。

　　是为序。

余逊达

2016 年 12 月 8 日

目　录

绪　言

第一节　研究背景

21世纪是海洋经济世纪,也是全球贸易迅猛发展的世纪。中国拥有相当辽阔的海域面积,是世界上的海洋大国,海洋资源和岛屿资源是我国开发海洋、发展海洋经济的重要依托。海岛不仅是国家对海洋拥有权的体现,也是一国领土的重要组成部分,同时也是海洋开发的物质基础。我国开发海洋、发展海洋经济正在掀起高潮,东部沿海各地纷纷提出海洋发展战略,并上升为国家战略层面,海洋经济成为新一轮东部发展的核心内容。《中共中央关于制定国民经济和社会发展第十四个五年规划和二○三五年远景目标的建议》明确指出海洋经济的重要性,"……坚持陆海统筹,发展海洋经济,建设海洋强国……"。

早在"十二五"规划文件中,"浙江舟山群岛新区"就已经是东部地区率先发展和长江三角洲经济一体化的重要区域。舟山是全国海洋资源最丰富、海洋经济比重最高的地级市,是浙江海洋经济发展的核心区块和重中之重,是长三角海洋经济新的重要增长极。国务院批复的《长江三角洲地区区域规划》中明确提出"设立舟山海洋综合开发试验区",并在"产业发展与布局"一章中明确提出"以上海、南通、舟山等为重点,建设大型修造船及海洋工程装备基地",这不仅是对舟山海洋综合开发的明确要求,也是对舟山发展的政策推动。在浙江省提出建设"海洋经济强省""港航强省"和"海上浙江"的总战略的方针之下,打造海洋经济发展示范区、发展海洋经济成为浙江调整产业结构、寻找新的经济增长点的主战场。2011年2月25日,国务院批复的《浙江海洋经济发展示范区规划》中以整章的篇幅,提出建设舟山海洋综合开发试验区的要求。现阶段舟山正进入经济转型和产业提升的关键时期,通过对保税港区产业发展的研究,借助在国家和区域发展战略层面上得到的国家重点支持,舟山成为国家重点开发区域,享受海关最优惠的特殊监管区域政策,同步促进长三角地区的快速发展。本书的目的,就是为舟山自由港建设及其产业发展规划提出切实可行的政策建议。

第二节　研究意义

我国拥有广阔的海域面积,实属海洋大国,但是由于我国海洋开发起步晚,海洋技术发展慢,至今我国还不能称为海洋强国。21世纪是海洋飞速发展的时代,抓住机遇发展海洋,才能跃身于世界海洋强国之列。

2011年6月,国务院批准设立浙江舟山群岛新区,明确提出舟山群岛新区建设要以深化改革为动力,以先行先试为契机,坚持高起点规划、高标准建设、高水平管理,在推动浙江经济社会发展、加快东部地区发展方式转变、促进全国区域协调发展中发挥更大作用。按照国务院要求,为全面落实《中华人民共和国国民经济和社会发展第十三个五年规划纲要》《长江三角洲地区区域规划》《浙江海洋经济发展示范区规划》,积极探索海洋经济科学发展新路径,着力打造海洋海岛综合保护开发新模式,不断创新陆海统筹协调新机制,切实推进舟山群岛新区全面开发开放和又好又快发展。

本书的研究旨在通过对舟山自由港建设及其配套产业发展研究,通过提出相应的政策建议,构筑对外开放的新平台,打造国民经济发展的新增长极,从而为全国海洋经济科学发展提供示范,提高国家战略资源安全的保障能力。

第三节　研究内容

本书首先对舟山群岛地区做一个细致全面的介绍,对其自然地理、特色资源、人口民族、历史文化等方面做全方位的展示,使读者对舟山群岛有一个比较深入的了解。之后,介绍舟山群岛的发展现状,包括港口建设和自由港配套产业的发展现状,通过对当地特色优势产业和战略性新兴产业的研究,对目前舟山自由港建设及其配套产业的发展有一个清晰的了解。

其次,对大宗商品的研究,主要涉及大宗商品的交易模式以及定价权机制的研究,进而厘清舟山大宗商品国际物流业的发展现状,并且深入剖析大宗商品国际物流业与自由港建设的关联机制,借鉴国际著名自由港配套产业的发展经验,总结大宗商品国际物流业发展的世界经验,对舟山自由港的大宗商品国际物流业提出战略化发展意见,并设计出相应的运作模式。

最后,对舟山自由港建设及其配套产业发展提出全局性的政策建议。

第四节　研究方法

本书将采用理论和实证分析的方法:一方面通过构建数量模型从理论上分析各种因素对自由港港口效率和大宗商品国际物流业集散绩效

或其他变量的影响,另一方面通过实证的手段,直接以数据来说话,为理论分析的结论提供有力的实证支撑。

此外,本书也将注重对现有的研究结果进行归纳和总结,借鉴已有的研究方法和结论,为本书的分析服务。

第一章
舟山自由港发展现状

第一节　舟山概况

一、自然地理

舟山市位于浙江省舟山群岛,是浙江省辖地级市,是我国第一个以群岛建制的地级市。2011 年 6 月 30 日,国务院正式批准设立浙江舟山群岛新区,新区范围与舟山市行政区域一致,是中国第一大群岛和重要港口城市,下辖定海、普陀两区和岱山、嵊泗两县,共由 1390 个岛屿组成。群岛之中,以舟山岛最大,其"形如舟楫",故名舟山。舟山本岛东西长 45 千米,南北宽 18 千米,面积 502 平方千米(不包括朱家尖岛),是我国第四大岛,浙江第一大岛。全市区域总面积约为 2.2 万平方千米,其中陆域面积 1440 平方千米、海域面积 2.08 万平方千米。其地理位置介于东经 121°30′~123°25′,北纬 29°32′~31°04′之间,东西长 182 千米,南北宽 169 千米。舟山群岛新区处于我国南北海运大通道和长江黄金水道交汇地带,长江、钱塘江、甬江三江入海口,背靠上海、杭州、宁波等大中型城市和长江三角洲的辽阔腹地,扼江海联运要冲,面向浩瀚太平洋,与韩国釜山、中国台湾高雄、中国香港、新加坡等西太平洋主力港口,构成近乎等距离的扇形海运网络,居亚欧、亚美及远东等远洋主干航线的扇轴点,是江海联运的重要枢纽,也是国际物流和国内物流的结合部,是我国伸入环太平洋经济圈的前沿地区,也是我国扩大开放、通联世界的战略门户。

二、特色资源

(一)深水良港

舟山拥有得天独厚的深水港口和航道资源优势,岸线总长 2436.3 千米,其中基岩海岸 1855 千米,人工海岸(海塘)530 千米,沙砾海岸 50 千米,泥质海岸(涂)1.3 千米。全市主要深水岸段有 38 处,水深在 15 米以上的有 200.7 千米,其中水深在 20 米以上的 103.7 千米,是中国东南沿海建设大型深水港的理想港址。航道众多,水深流稳,终年不冻,主航道可通行 20 万～30 万吨级巨轮。港内锚泊水面 1000 多平方千米,遮蔽性能好。2019 年舟山港年吞吐量在 11 亿吨以上,名列我国沿海港口第一位。

(二)著名渔都

舟山是我国著名的渔场和海洋渔业的重要基地。舟山发展远洋渔业已有 20 多年的历史,其发展水平在浙江乃至全国处于领先地位。舟山渔场面积 10.6 万平方千米,外侧是浩瀚的东海洋面,大陆架渔场面积为 57.29 万平方千米,是中国最大的渔场,素有"东海渔仓"和"中国渔都"之美誉。全市有浅海滩涂 400 余万亩,海水养殖开发潜力巨大。外海远洋捕捞不断发展,主要在西非、印尼、阿根廷和北太平洋等海域生产作业。舟山的水产品远销日本、韩国、美国、欧盟和东南亚等 50 多个国家和地区。

(三)旅游胜地

舟山是一个旅游资源极为富饶的海岛城市,有"海天佛国"普陀山和"南方北戴河"嵊泗列岛两个国家级风景名胜区。我国四大佛教名山之一的普陀山与"碧海灵山"朱家尖、著名渔港沈家门鼎足而立,构成极具海岛特色的旅游"金三角"。著名的八仙过海的"东海蓬莱"岱山岛和金庸笔下的"海外仙境"桃花岛,均列为浙江省级风景名胜区,全市年接待游客5000万人次以上。

三、人口民族

根据 2010 年第六次人口普查数据显示,舟山市常住人口 112.13 万人,2010 年末户籍人口总数 96.771 万人,人口密度 672 人/平方千米。[①]

（一）全市常住人口

全市常住人口为 112.13 万人,比 2000 年第五次全国人口普查增加 11.98 万人,增长 11.95%,年平均增长率为 1.14%。全市常住人口中,市外流入人口为 24.55 万人,占 21.89%,其中省外流入人口为 21.39 万人,占 19.08%。

（二）家庭户人口

全市常住人口中共有家庭户 43.00 万户,家庭户人口为 102.87 万人,平均每个家庭户的人口为 2.39 人,比 2000 年第五次全国人口普查的 2.73 人减少 0.34 人。

（三）性别构成

全市常住人口中,男性人口为 58.84 万人,占 52.48%;女性人口为 53.29 万人,占 47.52%。总人口性别比（以女性为 100,男性对女性的比例）由 2000 年第五次全国人口普查的 102.18 上升为 110.43。

（四）年龄构成

全市常住人口中,0～14 岁人口为 11.43 万人,占 10.19%;15～59 岁人口为 83.07 万人,占 74.08%;60 岁及以上人口为 17.63 万人,占 15.73%,其中 65 岁及以上人口为 11.78 万人,占 10.50%。与 2000 年

[①] 数据来源:中华人民共和国第六次人口普查,http://www.stats.gov.cn/tjsj/tjgb/rkpcgb/df rkpcgb/201202/t20120228_30409.html

第五次全国人口普查相比,0~14 岁人口的比重下降 5.09 个百分点,15~59 岁人口的比重上升 2.22 个百分点,60 岁及以上人口的比重上升 2.87 个百分点,其中 65 岁及以上人口的比重上升 1.17 个百分点。

(五)各种受教育程度人口

全市常住人口中,具有大学(指大专以上)程度的人口为 11.53 万人;具有高中(含中专)程度的人口为 13.85 万人;具有初中程度的人口为 39.82 万人;具有小学程度的人口为 34.13 万人(以上各种受教育程度的人包括各类学校的毕业生、肄业生和在校生)。

(六)城乡构成

全市常住人口中,居住在城镇的人口为 71.31 万人,占 63.59%;居住在乡村的人口为 40.82 万人,占 36.41%。与 2000 年第五次全国人口普查相比,城镇人口增加了 15.19 万人,乡村人口减少了 3.22 万人,城镇人口比重上升了 7.56 个百分点。

(七)人口地区分布

全市常住人口中,定海区为 46.42 万人,比 2000 年增长 25.64%,其中临城街道 5.59 万人;普陀区为 37.88 万人,比 2000 年增长 9.41%,其中普陀山镇 1.04 万人;岱山县为 20.22 万人,比 2000 年增长 2.37%;嵊泗县为 7.61 万人,比 2000 年下降 13.87%。

(八)民族构成

全市主要民族为汉族,约占常住人口的 98.98%。近年来,全市少数民族个数和人口数量呈强劲增长态势,据舟山市第六次人口普查,全市少数民族个数由 2000 年第五次人口普查时的 27 个劲增到现有的 42 个,少数民族常住人口从 2000 年第五次人口普查的 0.24 万人增加到 1.14 万人,十年增长 3.82 倍,占全市常住人口的比重从 0.24% 提高到 1.02%。截至 2014 年底,常住全市的少数民族人口中,人数超过千人的少数民族依次为苗族、土家族、回族,分别为 0.31 万人、0.29 万人和 0.11 万人,超过 500 人的有彝族 0.07 万人、布依族 0.06 万人。

四、历史文化

（一）历史沿革①

舟山群岛历史悠久。据考古发现，早在 5000 多年前的新石器时代，舟山群岛上就有人居住。舟山群岛西北部马岙镇原始村落遗址上，原始村民在海边堆积的九十九座土墩上创造了神秘灿烂的"海岛河姆渡文化"，誉为"东海第一村"。

千岛之城历史悠远，文化底蕴丰厚。自 2001 年起，有关部门相继在舟山海域经四年时间的打捞和征集，发现在海底沉睡了几万年的各类晚更新世哺乳动物骨骼化石 300 余件，并发现 4 万年前原始人类使用的木制棍棒工具。哺乳动物骨骼化石经中科院古脊椎动物与古人类研究所进行鉴定确认，分别是 2.5 万年前的大型动物古棱齿象牙齿、德氏水牛下颌骨、犀牛下颌骨、水鹿部分头骨和角等 4 种骨骼。原始人类使用的木制棍棒工具，成为舟山在距今 4 万多年前有古人类活动的可靠的物证。证明 4 万～5 万年前，各类晚更新世哺乳动物和古人类在此共同繁衍生息。

春秋时属越，称"甬东"。战国时楚灭越，遂属楚。秦王政二十五年（前 222）甬东为会稽郡鄞县东境地。两汉、三国（吴）、晋、宋（南朝）、齐、梁、陈因之。隋开皇九年（589）废会稽郡，并鄮、鄞、余姚三县为句章县，甬东随鄞县并入句章县。

唐武德四年（621）以句章、鄞、鄮地置鄞州，甬东归鄞州。八年，又废鄞州置鄮县，甬东属之。开元二十六年（738），江南东道采访使齐澣奏请，析越州鄮县地，置鄮、慈溪、奉化、翁山（今定海）四县。古甬东境始置翁山县，下辖富都、安期、蓬莱三乡。鄮县县令王叔通兼翁山县第一任县令。宝应元年（762）翁山设富都监，隶朝廷盐铁使。袁晁率起义军占翁山。大历六年（771）翁山县废，属鄮县。五代时期吴越后梁开平三年（909）升明州为望海军，改鄮县为鄞县。原翁山地域析出复翁山县，隶于

---

① 资料来源：舟山年鉴。http://www.zhoushan.gov.cn/web/dhmh/qdws/lsyg/

望海军。

北宋太平兴国三年(978)废翁山入鄞县。端拱二年(989)置巡检司。熙宁六年(1073)七月,应原鄞县令王安石奏,析鄞县之富都、安期、蓬莱三乡,建县治,名昌国。

元至元十五年(1278),因"海道险要"和"户口倍万",升县为州。

明洪武二年(1369),改昌国州为县。十二年(1379),置昌国守御千户所。至十七年置昌国卫。二十年(1387)六月,废昌国县,置昌国乡。徙昌国卫于象山县南天门山。舟山置中中、中左两千户所,隶昌国卫,二十五年改隶定海卫。二十年六月废昌国县。此后,始称昌国为舟山。

清康熙二十三年(1684),朝廷颁"展海令",开海禁,舟山开始展复,渔业农业渐兴。移定海镇总兵于舟山,建舟山镇。二十六年五月,康熙帝以"山名为舟,则动而不静",诏改"舟山"为"定海山",并题"定海山"匾额。二十七年(1688),建定海县(原定海县改为镇海县)。

道光二十年(1840),鸦片战争爆发,定海陷落。二十一年(1841)二月,英军从定海撤退。定海总兵葛云飞、处州总兵郑国鸿、寿春总兵王锡朋、率兵3000人重建定海防务。四月,定海县升为直隶厅。

辛亥革命(1911)后,新置定海县治。

1949年7月,中共定海县委、定海县人民政府在宁波庄桥成立。1950年5月17日,定海解放后,定海县人民政府迁至定海城关。1953年6月10日,经国务院批准,将定海县拆分成为定海、普陀、岱山三个县,统一划入嵊泗县,并同时设立舟山专区。1967年3月,舟山专区改称舟山地区。1978年9月,成立舟山地区行政公署。1987年1月,撤销舟山地区,建立舟山市,辖定海、普陀两区和岱山、嵊泗两县。2011年6月30日,国务院正式批复设立浙江舟山群岛新区,舟山成为继上海浦东、天津滨海、重庆两江以后的第四个国家级新区。

(二)市名由来

舟山原为岛名。宋宝庆《四明志》卷十二:"舟山,去县五里,趋城由此涂出。"元大德《昌国州图志》卷四:"以舟之所聚,故名舟山。"时指今定海城南滨海码头旁小山(即东岳山),以其地为往来海舶候风待汛之所名之。后因滩涂淤涨,该岛与本岛连在一起,又因本岛形状酷如一挂满风帆、由东向西疾驶的海舟,东(船尾)有舵岙(今沈家门一带),中西部有碇次(今岑港一带),舟山之名渐盖本岛。明朝初年,明廷实行海禁,撤销昌国县,徙民于大陆,在其地设舟山中中、中左两千户所,驻守海疆,舟山遂又包括附近岛屿,成为群岛之称。1953年3月,国务院正式以其名为专区之称。

舟山古称海中洲,春秋时属越,称甬东。秦、汉为句章、鄞县地。唐开元二十六年(738)从鄞县中析出,设翁山县,大历六年(771)废。五代改鄮县为鄞县。宋熙宁六年(1073)"因舟山群岛东控日本,北接登莱,南亘瓯闽,西通吴会,实海中之巨障",宋朝根据原鄮县县令王安石的提议,析鄮县置昌国县,"以壮昌国势"。以后几经兴废。清康熙二十六年(1687)设置定海县,清道光二十一年(1841)升为定海直隶厅。民国元年(1912)复为定海县。新中国成立后,1953年6月10日,国务院批准,析定海县为定海、岱山、普陀3县,划入嵊泗县,同时设立舟山专区。1958年10月撤舟山专区。1962年5月再置舟山专区,1967年3月,舟山专区改称舟山地区。1987年1月,撤销舟山地区,建立舟山市,辖定海、普陀两区和岱山、嵊泗两县。至今,舟山仍是全国唯一的海岛地级市。

（三）市树市花

舟山市市花——普陀水仙。普陀水仙是我国花卉的第二大品种,是我国十大名花之一,也是舟山市的市花。普陀水仙原本为野生,栽培历史不长。普陀水仙具有花期长、花枝花朵多、花茎不易折、栽培方便、香气浓郁、观赏价值高等特点。普陀水仙的花朵有单瓣及重瓣之分,重瓣的花冠黄白相间,上端素白,下端素黄,别致典雅,称"玉玲珑"。单瓣花朵为白色,中间副冠呈杯形、内蕊黄色,称"金盏银台"。普陀水仙一般春节前后开花,风姿绰约,香清四溢,亭亭玉立,甚为动人,被誉为"凌波仙子"。普陀水仙可进行盆栽、土栽或水养,稍加雕刻,更显风姿。该品种已于1998年荣获浙江省优质农产品奖,2002年荣获浙江省优质农产品博览会金奖。

舟山市市树——舟山新木姜子。在全球木本植物中,舟山新木姜子是唯一以"舟山"命名的树种,是常绿大乔木。与樟树一样,舟山新木姜子属樟科植物,为国家级二级珍稀保护树种,分布在普陀山、桃花、朱家尖、大猫六、横等岛,于舟山市各县区均有人工栽培,为该市特有的优良乡土树种。舟山新木姜子树形高大、材质好、优美、繁殖容易、分枝少、生长快,而杆型比香樟更加圆满通直,春梢嫩叶密为金黄色绒毛,在阳光照射下闪闪发光,蔚为壮观,被全市人民称为"佛光树",1996年正式评选为舟山市市树。从园林观赏角度,舟山新木姜子树姿美观,一年有2～3次观叶期,1次观花期,1次观果期,花果期红果满挂枝梢,加上黄白相衬,配之绿叶,尤显秀丽,实为不可多得的绿化观赏好树种,适宜在长江流域及沿海各地栽种。"佛光牌"舟山新木姜子于2002年获浙江省优质农产品博览会金奖。

2002年,樟树增选为舟山的市树,与原先已有的市树新木姜子、市花普陀水仙一起成为全市的绿色象征。樟树,属于樟科的常绿性乔木,高可达50米,树龄成百上千年,可称为参天古木,为优秀的园林绿化林木。樟树坚韧挺拔、树冠华美;气味清新,能净化空气;质地优良、适应性强、生态价值大,具有抗击风沙、保持水土流失等作用,适合海岛栽种。樟树是目前舟山市种植最多、分布最广的行道树和庭园绿化树。

五、舟山之最

中国第一大群岛:舟山群岛

舟山群岛地处中国1.8万千米海岸线的中段,长江入海口的南面。它由近五千个岛礁组成,是中国最大的群岛。舟山市踞群岛而建,为全国第一个列岛型地级市。境域东西长182千米,南北宽169米,总面积2.22万平方千米,其中海域面积2.08平方千米,岛礁陆地总面积1440.12平方千米,其中较大岛屿1390个。主岛舟山岛,面积502.65平方千米,仅次于台湾、海南、崇明岛,为我国第四大岛。

世界著名渔场之一:舟山渔场

舟山渔场是世界著名的渔场之一,素有"东海鱼仓"和"祖国渔都"之美誉。舟山渔场面积达 10.6 万平方千米,外侧是浩瀚的东海渔场,大陆架渔场面积为 57.29 万平方千米,拥有各种鱼类 360 多种,虾类 60 种,蟹类 55 种,贝类 100 多种,藻类 131 种。全市水产品产量约占全国的十分之一。

世界三大渔港之一:沈家门渔港

沈家门渔港为世界著名的三大渔港之一,与挪威的卑尔根港、秘鲁的卡亚俄港并称,现为我国最大的渔港与鱼货集散地。沈家门渔港海水鱼年产量约占全国的 1/10,商品鱼产量约占了全国的 1/2,全国排名第一,素有"渔都"之称。鱼汛时节万舟云集,傍晚时分渔火万点,蔚为壮观。

世界规模最大的岛陆联络工程:舟山跨海大桥

舟山跨海大桥从舟山本岛经里钓岛、富翅岛、册子岛、金塘岛至宁波镇海区,与宁波绕城高速公路和杭州湾大桥相连。自 1999 年动工兴建,2009 年 12 月 25 日通车,总投资超过 130 亿元。共建岑港大桥、响礁门大桥、桃夭门大桥、西堠门大桥、金塘大桥 5 座跨海大桥,全长 48 千米。其中,西堠门大桥是世界上跨径最大的钢箱梁悬索桥。金塘大桥是世界上在复杂外海环境中建造的最大跨径斜拉桥。

世界最长、最大的跨海输水工程:大陆引水工程

投资 3 亿多元,于 2003 年建成的大陆引水工程是迄今我国最长、最大的跨海输水工程。一期工程从宁波姚江引水,穿越杭州湾至舟山本岛,大陆引水工程全长 76 千米,输水管道全长 67 千米,管径 1 米,跨海段长 36 千米,设计引水工程规模为每秒 1 立方米(每日 8.6 万立方米),年平均引水天数 250 天。2020 年 11 月 13 日,大陆引水三期工程蓄水阶段通过验收,投用后年均引水量将达到 1.27 亿立方米。

中国规模最大的远洋渔业基地

舟山发展远洋渔业迄今已有 30 多年的历史,其发展水平在浙江乃至全国处于领先地位。截至 2012 年底,全市共有远洋渔船 402 艘,直接从事远洋渔业捕捞的人员 1 万余人,远洋渔业产量 25.05 万吨,占浙江

省的 78%。全市远洋渔业已初步形成以北太鱿钓为重点,南美、南太、南亚、西非海域适度拓展的良性发展格局。

中国最大的产地水产品批发市场:中国舟山国际水产城

中国舟山国际水产城于 1995 年被国家农业部确定为全国鲜活农副产品定点市场,被国务院研究发展中心确认为全国最大的产地水产品批发市场,入典《中华之最》。舟山国际水产城创建于 1989 年 5 月,现有固定资产 3.9 亿元,占地面积 30 万平方米,建筑面积 20 万平方米,拥有渔港岸线 1200 米,500 吨级以上浮动泊位 18 个,分活、鲜、干、冻四大交易区域及加工和配套服务区。

中国规模最大的港口开发项目:洋山深水港

大小洋山位于杭州湾长江口外的嵊泗崎岖列岛,距上海芦潮港最近处仅 14 海里,是苏浙沿海距上海最近的一组岛屿。距国际航线仅 45 海里,港域面积达 30 平方千米,深水岸线长达 13 千米,可建 15 米水深集装箱泊位 50 个。洋山港工程年吞吐能力达 1500 万标准集装箱以上,是我国港口史上规模最大、建设周期最长的工程。

中国最大的船用品市场:中国(舟山)船用商品交易市场

中国(舟山)船用商品交易市场于 2002 年开工建设,占地 27.08 万平方米,总投资 2.4 亿元。按交易区域、管理中心、服务信息中心、仓储区域、商住区域和会展中心六大功能设计,分四期开发,最终发展成为品种规模最全、经营信息最多、功能设计最佳、服务理念最新的国内一流船用商品商贸中心、物流中心和数码商务港。

中国兴办最早、规模最大的国际沙雕节:中国舟山国际沙雕节

1999 年 9 月 26 日至 10 月 31 日,第一届中国舟山国际沙雕节在朱家尖岛举办,这是我国最早举办的国际沙雕节。来自苏格兰、墨西哥、加拿大、美国、荷兰等国的 10 支国际沙雕队和中央美院、中国美院等 10 支国内沙雕队参赛。"沙雕节"的独特创意,充分利用为舟山得天独厚的沙滩资源,"为以沙办节,以节促旅,以旅活市"的思路开辟了一条成功之路,同时也扩大了舟山在国内外的知名度,带动了舟山旅游业的发展。

中国最大的海盐产地之一

舟山是我国最大的产盐区之一,舟山原盐以其色白、粒细、氯化钠含量高备受消费者青睐,且历史上一直是全国最重要的产盐区。2004年,舟山盐场产值27.2万吨,是历史上产盐最多年份。

中国空气质量最好的城市之一

舟山海洋生态环境监测站根据国家有关标准,通过对全国沿海城市环境空气质量统计数据比较分析,舟山市的环境空气质量与全国沿海城市最优的海南三亚市不相上下,环境空气质量优良,在沿海城市中处于领先水平。

浙江省唯一的海洋鸟类自然保护区:五峙山列岛

五峙山列岛位于舟山市本岛西北的灰鳖洋海域,是浙江省唯一的海上鸟类省级自然保护区。目前有各种鸟类12000余只。其中被誉为"世界神话之鸟"黑嘴端凤头燕鸥10余只(全世界仅存60余只)。国家二级重点保护鸟类3种。特别是黄嘴白鹭数量已达1500只。现在每逢5~8月登岛观察,群鸟翱翔,场面壮观,是名副其实的海上鸟类王国。2001年被公布为省级海岛鸟类自然保护区,2005年12月被浙江省人民政府定为首批生态环境示范教育基地。

中国最大的贻贝养殖、加工基地:嵊泗

嵊泗承担了省科技兴海重点项目"贻贝保鲜保活、深加工技术研究及产业化",即采用低温海水梯度降温的方法,延缓贻贝的新陈代谢,延长贻贝的保活期;采用复合磷酸盐持水、工业化清洗等技术措施,防止冷冻贻贝解冻后汁液流失、品质下降。研究即食贻贝、冷冻贻贝及罐藏贻贝等贻贝系列产品加工技术,研制的冷冻贻贝系列加工产品及制订的HACC计划,填补了国内空白,并在生产、企业应用等方面形成产业化。目前,嵊泗县已成为我国最大的贻贝养殖、加工与出口基地。

亚洲第一座潮流能发电站

1999年,岱山县启动建设官山水道70千瓦潮流实验电站,该电站为摆线式水轮机潮流电站,2002 年 4 月,电站建成并通过验收和鉴定,不仅填补了中国在该领域的技术空白,也在直叶摆线式水轮机的研究、设计和潮流电站系统技术方面达到国际先进水平。该电站为中国首座潮流发电实验电站,也是亚洲第一座潮流发电站。

定海是我国最早的对外开放城市之一

明时,朝廷在宁波、泉州两地设"榷关公署"(海关),接待外国来进行勘合贸易的商船。这一办法一直延续到清代。康熙三十七年(1698),浙江海关监督张圣诏认为"定海澳门宽广,水势平缓,堪容外国大船,可通各省贸易,海关要区无过于此"。于是他在宁波、定海两地设浙海关分关,捐资在定海城内建榷关公署,并用官费在定海道头西侧建了一座西式的颇为壮观的西洋楼(俗称"红毛馆"),用来安置外国客商和船员,"凡有红毛船公务,会同文武官员集此理事"。红毛馆建起之后,东西洋船纷纷来定海交易,年关税收入达万两白银。这一来,"定民渐分宁民之利",引起宁波官方和商人的不满,在他们的坚持下,定海海关于乾隆二十二年(1757)关闭,红毛馆被废。定海曾有过这 58 年的对外开放历史。

中国近代最大的自由贸易港——舟山六横双屿港

双屿港,位于六横岛西岸与佛渡岛东岸之间,对面是著名的国际深水港"宁波—舟山港区"的梅山港,地理位置优越。这一带港湾曲折,山抱水绕,易于船只隐蔽出入,处于国际航线与中国大陆连接点。双屿港是海上丝绸之路的起点站,16 世纪的东方海上明珠,曾有市政厅、教堂、医院及 1000 幢民居,人口 3000 人以上,在港城仅葡萄牙人的贸易额就为 300 万葡萄牙金币。双屿港还几乎垄断了日本、琉球的对华贸易,成为远东繁华的国际贸易港,丝绸、瓷器的大量出超,换回巨额白银,使白银成为中国的流通货币。嘉靖二十七年(1548),浙江巡抚朱纨派都指挥卢镗率兵进攻双屿,港口以木石淤塞,城市被大火烧光。

第二节　发展现状

一、经济发展[①]

(一)经济运行总体稳健

2019 年,舟山市经济总体稳健运行。按可比价计算,一季度 GDP 同比增长 7.5%,上半年增长 8.1%,前三季度增长 8.6%,全年增长 9.2%,增速居浙江省第一。据初步核算,全市实现地区生产总值 1371.6 亿元,其中,第一产业实现增加值 146.4 亿元,增长 1.3%;第二产业 475.5 亿元,增长 17.6%;第三产业 749.7 亿元,增长 5.7%。全市海洋经济总产出 1959 亿元,按可比价计算,增长 13.1%。海洋经济增加值 585 亿元,增长 12.0%,高出 GDP 增速 1.8 个百分点,海洋经济增加值占 GDP 比重达到 68.7%,比上年提高 0.1 个百分点。

(二)三次产业稳定增长

1. 渔农业生产稳步发展。2019 年,全年实现农林牧渔业总产值 273.3 亿元,比上年增长 1.3%。实现农林牧渔业增加值 147.0 亿元,增长 1.4%,其中渔业增加值 138.2 亿元,增长 1.5%。水产品总产量 175.6 万吨,增长 1.1%;其中,远洋渔业产量 54.2 万吨,增长 10.3%。从主要捕捞水产品产量看,除墨鱿章鱼类产量增长 8.2% 以外,虾、小黄鱼、蟹类和带鱼类分别下降 1.0%、3.7%、8.3% 和 17.5%。

2. 工业生产稳中有升。2019 年,全年规模以上工业实现增加值 293.7 亿元,比上年增长 43.2%,增长速度居浙江省各市首位,全年呈增速不断走高态势。从行业看,全市 33 个规上工业行业大类中有 22 个行业增加值比上年有所增长,增长面达到 66.7%。其中,石油化工业和船

[①]　本节数据均来源于中国舟山政府门户网站。http://www.zhoushan.gov.cn/

舶修造业分别增长 307.7% 和 8.0%。从企业效益看,1~11 月,全市规模以上工业企业实现利润总额 11.1 亿元,同比增长 1.2 倍。企业亏损面 26.6%,比上年同期缩小 3.3 个百分点。

3. 服务业平稳运行。2019 年 1~11 月,全市规模以上服务业(不含批零住餐、金融及房地产开发业)实现营业收入 254.6 亿元,同比增长 3.2%。

(1)旅游经济形势较好。2019 年,全市旅游接待人数 7051.8 万人次,比上年增长 11.6%。从主要风景旅游区看,普陀山旅游人数 979.6 万人次,增长 7.1%;朱家尖旅游人数 1096.7 万人次,增长 19.0%;桃花岛旅游人数 346.3 万人次,增长 10.0%。全年全市旅游总收入 1054.6 亿元,同比增长 11.9%。海洋旅游的快速发展拉动住宿餐饮行业稳步增长,全年住宿业营业额增长 11.5%,餐饮业营业额增长 15.1%。

(2)港口航运稳定增长。2019 年,全市港域完成港口货物吞吐量 53596 万吨,比上年增长 5.5%。从主要货种来看,粮油类增长 6.7%,煤炭及制品下降 1.4%,石油及天然气增长 23.8%。集装箱吞吐量 136.5 万 TEU(Twenty-yeet Equivaient Unit),增长 8.7%。全年全市水路货运周转量 3564.1 亿吨公里,增长 7.1%。截至 12 月末,海运运力 769.3 万载重吨,增长 2.6%。

(三)内外需求协调拉动

1. 消费市场较为稳定。2019 年,全市社会消费品零售总额达到 580.6 亿元,比上年增长 8.2%。城乡消费市场保持稳步增长且更趋协调,全市城镇市场社会消费品零售额 469.7 亿元,比上年增长 8.2%;乡村市场社会消费品零售额 111.0 亿元,增长 8.0%。按常住人口计算,全市人均社会消费品零售额接近 5 万元,位列全省第三。

2. 批发贸易市场平稳较快发展。2019 年,在新引进投产企业的有力拉动下,全市批发贸易市场保持平稳较快增长,全年批发业销售额同比增长 11.4%。从限额以上批发业企业销售额来看,煤炭及制品类销售额增长 54.4%,化工材料及制品类增长 35.0%,石油及制品类在上年高基数背景下增长 5.6%。

3.投资总体保持平稳。2019年,全年固定资产投资比上年增长8.6%,比2018年提高1.1个百分点。其中,房地产开发投资增长12.5%,拉动投资增长2.8个百分点;项目投资增长7.5%,拉动投资增长5.8个百分点。从重点领域看,民间投资增长13.3%;高新技术产业投资增长12.8%;生态环保和公共设施投资增速放缓,增长6.3%;交通投资受329国道改建普陀段竣工、定海段收尾等因素影响,下降8.9%。

4.外贸形势良好。2019年,全市货物进出口总额为1371.1亿元,比上年增长20.7%。出口额为501.2亿元,增长17.8%;其中,机电产品出口215.0亿元,增长51.6%。进口额为869.9亿元,增长22.4%。通过舟山口岸进出口货运量15228万吨,增长9.2%;其中,油品进口量4439万吨,增长28.4%。

（四）市场环境健康有序

1.财政收支有所回落。2019年,全市完成财政总收入230.6亿元,同比增长5.6%。一般公共预算收入154.9亿元,增长6.1%,增速比上年回落10.0个百分点。其中,地方税收收入增长5.1%,比上年回落1.3个百分点。一般公共预算支出323.4亿元,增长4.8%,比上年回落14.5个百分点。其中,一般公共服务、公共安全、教育、科学技术、社会保障和就业、医疗卫生、节能环保、城乡社区事务等民生八项支出196.9亿元,增长14.1%,比上年回落2.7个百分点。

2.金融业发展较快。2019年12月末,全市金融机构本外币存款余额2282.1亿元,比年初增加243.5亿元,余额同比增长12.2%,增速比上年提高10.9个百分点。金融机构本外币贷款余额2435.7亿元,比年初增加399.0亿元,余额同比增长20.1%,比上年提高2.2个百分点。全市金融机构不良贷款率为1.3%,比年初下降1.1个百分点。

3.价格涨幅趋稳。2019年,全市CPI比上年上涨2.3%,涨幅比上年缩小0.5个百分点,比全国、全省平均水平均低0.6个百分点。其中,服务价格上涨1.6%,消费品价格上涨2.8%。以猪肉、鲜瓜果、鲜菜等为代表的食品大幅上涨推高食品烟酒类价格,八大类商品"七升一降",食品烟酒、生活用品及服务、其他用品和服务、教育文化和娱乐、医疗保健、交通和通信、衣着类分别上涨 4.4%、4.4%、3.7%、3.0%、2.8%、0.7% 和 0.5%，居住类下降 0.1%。

（五）高质量发展稳步推进

1.渔业结构不断优化。舟山市以国家远洋渔业基地和国家绿色渔业实验基地建设为主平台，积极推进渔业转型发展，大力发展远洋渔业，2019 年全市远洋渔业产量占渔业总产量的比重达 30.9%，比上年提高3.5 个百分点。伊朗、安哥拉、乌拉圭等过洋性渔业项目取得实质性进展，全年全市远洋渔业投产渔船达 589 艘，比上年同期增加 25 艘；过洋性远洋渔业产量 4.1 万吨，同比增长 93.6%。

2.先进制造业稳步发展。从规上工业看，2019 年全市战略性新兴产业增加值比上年增长 29.9%，对规上工业增加值增长的贡献率达到22.2%；电子、医药等先进制造业增加值分别增长 16.2% 和 27.5%，健康产品制造业和节能环保制造业增加值分别增长 16.0% 和 20.8%。

3.现代服务业发展壮大。从规上服务业看，2019 年 1~11 月，软件和信息技术服务业、专业技术服务业等重点行业营业收入同比分别增长22.9% 和 9.6%。高技术服务业和数字经济核心产业服务业等高新服务业营业收入分别增长 5.2% 和 6.1%。

4.招商引资不断突破。2019 年，全市外资合同项目 78 个，合同外资 22.4 亿美元，实际利用外资 5.0 亿美元，增长 20.0%，比上年提高16.9 个百分点，实际到位市外资金 510.3 亿元。

5.数字经济较快发展。2019 年，全市实现网络零售额 70.6 亿元，同比增长 41.6%，增速居全省各市首位。居民网络消费 186.2 亿元，增长 16.5%。累计建设完成村级益农信息社 182 个，信息进村入户率实现 100%。2019 年 1~11 月，全市规上数字经济核心产业企业利润总额同比增长 4.1 倍，增速居全省各市首位；税金总额增长 21.4%，增速居全省各市第二位。

6.城市建设成果显著。舟山市始终把城市建设放在重要位置，全市上下努力建设美丽海岛花园城市。2019 年，全市城镇化率 68.6%，同比提高 0.5 个百分点。城中村改造建筑面积 21.1 万平方米，旧住宅区改造建筑面积53.8万平方米,拆除违法建筑76.1万平方米。全市县级以上城市集中式饮用水水源水质全部达标。全年PM2.5平均浓度为20.0微克/立方米,比上年减少1.0微克/立方米;日空气质量优良达标天数比例为96.7%,比上年提高1.1个百分点,居全国各城市前列。美丽乡村建设稳步推进,截至2019年12月底,全市23个省市美丽乡村精品村累计投入建设资金10429万元,完成年度任务的119%;5条美丽乡村主题风景线累计投入建设资金3290万元,占年度目标任务的112%;完成美丽庭院创建3900户,占年度目标任务的100%。

(六)民生保障较快推进

1.居民收入稳步提高。2019年,全市全体居民人均可支配收入为53568元,比上年增长8.8%。从四项构成看,工资性收入增长8.8%,经营净收入增长6.9%,财产净收入增长8.1%,转移净收入增长10.9%。分城乡看,城镇常住居民人均可支配收入61479元,比上年增长8.6%;渔农村常住居民人均可支配收入36784元,比上年增长8.8%。城乡协调发展稳步推进,城镇、渔农村居民收入比1.67(渔农村为1),近7年来,全市渔农村居民收入增速均快于城镇居民。

2.就业和社会保障形势稳定较好。2019年,全市城镇新增就业33150人,同比增长96.1%。城镇登记失业率为1.8%,同比缩小0.7个百分点。2019年12月末,全市基本养老保险参保人数81.7万人,其中城镇职工养老保险参保人数56.2万人。基本医疗保险参保人数100.4万人,其中城镇职工基本医疗保险参保人数45.2万人。

二、浙江自贸区①建设亮点

(一)市场主体持续增加

2019年,全年浙江自贸试验区新增注册企业6927家,注册资本总额1387.6亿元。其中新增内资企业6865家,注册资本总额1239.4亿

---

① 中国(浙江)自由贸易试验区总面积119.95平方公里,涵盖舟山离岛、舟山岛北部、舟山岛南部等三个片区,于2017年4月1日挂牌。

元;新增外商投资企业 62 家,合同外资 17.1 亿美元,实际利用外资 3.8 亿美元(省口径)。

(二)海事服务稳步发展

2019 年,自贸区全年船用燃料油直供量达到 410.3 万吨,同比增长 14.2%;船用燃料油调拨量 518.9 万吨,增长 26.6%;船用燃料油结算量 624.6 万吨,增长 12.2%。全年外轮供应货值 22.0 亿美元,外轮修理总产值 44.2 亿元,同比增长 12.8%。

(三)油品市场不断扩大

2019 年,自贸区全年新增油品企业 2917 家,同比增长 46.0%;实现油品贸易额 3201.8 亿元,增长 44.6%,占全市 94.2%。1—11 月,自贸区企业实现外贸进出口总额 699.5 亿元,同比增长 25.8%,占全市外贸进出口总额的 59.9%,其中进口额 518.0 亿元,增长 29.0%,进口大宗商品 434.7 亿元,进口油品 306.6 亿元;出口额 181.5 亿元,增长 17.7%,出口大宗商品 146.2 亿元,出口油品 145.1 亿元。

(四)金融领域创新稳步推进

截至 2019 年底,自贸区共有融资租赁企业 266 家,持牌金融机构 69 家,实现营业收入 39.2 亿元,人民币贷款余额 1042.1 亿元。全年跨境人民币结算金额达到 960.4 亿元,同比增长 31.9%;跨境人民币回流资金 674.8 亿元,增长 74.5%。

三、社会民生

(一)科教文卫

舟山市着力构建以"一城、一园、一岛、一院"为重点,多载体相结合的科技创新平台体系。重点建设科技研发园、产业示范园、创新创业园。重点打造海洋科技研发产业集群和海洋电子信息产业集群两大产业集群。空间布局采取"模块化、园中园"的形态。探索打造国内一流的、具有科创园特色的"2+3"园区综合运维服务体。

截至 2013 年,全市市区已经全部达到义务教育标准,普陀、岱山、嵊

泗三个县区基本达到义务教育均衡发展要求;全市 20 所义务教育阶段
标准化学校申报单位达到标准要求,报省教育厅备案;全市义务教育学
校标准化率为 46%。学前教育普惠化发展,全市学前教育三年入园率
保持 99.4%。舟山市技工学校正式通过省验评,舟山技师学院建设完
成阶段性目标,全市中等职业学校等级评估通过率达 71.4%,接近教育
现代化评估标准要求。

(二)社会救助

社会救助体系不断完善。2012 年,全市民政系统积极推进低收入
家庭收入核定工作,调整提高低保标准并进一步缩小城乡差距,实现城
乡贫困群众医疗救助对象、程序、标准的"三统一"和"一卡通"即时即报,
建立市区两级减灾委,重新调整并落实避灾场所,开展并全面完成避灾
场所的质量安全鉴定,做好救灾物资的储备调运工作,有序组织年内几
次强台风的救灾避灾工作。2012 年全市共核定低保家庭 8386 户 12475
人,发放低保救助资金 5277 万元;筹措困难家庭医疗救助专项资金
1790 万元(其中:市、县区财政安排 1095 万元),实际支出 1858 万元,救
助贫困群众 15 余万人次;筹措并支出各类灾害救助资金 1441 万元,救
助灾民 4.5 万余人次。

(三)社会福利

社会福利体系逐步形成。2012 年,全市民政系统将社会福利工作
作为未来一段时期民政重点工作,尤其将养老服务体系建设作为重中之
重加以落实。制定并出台了养老服务体系建设的规范意见和政策,全面
开展全市养老服务的需求评估,大力推进养老服务机构建设,深入推进
渔农村居家养老服务工作,建立健全养老服务补贴制度;扎实做好儿童
福利工作;全面推进了慈善、福利企业、福利彩票发行等工作。2012 年,
全市新增养老机构床位 1318 张,每百名老人拥有机构床位数达到了
3.4 张;全市 1154 名老年人享受到了政府提供的养老服务补贴;新增 17
个城市社区拓展居家养老服务功能,有 12 家渔农村居家养老服务站转
型升级为居家养老照料服务中心、新建老年食堂(配餐中心)11 家,新增

50 个渔农村社区开展"银龄互助"活动；全市 47 名孤残儿童得到政府生活补贴，其中 10 名孤残儿童由政府机构养育；全年福利彩票发行总额达 1.89 亿元，完成省下达计划的 118%。

（四）人口生育

2012 年全市期末户籍人口 97.18 万人，同比增加 1892 人；全年共出生 7449 人，同比增加 1152 人；全市自然增长率为 0.27‰，比去年同期增加了 0.57 个千分点，计划生育率 98.40%，低生育水平持续保持稳定；出生缺陷发生率 18.20‰，同比下降 1.01 个千分点。

第二章
舟山自由港配套产业的发展现状

第一节　概况简介

一、发展基础[①]

（一）区位优势独特，港口条件优越

舟山群岛新区位于我国长江黄金水道与南北海运大通道的交汇地区，是我国重要的江海联运枢纽，舟山群岛新区作为伸入环太平洋经济圈的前沿地区，肩负中国扩大开放、通联世界的重大使命。舟山群岛新区具有得天独厚的深水岸线资源，建港条件尤其优越，全域内适宜开发建设港口的深水岸线总共有约 280 千米长，船舶避风和锚地条件也比较优良，有多条国际航道。"宁波—舟山港"区域目前已建成各类生产性泊位 317 个，截至 2011 年实际完成货物吞吐量 2.61 亿吨。依托优越的港口运输条件，目前已建成国家重要的化工品和粮油中转基地、国家石油战略储备基地、全国最大的商用石油中转基地、亚洲最大的铁矿砂中转

---

① 《浙江舟山群岛新区发展规划》。已于 2013 年 1 月 23 日获国务院正式批复。

基地、华东地区最大的煤炭中转基地。

(二)海洋资源丰富,产业基础较好

舟山群岛新区岛屿众多,面积超过 500 平方米的海岛数量占全国的
20％;拥有十分丰富的海洋生物资源,海洋生物种类繁多,成为我国重要
的海洋生物基因库和近海最大的渔场;同时海洋文化发达、佛教底蕴深
厚,拥有独特丰富的旅游资源,是我国新兴的海洋旅游重点城市和国家
首批旅游综合改革试点城市;舟山群岛内石油天然气等矿物资源及近海
风能、潮流能等自然资源富集,开发前景广阔。2011 年,舟山市海洋生
产总值 525 亿元,占地区生产总值(GDP)的 67.9％;目前整个舟山海洋
产业体系完善,海洋捕捞业发达,海洋水产品加工技术先进;海洋工程装
备制造业快速发展,是我国重要的修造船基地;港口物流发展迅速,辐射
带动能力不断的增强;海洋药物与海水利用、海洋新能源、生物制品等新
兴产业蓬勃兴起,发展潜力巨大。

(三)自然生态良好,宜居环境舒适

舟山群岛新区自然风光秀丽,环境舒适,气候宜人,为全国为数不多
的空气质量最好的城市之一,舟山群岛新区空气质量好于等于国家二级
标准的天数比重年均已达 99.4％以上。

第二节　现状简介

目前舟山正形成"一城诸岛"的海洋产业集聚群,着重发展特色优势
产业和海洋性战略新兴产业。

一、"一城":中国(舟山)海洋科学城[①]

功能定位:高端现代服务业集聚基地、海洋高新技术产业基地与海

---

① 中国舟山政府门户网站。http://www.zhoushan.gov.cn/web/xqlt/cyfb/zshycyjjq/2013
03/t20130325_450534.shtml

洋科教研发孵化基地。

产业布局：船舶与临港装备制造、水产品精深加工与海洋生物、现代渔业、港口物流等现代海洋产业，港航服务、科创研发、海洋高等教育等现代服务业。

"诸岛"：金塘岛、六横岛、衢山岛、舟山岛西北部、岱山岛西部、泗礁岛、朱家尖岛、洋山岛、长涂岛和虾峙岛。

（一）金塘岛

功能定位：现代化的港口物流岛和临港工业岛。

产业布局：港口物流、临港装备制造。

（二）六横岛

功能定位：现代化的综合性临港产业岛。

产业布局：大宗物资加工、临港装备制造、临港石化、海水综合利用、海洋能源、港口物流业。

（三）衢山岛

功能定位：大宗物资中转和加工物流基地。

产业布局：港口物流业、船舶与临港装备、海洋能源。

（四）舟山岛西北部

功能定位：现代化临港装备制造业基地和大宗物资港口物流基地。

产业布局：船舶与临港装备、港口物流。

（五）岱山岛西部

功能定位：以船舶及装备制造为主的临港产业基地。

产业布局：船舶与临港装备、港口物流、海洋工程及特色海洋休闲旅游。

（六）泗礁岛

功能定位：大宗物资综合物流基地，特色海洋休闲度假旅游岛。

产业布局：港口物流、海洋旅游。

（七）朱家尖岛

功能定位：国际性的海洋休闲度假旅游基地。

产业布局：海洋旅游。

（八）洋山岛

功能定位：现代化国际集装箱综合物流与增值加工服务基地、特色海洋休闲度假旅游基地。

产业布局：港口物流、海洋旅游。

（九）长涂岛

功能定位：现代化的临港工业基地和国际大宗物资港口物流基地。

产业布局：船舶与临港装备、临港石化、港口物流。

（十）虾峙岛

功能定位：临港工业、港口物流和现代渔业基地。

产业布局：大宗物资加工、临港装备、港口物流和现代渔业。

二、特色优势产业

（一）港口物流迅猛发展

舟山港区是宁波—舟山港的重要组成部分，位于浙江省舟山群岛新区，根据公布的《浙江舟山群岛新区发展规划》，明确舟山群岛新区不仅要建成我国大宗商品储运中转加工交易中心，还要作为海洋综合开发试验区，为将来同类型城市发展模式提供借鉴经验。舟山群岛新区处于长江黄金水道与南北海运大通道交汇地带，长江、钱塘江、甬江三江入海口，面对着以上海、杭州、宁波为代表的大中型城市和中国经济最发达的长江三角洲，扼守江海联运要冲，同时面向新加坡、韩国釜山、中国香港、中国台湾高雄等西太平洋主力港口，形成扇形的海运网络，位居亚美、亚欧及远东等远洋航运主干航线的扇子轴点，是长江流域和江海联运面向世界的水上主要门户。目前舟山港已经形成以水水中转为主要功能的大型综合性港口。全港有老塘山、定海、金塘、马岙、六横、沈家门、衢山、高亭、泗礁、洋山、绿华山 11 个港区,区域有生产性泊位 355 个,其中,万吨级别以上泊位 41 个,居全国前列。截至 2013 年底,舟山港域吞吐总量已达到 3.15 亿吨,约占浙江沿海港口吞吐量三分之一,连续 12 年跻身全国沿海十大港口之列。舟山群岛新区正着力推进航运业发展,全力构建"三位一体"的港航服务体系。

(二)临港工业崛起迅猛

舟山群岛新区自身突出的港口优势,导致舟山临港工业具有非常广阔的发展前景。2013 年,全市工业总产值达到 1750.43 亿元,实现规模以上工业增加值 264.5 亿元。已初步形成船舶修造、水产品精深加工、临港石化、大宗物资加工等产业为支柱的现代临港工业体系。同时继续加快船舶与海洋工程装备示范基地的建设,做强做大船舶龙头企业与地方特色企业。

(三)海洋旅游持续升温

舟山群岛是中国第一大群岛,是我国唯一以群岛著称的海上城市。全市共有 1390 个岛屿,宛如一颗颗璀璨的明珠,抛洒在浩瀚的大海中。舟山群岛自古便有"海中洲"的美誉,海岛独特迷人的优美景致赋予了此处无穷的魅力,蓝天、碧海、白浪、金沙、绿岛是舟山群岛独具特色的生态旅游环境。以海、岛、城、港、航、渔、商为城市特色,融合了海岛自然风光、海洋悠久文化和佛教深厚文化等的海洋旅游资源一直在长江三角洲地区城市群中独领风骚。已开发和在建的山海文化、佛教文化、渔俗文化、金庸武侠文化等各类文化景观千余处;其中知名风景名胜点 285 个,分布在"海天佛国"普陀山、"东海蓬莱"岱山、"列岛晴沙"嵊泗、"沙雕故乡"朱家尖、"金庸笔下"桃花岛等地。已从早期的朝圣、观光逐步向特色鲜明、丰富内涵的多元化方向发展,不断适应日益发展的旅游市场需要。世界佛教论坛、观音文化节、中国海洋文化节、国际沙雕节、中国海鲜美食节等旅游节庆,荣获了"中国十大节庆城市""中国旅游竞争力百强城市"等称号,成为我国首批旅游综合改革试点城市和国家旅游服务标准化示范区。

（四）海洋渔业稳步发展

舟山渔场不仅是我国重要的近海渔场，也是世界上位居前列的近海渔场，其中最著名的沈家门渔港位列世界三大渔港之一。舟山海域内的舟山渔场，域内共有岛屿 1390 个、堡礁 3306 座，渔场内四通八达，广袤富饶，鱼类繁多。长江和附近的甬江、曹娥江、钱塘江等均在此汇入东海，因为多江汇流而导致的海水翻滚浑浊，为舟山渔场带来了丰富的饵料与大量的浮游生物；同时因为作为台湾暖流团与黄海冷水和沿岸淡、盐水和交汇处，水域内温度、盐度均适宜海洋生物的生长繁殖，生态环境自然条件十分优越。截至 2013 年底，舟山水域丰富的海洋水产资源共有各种鱼类 500 种、虾类 70 种、蟹类 11 种、贝类 134 种、海藻类 154 种、海栖哺乳动物 20 余种，许多海洋生物具有开发利用价值，为人类提供了丰富的食物和其他资源。沈家门渔港位于舟山渔场中心，北有舟山本岛青龙、白虎等山岗阻挡西北大风，南有鲁家峙、马崎、小干岛为屏障防御强风巨浪，全港长约 10 千米，为东西走向多口门峡道型天然良港，海底平坦，泥质粉砂，是渔船补给、海产品集散、避风锚泊的综合港口，渔汛期间经常出现"万条渔船一港收"的壮观景象。

目前整个舟山海洋渔业形成了"捕、养、加、贸"一体的产业链，技术装备、经营管理、生产规模和研发能力均处于全国领先水平。产品远销日韩和欧美市场，水产品出口占全省的 50%、全国的 7.5%，成为我国最大的海水产品生产、加工、销售基地。作为国内水产加工业最发达的地区之一，舟山也是中国最大的水产生产、加工、销售基地。海洋渔业是舟山市传统的优势加工产业和重要支柱产业，水产品出口交易占全省第一。截至 2013 年底，舟山有水产加工企业 800 多家，其中全市水产加工法人企业 398 家，水产加工作坊 413 家。规模以上企业 132 家，产值上亿元的企业 30 余家。已有 220 家水产加工企业通过卫生注册，其中 72 家企业通过美国注册、46 家企业通过欧盟注册、70 家企业通过韩国注册。相当一部分企业的硬件设施和管理水平处于全国同行的前列，具备参与国际竞争的能力。全市基本形成门类齐全品种繁多的海产品系列，从传统的冻、活、鲜、干品逐步向熟制品、小包装、具有高附加值的精深加工产品转化,产品档次明显提升,质量不断提高。舟山的鲜、活水产品和水产加工品销往欧盟、美国、韩国、日本等世界五大洲40多个国家和地区以及全国20多个省市,在国内外均具有一定的市场占有率。2013年渔农业实现总产值188.8亿元,增长15.4%。

三、海洋性战略新兴产业

(一)海洋工程装备制造和高端船舶制造

海洋船舶工业作为现代大工业的缩影,是关系到国民经济发展和国防安全的战略性产业。其不仅为水运交通、资源运输和海洋开发提供装备,也作为海军舰船装备的提供者,还是国防建设和经济发展的战略性产业之一。改革开放以来,我国海洋船舶工业快速发展,已成为具备较强国际竞争力的外向型产业,是世界船舶工业舞台上一支不可或缺的重要力量。目前我国海洋船舶工业已形成包括科研、设计、生产、装配、修理、配套在内的完善的产业体系,拥有设计建造不同吨位以满足各种需要的常规船舶与多种高附加值、高技术船舶的能力。海洋船舶工业产业链属于市场导向型产业链,主要由船舶制造企业及其上下游供应链构成。其核心产业是船舶制造业,整个产业链以船舶制造业为节点,向上下游延伸,并实现价值从上游到下游产业的不断增值。船舶制造业的上游供应链,主要包括钢铁、船用配套设备等;下游产业主要由围绕船舶的一系列服务业与航运业构成,包括船舶维修、拆船业、船舶租赁、二手船行业、船舶涂装业等。

海洋船舶工业产业链的上游产业为钢铁、船舶配套设备等行业,为船舶制造业供应必需的初始产品。钢铁业主要提供船板,用于制造船体结构的热轧钢板材;船舶配套设备产业,则为船舶制造业提供船用动力系统、船用警报监控系统、压载水处理系统、导航系统以及其他设备配件。目前,我国钢铁业、船用配套设备产业较20世纪均有长足发展,在满足国内需求的同时,出口额也在逐年递增。

中游产业为船舶制造业,主要由船厂构成。船厂在制造船舶的同时,也包括开发研究和新船设计。船厂提供整个产业链的核心产品——

船,从其形成到最终消费涉及各个不同的产业部门,构成了相关产业的上中下游产业链。

围绕船舶的一系列服务业与航运产业一同构成了船舶工业的下游产业。通过这一系列服务业,船舶制造同其他支柱产业相联系,并实现整个产业链的价值增值,从而保证了整个产业链的稳定与发展。从船舶交付船东,船的使用了衍生一系列围绕船舶的服务业,主要包括船舶修理及拆船业、租赁、金融、二手船买卖等。船舶作为一种运输工具,承载着绝大部分国际贸易的运输任务,是国际大宗商品主要运输手段。

目前,舟山市船舶行业基本形成了集船舶设计、船舶建造、船舶修理、油轮清舱、船用配件制造、船舶及船用品交易于一体的产业体系,造船完工量、手持订单和新接订单三项指标均占全国10%以上,发展水平居全国前列。舟山市现有船舶企业近200家,比较大的有金海重工、常石集团、中远船务、扬帆集团、欧华船厂、正和造船、鑫亚船舶、正和造船、南洋船业、沥港船舶修造等公司,拥有大小船坞82座,总坞容量71万吨,具有新造1.5万吨、坞修15万吨级和航修30万吨级的修造船能力。以中远船务、金海重工等为代表的骨干造船企业的高技术、高附加值船型研发生产明显增多,并积极向海洋工程装备领域进军。在海洋工程装备修理和改装领域,相关骨干造船企业取得一定成绩,具备承接钻井平台修理、生产平台改装等业务的能力。一批重点海洋工程项目正在加快推进。

同时,舟山与国内外有关船舶专业设计研究院所、高等院校建立了省级船舶制造产业技术创新战略联盟。浙江省海洋开发研究院组建了船舶产业省级重点实验室、船舶工程技术研究中心等多家研究机构,太平洋海洋工程(舟山)有限公司与新加坡合作建立太平洋海洋工程技术研发中心,扬帆集团建立扬帆船舶设计研究院,浙江大学海洋系、舟山汇成海洋工程装备有限公司与中舟海洋工程有限公司共建"中舟海洋工程研究院",浙江大学、浙江海洋学院等本省高校建设海洋工程专业学科。此外以摘箬山海洋科技岛为主体的海洋装备实验浙江省工程实验室已取得阶段性成果。

（二）海洋电子信息产业

21世纪以来,舟山市海洋电子信息产业发展势头迅猛,包括形成了以信息服务业、车船仪器仪表、遥感成像等为主的海洋特色产业,如各类导航天线、船载移动卫星电视接收系统、船舶航行信息仪及船舶实时动态监控系统等,初步形成了海洋电子产业雏形。但就目前的整体发展形势来看,舟山海洋电子信息产业虽然已经能代表浙江省海洋电子产业的技术水平,但就规模和技术水平来看,目前只能说还处于起步阶段。值得一提的是,舟山市目前有多家骨干企业的高端产品拥有量、技术研发能力均走在国内前列,产品在国内外市场具有一定占有率。截至2013年5月,共有250余家电子信息产业企业在舟山市注册,主营业务收入已突破21亿元。

2012年底,浙江省经信委在舟山市组织召开专家评审会,评审通过了《舟山市海洋电子信息产业发展规划》(以下简称《规划》)。该《规划》创新性地对海洋电子信息产业的概念进行了阐述,紧紧围绕国家对建设舟山群岛新区提出的总体战略以及浙江省制定的电子信息产业相关规划和舟山市自身优势,明确提出舟山市要根据实际情况与已有基础,重点发展海洋软件、船舶电子、信息服务业和遥感成像等为主的海洋电子信息产业,同时兼顾发展电子产品加工出口和新能源电子产业。《规划》[①]明确了以舟山经济开发区新港园区、滨港园区为产业发展核心,以舟山市科创园区、定海工业园区、朱家尖临港工业园等为支撑的"双核三星"发展格局。

（三）海洋生物医药产业

海洋生物医药产业是指从海洋生物(包括海洋动物、植物、微生物等)中提取有效成分,利用现代生物技术生产生物化学药品、保健品和基因工程药物的生产活动。海洋生物医药产业作为一个新兴行业是医药行业中最活跃、发展最快的领域,被公认为是21世纪最有前途的产业之一。

---

① 内容来源:浙江省建设信息港。http://www.zjjs.com.cn/Data/HTMLFile/2013-01/dc88bbe3-90e2-4f75-94da-c7737fb60a7b/876e031e-4d62-4c58-90bd-ebfcf1404e19.html

从 20 世纪 50 年代末开始,海洋生物资源就成为世界各国医药界关注的焦点,并纷纷行动投入巨资开发海洋药物及海洋生物技术。我国海洋药物的系统研究始于 20 世纪 70 年代,在各界的努力和政府的支持下,海洋生物技术、海洋药物的研究与开发于 1996 年被列入国家"863"计划。经过几十年的发展,海洋药物的研究与开发已经正式成为国家重点课题,第一批海洋生物技术的重大项目相继启动,海洋生物医药已经跃升为我国高新技术产业发展重点、海洋经济的"热点"。改革开放以后,中国海洋天然产物的研究得到了爆发式发展,对海洋中的海藻、棘皮类动物、珊瑚、草苔虫、海绵及海洋微生物进行广泛的研究。迄今为止已超过 500 种海洋生物经过研究,申请各项发明专利 50 余项,并有多种海洋生物制成的药物获得新药证书或已进行临床研究。目前,海洋多糖、海洋天然产物、海洋生物技术和海洋微生物等的研究已成为我国海洋药物研究的四大重点。伴随海洋药物的快速发展,多个省市的重点院校均成立了海洋药物研究机构和相应的学术团体,每年都召开各种类型的海洋药物学术研讨会。国家自然科学基金、国家"863"高技术研究发展基金以及各省市的重点基金都在逐年加大对海洋药物研究的资助力度。不少重点院校建立了海洋药物专业,培养专门的海洋药物专业人才。现已在全国逐步形成了一个集教学、科研、生产为一体的系统化的海洋药物发展体系。海洋生物医药的研究事业方兴未艾,此类研究在我国的药学研究与生物技术研究领域中正占有越来越重要的地位。

近年来,舟山市加快海洋生物医药产业园建设,集聚海洋生物企业抱团发展,国家大院名校浙江普陀联合技术转移中心和基地科技企业孵化取得阶段性成果,海洋高科技成果公共中试车间、浙江海洋学院生物种质资源发掘利用浙江省工程实验室、国家海洋设施养殖工程技术研究中心和浙江省海洋生物医用制品重点工程技术研究中心等建成运行,海洋功能食品和海洋药物的研发生产能力初具规模。

目前,舟山已拥有浙江兴业集团、舟渔、海力生、海氏集团、富丹水产等实力较强的水产品深加工企业,企业可生产包括:模拟化水产品和配制食品,利用新技术、高科技处理的水产品,利用低值水产品及水产原料废弃物加工并使其明显增值的水产品(如贝类、藻类的多元化开发),海洋药物、保健品和化妆品等。如海氏集团的海洋胶原多肽、氨基酸等系列海洋保健品,海力生集团从鱼皮、鱼骨等初级加工废弃料中提炼成的等生物产品。

(四)海洋新能源产业

中国对海洋新能源的开发利用起步较晚,在近几年才开始有较快的发展。其中,上海、山东和江苏等省市发展较好,各具特色。例如,上海主要为风力发电及装备制造,而山东则主要发展太阳能发电、风电及太阳能装备制造。舟山市海上风能、潮流能、潮汐能、海水温差能、海水盐差能、海洋生物质能等海洋新能源资源非常丰富,近年来开发利用海洋新能源的项目加快推进,新能源产业正在扎实起步、蓬勃发展。舟山的新能源产业主要集中于海洋新能源发电业,指在沿海地区利用如风能、波浪能、潮沙能、温差能等海洋可再生能源进行的电力生产活动,此种发电方法具有储量大与污染少的特点,且对于解决目前世界严重的资源枯竭和环境污染的问题具有重要的现实意义。积极发展海洋新能源是能源产业的重要着眼点。由于海岛地区普遍具有丰富的海洋风能、潮沙能、海浪能等,因此世界各国越来越重视对这种海洋新能源的开发利用。

海水淡化业是舟山新能源产业的又一个突出产业,伴随经济社会的高速发展与人口的爆炸性增长,全球淡水消耗量增加了8倍,全球约有15亿人缺乏安全清洁饮用水,预测至2025年,将有23亿人缺水。世界范围普遍缺水的水资源危机已经成为仅次于全球气候变暖的公认的世界第二大环境问题。而中国缺水情况更加严重,作为联合国公认的世界上13个最贫水国家之一,中国人均淡水资源仅为世界人均量的1/4,并且水资源分布严重不均。可以预见,随着人口数量增加、经济高速增长和城市化进一步推进以及人民生活质量提高,全球淡水资源紧缺的形势将更为严峻。合理开发利用海水资源,进行人工海水淡化,成为开源节流、解决淡水危机的一条重要途径。

位于六横岛的10万吨/日海水淡化和综合利用工程,已经成了舟山海水淡化产业的一根"标杆"。该工程总投资7.4亿元,总占地面积约

85 亩,是我国最大的海水淡化项目之一。该项目分四期实施,一期工程总投资 1.7 亿元,已全部完成并投入使用,目前已向六横全岛供应淡化水 400 多万吨。二期工程总投资 1.3 亿元,按日产淡化水 3 万吨规模施工,工程完工后,六横海水淡化能力将达到 5 万吨/日。目前,二期土建工程已基本完工,海水淡化单机 1 万吨/日设备已进入安装阶段。位于东福山岛的风光柴储及海水淡化综合系统工程,除了能用风力、太阳能和柴油来发电外,还可日产淡水 150 吨。大力推进海水淡化产业,是实现海岛多元化供水、优化用水结构的重要举措,对整个新区建设的保障具有战略意义。

第三章
舟山自由港大宗商品交易市场建设研究

第一节　国际大宗商品交易模式比较与选择研究

国家质量检验检疫总局在 2003 年修改的国家标准（GB/T18769）《大宗商品电子交易规范》明确指出，大宗商品是指可进入流通领域，但非零售环节，具有商品属性，用于工农业生产与消费使用的大批量买卖的物质商品。世界银行发展预测小组（Development Prospects Group, DECPG）将大宗商品划分为能源商品和非能源商品两大类，前者主要包括煤炭、原油和天然气，后者主要包括大宗农产品、金属矿产品和肥料。该分类标准侧重于突出商品的能源属性。结合中国实际和习惯，同时考虑简洁和方便原则，本书将大宗商品划分为石油化工、有色金属、矿产品、煤炭钢铁、大宗农副产品五大类。石油化工产品主要包括原油、取暖用油、无铅普通汽油、柴油、丙烷、精对苯二甲酸（PTA）、天然橡胶、聚氯乙烯（PVC，俗称塑料）、聚乙烯（LLDPE）、甲醇、天然气等。有色金属商品主要包括黄金、白银、精炼铜、精炼铅、锌、螺纹钢、镍、稀土、原铝、铂、钛等。矿产品主要包括铁矿石、矿砂等。煤炭钢铁主要包括焦炭、动力煤、无烟煤、线材、螺纹钢等。大宗农副产品主要指农、林、木、渔产品，具体有早籼稻、小麦、大麦、黑麦、燕麦、大豆、玉米、棕榈油、棉花、白糖、可可、咖啡、木材等。

大宗商品多位于整体产业链上游,全球范围内的大宗商品供求变化和价格波动会对全球经济体系产生直接而深远的影响。比如 20 世纪 70 年代的石油价格上涨直接导致了全球经济滞胀的发生,该问题曾一度令经济学家头痛不已,至今也没有找到对付滞胀的根本解决办法。再如小麦和棉花的价格上涨将直接导致整个食品行业和纺织行业的成本上升,进而导致人民生活水平的下降和后续服装行业的萎缩。个人食品支出加大将提高单个经济体的恩格尔系数,进而减少其他方面的支出,最终将减少社会总需求。鉴于大宗商品供求与价格波动的频繁性和经济上的重要性,同质化、可交易的大宗商品如原油、煤炭、有色金属、大宗农产品等已被金融投资领域作为标的物设计期现货产品,以充分利用期现货市场发现价格和规避风险的功能。

交易模式是指企业或个人通过什么途径或方式进行交易,是交易所赖以运行的核心制度安排。大宗商品交易模式则是具体采取什么途径或方式交易大宗商品。广义上讲,大宗商品交易模式分为现货交易和期货交易。现货指在现货市场或期货市场上可以进行交易或交割的实物商品,如黄金、原油、玉米等。现货交易指买卖双方即时或在较短时间内交割或交收实物商品的交易。现货交易模式又分为传统交易和电子交易。期货一般指期货合约,即由期货交易所统一制定、规定在将来某一特定时间和地点交割一定数量标的物的标准化合约。期货交易是指在交易所内集中买卖某种期货合约的交易活动。现货交易是期货交易的基础,期货交易是现货交易的延伸。两者相互促进,联动发展。

2011 年,舟山群岛新区被国务院正式批复为第四个国家级新区,同年被纳入国家"十二五"规划、《长江三角洲地区区域规划》和《浙江海洋经济发展示范区规划》。自此,建设舟山群岛新区获得自上而下的一揽子政策支持。根据《浙江海洋经济发展示范区规划》,舟山是我国唯一的群岛型设区市,新区建设的首要目标是建成我国大宗商品储运中转加工交易中心,这意味着舟山群岛新区将成为浙江海洋经济发展的先导区和长江三角洲地区海洋经济发展的重要增长极。

一、概况

浙江舟山大宗商品交易所(以下简称浙商所)成立于 2011 年 7 月 8 日,注册资金 1 亿元人民币,于 2012 年 1 月 6 日正式开业。

作为一家现货交易机构,浙商所在全国首创了现货订单交易模式。在该模式下,卖方交易商首先要将商品存入交割仓库,经第三方监测机构出具监测证明后,才能取得注册仓单进行挂牌,买方根据注册仓单订货并提出交割申报。该模式涵盖了每日交割申报、延期交割补偿和到期集中交割三大核心交割制度。这种模式能够减少交易所存在的虚假交易、恶意套取资金等现象,交易安全性大为增加。因为进行每日交割,浙商所的价格比较公正,与国内主流现货市场比较吻合,充分体现了浙商所交易平台的现货特点,对现货市场价格具有指导意义。

浙商所根据市场需求状况和实际操作水平选择了电解镍和船用油作为首期上市交易品种,两者都采用现货订单交易模式。电解镍是市场需求量非常大的工业必需品,价格市场化程度比较高,上市后容易形成交易规模,船用油在舟山的市场规模达到 200 多亿元。之后陆续上市石油化工、金属矿产、煤炭能源、农林牧渔等多个领域产品,这些都与舟山的产业特色密切相关。舟山是国家石油储备一期工程中最大的油品储备基地,库容为 500 万平方米,储备原油 398 万吨,同时也是铁矿石、煤炭、粮食、木材等的大宗货物的中转储运港。

在舟山大宗商品交易平台建设中,品种选择是关键,品种决策在很大程度上决定了平台交易的兴衰。品种选择需遵循"先易后难、循序渐进"的原则,尊重市场运营规律。先期选择市场化程度比较高、价格波动比较大、产业链比较长、品种比较单一、标准化工作比较成熟的,而且企业积极性又比较高的产品如成品油、化工品进入平台进行交易。随着各方面条件逐步成熟,逐渐扩展其他品种进入平台进行交易。在大宗商品现货交易发展到一定阶段,逐步向大宗商品期货交易方向发展,未来还可以考虑开展原油现货期货贸易。

二、比较

(一)国外主要商品交易所交易模式

对目前浙商所已上市和即将上市的交易品种按照石油化工、有色金属、矿产品、煤炭钢铁、大宗农副产品进行分类,并查阅国际主要商品交易所已上市交易品种,按同样标准进行分类,得到表 3.1。

表 3.1 浙商所交易品种对应的国际商品交易所

大 类	细 分	国际商品交易所
石油化工	船用油、柴油、常一线	NYMEX、COMEX
有色金属	电解镍、铜、电解铝	LME
矿产品	铁矿石、矿砂	SMX、SGX
煤炭钢铁	煤炭、螺纹钢	CME
大宗农副产品	粮食、木材	CBOT

其中,世界石油化工产品价格主要参考纽约商业交易所(NYMEX)和纽约商品交易所(COMEX)价格,有色金属现货市场价格①主要参考伦敦金属交易所(LME)价格,铁矿石价格主要参考新加坡货物交易所(SMX)和新加坡交易所(SGX)价格,煤炭价格主要参考芝加哥货物交易所(CME)价格,粮食和木材价格主要参考芝加哥交易所(CBOT)价格。2008 年,NYMEX、COMEX、CME 和 CBOT 合并为芝加哥商业交易集团(CME Group),采取相同的交易模式。因此,本书主要介绍和比较 LME、SGX 和 CME Group 三个交易所的交易模式。

1. 伦敦金属交易所(LME)

LME 是世界上最大的金属交易市场,全球三分之二以上的有色

---

① 目前国外只有 LME 开展电解镍的期货交易,没有现货价格,国内渤海所和浙商所是唯一两个开展电解镍交易的现货交易所。

金属交易在 LME 进行。LME 交易形成的价格是世界上大多数金属现货市场的参考价格。LME 主要采取三种核心的交易模式，分别对应不同的交易平台（见表 3.2）场内交易（the Ring），也称公开喊价（open-outcry）的交易模式；基于电子交易系统（LMEselect）的交易模式和 24 小时办公室之间的电话交易（through 24-hour inter-office telephone trading）。三种交易模式同时或交错进行，并行不悖。其中以场内交易会员之间的公开喊价最为著名。

表 3.2　LME 三种交易模式对比

交易模式	伦敦时间	简单描述
场内交易（公开喊价）	11：40— 17：00	最古老和最普遍的交易方式，对价格发现过程起着决定性作用，这些价格来自交易所会员之间短暂的公开喊价中交易最活跃的时期，能够最真实地反映行业供求状况，喊价结束前最后一个报价决定合约的官方结算价。每个交易日分为上下午两场，每场分为两节
电子交易（LMEselect）	01：00— 19：00	LMEselect 是 LME 的官方电子交易平台，允许有资信的交易者执行交易，其电子信号可直接发送至伦敦结算所运行的匹配和结算系统
电话交易	全天	LME 支持会员之间的全天候电话交易市场，使得交易商在交易时间和非交易时间都能获得交易机会

LME 三种交易模式相互补充、相互结合，形成 24 小时连续交易。LME 每天宣布一系列官方报价，这些价格是由公开喊价交易形成的。这些交易具有充分流动性，以至交易商和行业充分相信这些价格正确反映了市场供求状况。这些价格还是世界范围内整个生产周期现货材料的基础价格。

2. 新加坡交易所（SGX）

新加坡交易所主要从事证券和衍生品交易，是亚太地区最有影响力的交易所之一。上市品种涵盖大宗农产品、能源商品、贵金属等。SGX 采用的交易模式主要包括合约交易、交叉交易和大型协议交易。

（1）合约交易。交易所在 SGX QUEST 电子交易平台进行合约交易。交易所的交易撮合程序（Trade Matching Algorithms）采取如下一种或几种方式进行订单配对和分配:①价格/时间优先配对原则(Price/Time Priority Allocation,PP/TP)。最优价格订单(即最高的出价和最低的要价)将得到比其他订单在合约期更大的优先权,价格相同的订单基于时间先后配对。②价格点位制造者配对原则(Price Point Maker Allocation,PPM)。改善现行的出价或要价的订单(该订单被称为处于价格点位制造者状态)在相同价格下将得到比其他订单更大的优先权。③做市商配对原则(Market Maker Allocation,MM)。指定的做市商的订单在相同价格下将得到比其他交易商的订单更大的优先权。④按比例配对原则(Pro-Rata Allocation,PR)。在相同价格下所下订单将基于该订单购买或卖出数量相对于其余订单数量的比较确定配对优先级别。以上订单配对原则简单来说就是"价格优先、时间优先"原则。

(2)交叉交易(Cross Trades)。交易会员或被授权的交易商在知情的情况下,在同一价格和时间下从不同消费者得到同一月份同一合约的购买或销售订单,应该首先向交易所报告(expose the leg)哪个是比现行出价或要价更好的价格。如果不存在现行价格,该交易商应该报告哪个是比上个交易价格更好的价格。如果不存在上个交易价格,交易商应该报告哪个是比上个交割价格更好的价格。

(3)大型协议交易。交易所应不时地指定和批准大型协议交易合约。适用于大型协议交易的合约应该与最小交易量阀值原则(minimum volume thresholds)、相关通知要求和交易所已出台和陆续出台的其他类似程序相一致。

3.芝加哥商业交易集团(CME Group)

CME Group 是目前世界上最大的期货交易所。目前该集团拥有两种交易平台:公开喊价(the Pit)和电子交易(CME Globex)。其中 the Pit 是一个边缘凸起的八角形结构,外面朝上的台阶和里面朝下的台阶使其看起来就像一个竞技场,公开喊价就在此进行。CME Globex 是 CME Group 的电子交易平台。该平台是全球最早和最快捷的期货期权电子交易系统,该系统使交易商可以在全球随时随地利用网络或手机终端交易比任何其他交易所更广泛的期货期权品种。CME Globex 平台支持多种订单类型,每种订单类型支持多种持续期,为满足个体交易商众多交易需求提供了便利,增加了灵活度。

CME Globex 支持的订单类型主要包括:①限价订单(Limit)。限价订单允许买方定义支付的最高价格、卖方定义接受的最低价格(限制价格)。该种订单,只要没被执行、取消,也未到期,就一直有效。②带有保护的市场订单(Market with Protection)。不同于传统市场订单下消费者面临在极端价格下执行订单的风险,带有保护的市场订单可以在预定的(保护)价格范围内执行订单。保护价格的范围通常是现价中最好的出价(bid)和要价(offer)加减不可撤销的交易价格范围(non-reviewable trading range)的 50%。如果订单的任一数量未在保护价格范围内执行,该部分订单将作为限价订单一直有效,保护范围的上下界就是限制价格的上下界。③止损限价订单(Stop Limit)。当市场价格等于触发价格时,沉睡的止损限价订单就被触发。然后该订单就在消费者指定的限制价格下变成限价订单。此类订单可能在触发价格与限制价格之间的任一价位执行。如果限价订单未被执行充分,余下的数量仍然以限制价格留在市场上。买方止损限价订单(Buy Stop Limit)的触发价格一定高于最后成交价。卖方止损限价订单(Sell Stop Limit)的触发价格一定低于最后成交价。④保护止损订单(Stop with Protection)。保护止损订单是一个止损限价订单,限价主要基于触发价格和保护价格的范围计算得到。保护价格范围通常是触发价格加减不可撤销的交易价格范围的 50%。保护止损买方订单的限制价格由触发价格加上保护范围,类似地,保护止损卖方订单的限制价格由触发价格减去保护范围。一旦订单的限制价格计算出来,订单就全面变成止损限价订单。⑤最小数量订单(Minimum Quantity)。只要该订单数量能够马上匹配,就可以立即执行。如果不能立即执行,整个订单就被取消。⑥隐藏数量订单(Hidden Quantity)。也称最大显示订单(MaxShow)或冰山订单(Iceberg),在市场上只显示订单数量的一定比例,当显示的数量被执行完毕,再显示相同比例的数量,以此类推,直到订单被执行完毕。

订单持续期指订单的有效期,即如果本交易期末未被执行,下个交易期是否还有效。以持续期为划分依据,订单有以下五种:①日订单(Day)。只在本交易日有效的订单。下单后本交易日内未执行,则交易日结束后自动失效。②有效直至取消订单(Good till Cancel,GTC)。一直都是有效的,除非被执行、取消或到期。③有效直至到期(Good till Date,GTD)。一直到指定结束日期前都是有效的,除非被执行、取消或合约到期。④执行即失效(Fill and Kill,FAK)。达到指定或更好的价格需立即完全或部分执行,其余未执行的数量则马上失效。⑤执行或失效(Fill or Kill,FOK)。在指定或更好的价格下不立即执行指定的最小数量,则订单立刻失效。

从上面的对比中不难得出如下结论。第一,高效便捷的电子交易系统是国际著名商品交易所必不可少的重要组成部分。无论是 LME 的 LMEselect 系统、CME Group 的 Globex 平台,还是 SGX 的 QUEST 电子交易平台,它们都为交易商在全球范围内从事交易提供了极大的便利。第二,不同于期货交易市场单一标准化合约的交易模式,多元化交易模式是国际商品交易所具有的重要特点。比如,LME 的公开喊价交易方式可以最直接地反映市场供求状况,办公室之间的 24 小时电话交易为夜间从事交易的交易商提供了交易机会。CME Group 的多元化订单类型和多样化订单持续期为各种类型的交易商根据自身需求和市场状况选择合适的订单类型和持续期提供了现实可能。SGX 除了标准合约交易,还有交叉交易和大型协议交易模式。第三,即使都采取多元化交易模式,国际著名商品交易所采取的主要交易模式并不相同,有的甚至相差很大。例如 LME 和 CME Group 都有公开喊价和电子交易模式,但 CME Group 并没有电话交易,LME 的订单类型和持续期也没有 CME Group 多样化。因此,根据交易所本身需要制定具体的交易模式也是国际著名商品交易所的一大特点。

(二)国内主要商品交易所交易模式

国内大宗商品交易模式经历了从批发市场阶段到电子交易阶段的

转变。我国大宗商品交易市场最早起源于商品经济体制下的批发市场。1985年，重庆率先提出了建设工业和农产品贸易中心。1989年，当时的国内贸易部（即内贸部，现在的商务部）牵头决定在国内建立批发市场，同时开始成立郑州粮食批发市场建设领导小组，批发市场从此结束了以展销摆摊为特点的交易方式，进入到可以开展中远期合约订货的交易方式。1992年，中国内贸部等部委相继批准成立了国内第一批主要从事中远期标准合约交易及拍卖业务的批发市场，这标志着国内正规批发市场的诞生。

随着全球互联网技术的纵深发展和应用普及，其对交易方式的促进作用不断显现，一场无形的技术和应用变革悄然发生。1997年，经内贸部批准，国家经贸委等八部委开始联合论证成立一种借助于网络与电子商务进行交易的新型现货交易模式。该模式采用即期现货或中远期订货交易的方式对物品进行交易，利用这种方式进行大宗商品交易的市场被称为大宗商品电子交易市场。1998年，政府明确提出要用电子商务的方法来推进我国的流通业现代化。随后，广西食糖中心批发市场、吉林玉米中心批发市场等"大宗商品电子交易中心批发市场"相继建立起来。批发市场开始从一个局域性的有形市场转向全国甚至全球的国际性统一大市场。

2002年，国家质量检验检疫总局出台制定了国家标准《大宗商品电子交易规范》。次年经修改后，重新发布实施国家标准《大宗商品电子交易规范》。《规范》的发布，标志着批发市场的发展全面正式进入以电子商务为载体的崭新的电子交易时代。

目前国内交易市场大小林立、众多纷杂，尚没有权威机构对交易所的数量、规模、成交量等进行统计。本书只能根据网上信息对国内交易所交易规则和交易品种进行搜索筛选，主要基于"大或专"和"可得性"两个原则。"大或专"指要么规模足够大，比如全国性或者区域性交易市场，要么与舟山已推出或即将推出的交易品种紧密相关，比如天津保税区大宗商品交易市场（天保大宗商品交易市场）、北京石油交易所等。"可得性"指交易所相关信息在网上能够获得。经过查找筛选，找到如下符合条件的商品交易所:天保大宗商品交易市场、中国国际木材交易市场、黄河商品交易市场、北京石油交易所、南京亚太化工电子交易中心、上海石油交易所、上海大宗农产品市场、青岛国际有色金属市场、上海大宗钢铁电子交易中心、陕西大宗煤炭交易市场。由于渤商所的成立背景、运行环境和战略目标与浙商所具有较大相似性,将单独对渤商所与浙商所的交易模式进行比较。

本书筛选出的国内主要大宗商品交易模式、对其概念简单描述、采用该种模式的交易品种、采用该模式的交易市场,如表3.3所示。

表 3.3　国内商品交易所交易模式对比

交易模式	概念描述	交易品种	交易市场
(传统)订单交易	买卖双方通过交易所计算机交易系统进行商品买入或卖出价格申报,由计算机交易系统按照价格优先、时间优先的原则撮合成交,自动配对生成订单的交易模式	焦炭、铸造生铁、红小豆、烟煤、电解镍	天保大宗商品交易市场
		刨花板、纤维板、胶合板	中国国际木材交易市场
竞价交易	卖方或买方通过交易市场现货竞价交易系统,将可供需商品的品牌、规格等主要属性和交货地点、交货时间、数量、底价等信息对外发布要约,由符合资格的对手方自主加价或减价,按照"价格优先"的原则,在规定时间内以最高买价或最低卖价成交,并通过交易市场签订电子购销合同,按合同约定进行实物交收的交易方式	焦炭、铸造生铁、红小豆、烟煤、电解镍	天保大宗商品交易市场
		棉花、棉籽、枸杞、玉米、羊绒、尿素	黄河商品交易市场
		成品油、燃料油、润滑油等	北京石油交易所
		石油天然气化工、基本有机化工原料、精细化工、高分子材料、生命医药新型化工材料	南京亚太化工电子交易中心
		液化天然气、液化石油气、燃料油、甲醇	上海石油交易所
		各种大宗农产品	上海大宗农产品市场

续表

交易模式	概念描述	交易品种	交易市场
挂牌交易	卖方或买方通过交易市场现货挂牌电子交易系统,将可供需商品的品牌、规格等主要属性和交货地点、交货时间、数量、价格等信息对外发布要约,由符合资格的对手方提出接受该要约的申请,按照"时间优先"原则成交,并通过交易市场签订电子购销合同,按合同约定进行实物交收的一种交易模式。分为买方挂牌和卖方挂牌	焦炭、铸造生铁、红小豆、烟煤、电解镍	天保大宗商品交易市场
		棉花、棉籽、枸杞、玉米、羊绒、尿素、燃料油、润滑油等	黄河商品交易市场
		刨花板、纤维板、胶合板	中国国际木材交易市场
		成品油、燃料油、润滑油等	北京石油交易所
		铅、再生铅、电解钴	青岛国际有色金属市场
		各种大宗农产品	上海大宗农产品市场
		高速线材、螺纹钢、热轧卷板、冷轧卷板	上海大宗钢铁电子交易中心
拍卖交易	交易商提出申请并将拟拍卖商品的详细资料提交给交易所,确定拍卖的具体时间,在交易所预先公告后,通过交易系统挂牌报价,买方自主加价,在约定拍卖时间内,无人继续加价则拍卖结束,以最高买价成交,双方通过电子交易系统订立交易合同并履约的交易方式	刨花板、纤维板、胶合板	中国国际木材交易市场
		动力煤、无烟煤、炼焦煤	陕西大宗煤炭交易市场
招标交易	招标申请人将预购商品信息提交给市场,通过审核后,由市场整理招标文件并公告,通过交易系统组织开标、确定中标,双方订立电子交易合同并履约的交易方式	刨花板、纤维板、胶合板	中国国际木材交易市场
协议交易	指驻场会员与其客户进行自主交易、交收的交易方式	成品油、燃料油、润滑油等	北京石油交易所
专场交易	指交易商按照交易规则的规定,采用"主持交易商"实名制,通过交易所的电子交易平台进行上市品种的电子撮合交易、交易结算、实物交割等的经济活动行为。分为销售专场交易和采购专场交易	液化天然气、液化石油气、燃料油、甲醇	上海石油交易所
		各种大宗农产品	上海大宗农产品市场
		高速线材、螺纹钢、热轧卷板、冷轧卷板	上海大宗钢铁电子交易中心

目前国内商品交易所采取的主要交易模式有:(传统)订单交易、竞价交易(包括竞买交易和竞卖交易)、挂牌交易、拍卖交易、招标交易、协议交易、专场交易(包括销售专场交易和采购专场交易)。其中(传统)订单交易、竞价交易和挂牌交易是最简单、最基本和最普遍的三种交易模式。采用(传统)订单交易的交易市场主要有天保大宗商品交易市场和中国国际木材交易市场,交易品种主要有焦炭、电解镍、粮食和木材。采用竞价交易的交易市场主要有天保大宗商品交易市场、黄河商品交易市场、北京石油交易所、南京亚太化工电子交易中心、上海石油交易所、上海大宗农产品市场,交易品种主要有焦炭、电解镍、粮食、木材、石油化工产品等。采用挂牌交易的交易市场主要有天保大宗商品交易市场、黄河商品交易市场、中国国际木材交易市场、北京石油交易所、青岛国际有色金属市场、上海大宗农产品市场、上海大宗钢铁电子交易中心,交易品种主要有焦炭、电解镍、粮食、木材、石油化工产品等。采用拍卖交易的交易市场主要有中国国际木材交易市场、陕西大宗煤炭交易市场,交易品种主要有木材和煤炭。采用招标交易的交易市场是中国国际木材交易市场,交易品种是各种木材。采用协议交易的交易市场是北京石油交易所,交易品种是成品油、燃料油等。采用专场交易的交易市场主要有上海石油交易所、上海大宗农产品市场、上海大宗钢铁电子交易中心,交易品种主要有石油化工产品、各种大宗农产品和钢铁。

订单交易达成的电子交易合同可以转让,其他交易方式达成的交易合同原则上不可转让。拍卖交易和招标交易是"更大宗商品"(大宗商品中的大宗商品,比如煤炭、钢铁和木材)采取的交易模式。专场交易是针对特定商品和特定地区的特殊交易模式。协议交易是"更民间"的交易方式,一般需要交易商之间信息传递更加顺畅,不存在严重的信息不对称问题。

本书将(传统)订单交易、竞价交易、挂牌交易称为基础交易模式,将拍卖交易、招标交易、协议交易和专场交易称为扩展交易模式。具体每个品种对应的交易模式归纳在表 3.4 中。

表 3.4　交易品种对应的交易模式

交易品种	基础交易模式	扩展交易模式
煤炭	（传统）订单交易、竞价交易、挂牌交易	拍卖交易
螺纹钢	挂牌交易	专场交易
电解镍、铜、电解铝	（传统）订单交易、竞价交易、挂牌交易	—
粮食	（传统）订单交易、竞价交易、挂牌交易	专场交易
木材	（传统）订单交易、挂牌交易	拍卖交易、招标交易
石油化工	竞价交易、挂牌交易	协议交易、专场交易

期货是标准化的远期合约，锁定的是未来某个时点上的价格。目前国内有郑州商品交易所（郑商所）、大连商品交易所（大商所）和上海期货交易所（上期所）三个商品期货交易所，每个交易所上市的交易品种见表 3.5。但实际上国内很多商品现货交易所从事的中远期现货交易和期货交易差别非常小，只是未得到期货监督机构的认可，因此这些现货交易也被称为"变相期货交易"。期货交易所具有套期保值、价格发现和投资投机的重要功能，但期货必须建立在现货的基础上，过度的期货交易会侵蚀现货的基础性作用，使金融市场不稳定性因素增加。在此背景下，连续现货交易模式和现货订单交易模式的创新和发展对商品交易模式回归现货模式具有重大意义。

表 3.5　国内期货交易所及交易品种比较

交易所	交易品种	模式
郑商所	强麦、硬麦、棉花、白糖、PTA、菜籽油、早籼稻、甲醇	标准合约
大商所	玉米、黄大豆、豆粕、豆油、棕榈油、聚乙烯、聚氯乙烯、焦炭	
上期所	铜、铝、锌、铅、黄金、螺纹钢、线材、燃料油、天然橡胶	

（三）渤商所和浙商所：连续现货交易与现货订单交易

渤商所是中国第一家现货商品交易所。渤商所已上市原油、PTA、聚酯切片、聚乙烯、聚丙烯、热压卷板、螺纹钢、电解镍、焦炭、动力煤、白砂糖、绵白糖、棉花、脂松香等品种，是目前全国最大的现货商品交易所。渤商所最突出的交易模式创新是连续现货交易模式，而浙商所最突出的交易模式创新是现货订单交易模式。下面将介绍两种交易模式并做简单对比。

渤商所在全球首次推出了连续现货交易模式。连续现货交易是指交易商通过交易所电子交易系统进行交易商品买入或卖出的价格申报，经电子交易系统撮合成交后自动生成电子交易合同，交易商可根据该电子交易合同约定自主选择交割日期的交易方式。交易商订立电子交易合同后，可以选择交易日当天申请交割，也可以在日后申请交割。该模式由黄金现货"T＋D交易模式"发展而来，不设有到期集中交割，合约上市后可以无限期交易，更能满足生产企业、消费企业、商品贸易商的实物交收需求。连续交易制度是连续现货交易模式的核心，能保证交易商在合约到期前根据自身交易需求自主选择交割日期，等价于"T＋0交易"，交割更灵活，更贴近现货交易模式。因为进行每日交割申报，渤商所每天大量的交易商集中撮合竞价形成的价格也更贴近现实供求状况，价格发现功能更突出。但连续现货交易也有不足，因为不设有集中交割，可以无限期交易，这为投机者留下了空间。

延期交收补偿制度和中间仓补充交收制度是连续现货交易模式的重要补充。延期交收补偿制度是指订立电子交易合同后，进行交收申报但申报当天未获得满足的交易商，将根据电子交易合同的规定获得延期交收补偿费。延期交收补偿制度可以平抑实物交割的供求矛盾，平衡实物交收申请未获得满足的交易商的利益。中间仓申报是指中间仓交易商通过提供资金或实物满足每个交易日交收申报差额部分的交收需求来获取延期交收补偿金收益的交易行为。中间仓交收申报业务的推出彻底打通了渤商所的现货商品贸易通道，使有供给的交易商可以通过渤商所卖出商品收回资金，有需求的交易商通过渤商所采购实物商品，真正实现现货市场供求平衡。

连续交易制度、延期交收补偿制度和中间仓补充交收制度的有机结合，使供给商和需求商在交易所内直接对接，完成商品销售和采购，缩短了中间流通环节，降低了成本，有效解决了期货交易和传统贸易中存在的问题，是一种科学合理的交易模式创新，形成的价格也更贴近现货价格。同时,渤商所提供 24 小时覆盖全球主要金融市场的电子交易服务,不仅满足跨时区投资者和贸易商参与市场交易的需求,有效规避了市场剧烈波动给投资者带来的风险,而且实现了与国际价格接轨,交易价格更具权威性和影响力。

浙商所在渤商所连续现货交易模式的基础上在全国首创了现货订单交易模式,该模式指交易商通过交易所计算机交易系统进行交易商品买入或卖出的价格申报,经计算机交易系统撮合成交后自动生成现货订单,持有订单的交易商可自主选择每日交割或转让,或者在订单到期日集中交割的交易方式。交易商订立电子现货订单后,可以选择交易日当天申请交割,也可以在集中交割前自主申请交割,或在集中交割期间完成交割。浙商所采用延期交割补偿制度来补偿实物交割申请未获得满足的交易商,可以充分实现现货订单交易的现货贸易功能。与连续现货交易模式不同,现货订单交易模式将现货订单分为订单意向期、每日交割申报期及集中交割期,更容易处理交易商的多样化需求,通过引入到期集中交割制度更高效地处理交易商的交割需求。

连续现货交易模式与现货订单交易模式的主要区别是中间仓补充交收制度和到期集中交割制度。连续现货交易拥有中间仓补充交收制度,但没有到期集中交割制度;现货订单交易拥有到期集中交割制度,但不具有中间仓补充交收制度。一种更好的交易模式是兼具中间仓补充交收制度和到期集中交收制度。

三、选择

随着经济全球化和区域一体化的纵深发展,物流、贸易和金融的联动发展是当今社会经济发展的大潮流和大趋势。以史为鉴,有英国伦敦、美国芝加哥、新加坡等通过大力发展大宗商品交易成为世界级大城市的成功经验。展望未来,中国(舟山)大宗商品交易中心将对浙江海洋经济发展和舟山城市建设产生举足轻重的促进作用。

建设立足浙江、面向全国、辐射全球的现代大宗商品交易中心需要与之配套的高效便捷的现代大宗商品交易模式。因此,积极发展电子交易平台、创新交易模式、提高交易效率、降低交易成本,是目前促进我国大宗商品交易市场健康、稳定、快速发展的重要途径。

由于期货市场竞价的公开性、需求的超前性和交易的连续性,其在商品价格发现中发挥着越来越重要的作用。因此,开展期货交易将是浙商所未来不可忽视的发展方向之一。目前,国内已初步形成与国际接轨的以三大商品期货交易所(郑商所、大商所和上期所)和一大金融期货交易所(中国金融期货交易所)所组成的相对成熟的期货市场体系。标准化合约交易模式也已经过实践检验,浙商所在这方面可以学习和借鉴郑商所、大商所或上期所的经验。

而国内现货交易所种类繁多、良莠不齐,交易模式陈旧且不规范,有待改进和创新。同时,浙商所交易模式单一且不完善,尚无法达到满足现货需求和服务实体经济的要求。因此,下面主要讨论现货交易模式的选择和创新问题。

选择和创新交易模式的最终目的是满足生产企业、消费企业、贸易商的交易需求,提高交易效率,反映现货市场的交易特点,切实为现货贸易商服务。综合考虑以上因素,本书认为,舟山选择和创新交易模式的标准主要有:第一,契合。即与浙商所的产业特色和交易品种高度匹配和适合,反映现货特点,充分满足交易商的交易需求。第二,高效。即能够大大提高交易效率。第三,安全。即能够保障稳定可靠地进行交易。第四,便捷。即交易商使用起来方便快捷。第五,可行。即技术和制度上可操作。其中契合是根本,高效是原则,安全是保障,便捷是基础,可行是前提。

与国内其他交易所相比,浙商所的交易品种还很少,交易平台还较落后,交易模式还很单一且不完善(只有现货订单交易模式)。根据国际著名商品交易所和国内主要商品交易所的经验,结合浙商所即将推出的交易品种和上述交易模式的选择标准,本书认为浙商所在选择交易模式方面可以考虑以下建议。

（一）构建以电子交易为主体、以公开喊价和电话交易为两翼的多元化交易模式

随着互联网和信息技术的出现、发展和普及，以电子商务为载体的大宗商品电子交易逐渐成为主流的交易模式。电子交易本质上是现货商品的电子商务。相较于传统交易，电子交易大大降低了经营成本、信息成本和交易成本，极大拓展了买卖双方的选择范围，显著提升了交易效率。交易双方通过手机或计算机终端即可得到交易商品的实时价格信息，通过终端下达交易指令，再通过手机或网上银行即可迅速完成结算过程。电子交易借助于互联网，将全国乃至全球的大宗商品交易市场连接成国家或国际统一的大市场，集中竞价买卖，统一撮合成交，统一结算付款，是新时代交易方式的巨大变革。因此，建设国际性大宗商品交易中心，必须大力发展电子交易，构建区域性、全国性乃至最终覆盖全球的电子交易平台。

公开喊价和电话交易是更人性化的交易方式，特别是在交易市场初创期，可以更直观地将买卖双方的购销意图表达出来。结合国际经验，公开喊价是供给者和需求者直接见面、相互报价的交易方式，能够减少投机因素，可以更真实地反映现货价格，也是 LME 和 CME Group 交易所采取的重要交易方式。在未来相当一段时间内无法被完全取代。电话交易为 24 小时连续交易提供了可能，在交易量比较大和交易需求比较旺盛时，启动电话交易能够弥补电子交易和公开喊价交易不能实时交易的缺陷，使得交易不再受时空限制。

（二）构建以"基础交易"为核心、以"扩展交易"为补充的多样化交易模式

"基础交易"指（传统）订单交易、竞价交易和挂牌交易。"扩展交易"指拍卖交易、招标交易、协议交易和专场交易。这七种交易模式是国内出现较多的交易方式，出现前已经经过一个或若干交易所的论证，且已经或正在经受市场的检验，论证其高效性、安全性、便捷度和可行性都比较高。只要选择相契合的交易品种，适当论证就可以使"基础交易"成为各个品种最为核心的交易模式。然后根据不同品种的多样化需求，推出

拍卖交易、招标交易、协议交易和专场交易等"扩展交易"模式补充基础交易模式的不足。

（三）构建以"顶层设计"为先导、以"底层参与"为辅助的多维度制度创新模式

一方面，加大与交易模式有关的研发投入，积极进行交易模式的顶层设计。渤商所连续现货交易模式和浙商所现货订单交易模式创新经验表明，"顶层设计"对交易模式创新至关重要。积极结合长三角重要港口贸易量和产业特色，以交易模式标准为指导，深入研究与之相契合的交易模式。同时，浙商所要根据交易品种的市场供求状况适时推出新的交易模式或对现有模式进行改进。

另一方面，鼓励交易商根据具体市场需求，提出相契合的交易模式。交易商是交易的直接参与者和执行者，是交易需求的最直接感知者，在实际交易过程中容易发现与自身需求相契合的交易方式。因此，要制定"鼓励交易商根据自身需求，提出相契合的交易模式，在向浙商所申报并经中心认定后，进行合同订立、转让、解除、履行以及货物交收"的激励机制。交易商提出交易模式后，交易所要积极进行试点，研究新模式的可行性、有效性、便捷度和安全性，从多角度、多层次进行新旧模式的比较，选取最佳的交易模式。

第二节　大宗商品国际定价权决定机制研究

一、大宗商品国际定价能力的必要性

《浙江海洋经济发展示范区规划》提出"推进大宗商品交易中心和重要能源资源储运中心建设，进一步提升贸易现代化水平和国家能源安全保障能力"，随后国务院正式批复同意设立浙江舟山群岛新区。2011年7月8日，中国（舟山）大宗商品交易中心的运营主体——浙江舟山大宗商品交易所（以下简称"浙商所"）正式获准成立。中国（舟山）大宗商品

交易中心涵盖了商品交易、公共信息、口岸通关、航运综合、金融配套和行政审批等六大功能,运行架构分为监管层、运营层、客户层和服务层四个层次,设置交易所、银行、口岸通关、船舶交易市场等功能部门。

浙商所主要负责组织石油化工品、煤炭、有色金属、铁矿石等大宗商品贸易,并承担交易中心的日常运作。作为一家现货交易机构,浙商所在国内首创了现货交易模式,采取"每日仓单申报制度",卖方交易商首先要将商品存入交割仓库,取得注册仓单后方能实现每日交割申报、延期交割补偿和到期集中交割。这种模式能够减少交易中存在的虚假交易、恶意套用资金等现象,使得交易安全性大为增加。以下对石油化工类的船用油和金属矿产类的电解镍的国际定价机制给予具体分析。

从经济安全角度出发来看,作为全球诸多大宗商品的最大消费国和进口国,我国因大宗商品涨价付出了极大的经济代价。同样,浙江省也成为国际大宗商品涨价风潮的受害者。因此,发展衍生品市场、争取国际定价权已经成为再也无法回避,需要从国家经济安全高度来看待,并且是具有迫切现实意义的问题。而值得庆幸的是,我国大宗商品国际定价权问题日益受到社会各方的广泛关注。2012年1月5日,大宗商品生意社发布了我国大宗商品供需指数,通过监测国民经济最上游、数量最大、用途最广的100个基础原材料的价格波动,更直接地反映大宗商品月度供需变化及趋势,进而揭示我国经济运行状况。这是国内首个大宗商品指数,也是研究我国经济活动的重要参考指标,意味着我国大宗商品的现货市场运行趋势越来越受到关注与重视。浙商所作为一家尚处于起步阶段的大宗商品交易所,其交易品种的国际定价机制及能力与未来舟山能否成为一流大宗商品物流集散中心息息相关,因此,从浙商所国际定价能力的角度出发展开研究是必要且意义重大的。如何正确认识大宗商品国际定价决定机制?大宗商品国际价格波动背后的影响因素是什么?舟山大宗商品交易市场在大宗商品国际定价中处于何种地位?如何进一步增强舟山在大宗商品定价中的话语权?都是本书力图解决的问题。

二、大宗商品国际定价中心及定价机制

(一)大宗商品国际定价中心

国际上重要的贸易中心城市,往往也是重要的大宗商品国际市场交易中心。目前,全球已经形成了以 CME(芝加哥商业交易所)农产品、LME(伦敦金属交易所)有色金属和 NYMEX(纽约商业交易所)能源等为主的大宗商品国际定价中心,决定着全球主要大宗商品的交易价格,如表 3.6 所示。

表 3.6　全球具有定价影响力的大宗商品交易所

名　　称	主要交易品	说　　明
芝加哥商业交易所(CME)	农产品、畜产品	全球最大的商品交易所
纽约商业交易所(NYMEX)	石油、贵金属	其原油、天然气期货合约价格是全球原油和天然气交易的合约价格
伦敦金属交易所(LME)	基础金属	其价格被广泛作为世界金属交易的基准价格
伦敦洲际交易所(ICE)	布伦特原油等能源产品	其前身是国际石油交易所
东京工业品交易所(TOCOM)	能源、贵金属、橡胶	全球第二大商品交易所
新加坡商品交易所(SICOM)	橡胶、咖啡	其橡胶价格对国际橡胶现货交易具有指导作用

大多数大宗商品代表性价格是指在一定时期内客观形成的,具有代表性的世界市场的大宗商品成交价格。例如,商品在其世界市场集散中心的价格;商品主要进口国(或地区)的当地市场国际贸易成交价格;某些商品主要出口国(或地区)的出口价格;某些重要商品的拍卖价格和投标价格等。

(二)大宗商品国际定价机制

大宗商品国际贸易的定价机制问题,其内容包括大宗商品贸易中潜在的或普遍认可的定价规则和贸易双方所确定的或参考的基准价格两

个方面。在大宗商品国际贸易中,主要有两种定价方式:一是对于成熟的期货品种和发达期货市场的大宗商品初级产品,其价格基本上是由最著名的期货交易所标准期货合同的价格决定,根据一定的升贴水幅度确定商品最终交易价格;二是对于尚未得到广泛认可的大宗商品品种和大宗商品市场的初级产品,其价格由市场上的主要买方和卖方每年达成的交易价格决定,即大宗商品现货市场定价。

1.期货市场定价机制

对大多数大宗商品来说,期货市场是形成大宗商品基准价格的中心。期货市场是一个集中、公开、统一的市场,其产生的价格能够最大程度反映全社会对大宗商品的价格预期以及真实的市场供求关系,近似于完全竞争市场,是真正的市场价格。目前,全球主要大宗商品品种所采取的基准价格如表3.7。

表 3.7　全球主要大宗商品定价基准[①]

商品名称	定 价 基 准
原油	纽约商业交易所 WTI 原油期价 伦敦国际石油交易所 Brent 原油期价
农产品	芝加哥期货交易所农产品价格
燃料油	新加坡普氏公开市场价格
天然橡胶	日本东京工业品交易所天然橡胶期货价格
有色金属交易	伦敦金属交易所期货价格

我国企业大宗商品进出口的买卖价格则是按照国际基价标准,然后加上一个升贴水。因此,哪个国家能影响国际期货价格,也就掌握了国际定价的主动权。也正因如此,发达市场经济国家才如此重视期货市场的发展,全球重要的大宗商品生产商和贸易商才如此关注和参与国际期货交易,国际投资基金更是将期货市场作为重要的投资和投机场所。

[①]　目前,全球主要的国际期货交易场所均设在欧美发达国家,可以说英美两国的原材料期货市场主导了全球石油、金属、农产品等大宗原材料的定价权。

目前,国内三家期货交易所,其主要交易品种概况如表 3.8 所示。

表 3.8 我国现有期货交易所概况

期货交易所	所在地	成立时间	交易品种
上海期货交易所	上 海	1999 年 5 月	铜、铝、燃料油
郑州期货交易所	郑 州	1993 年 5 月	棉花、小麦
大连期货交易所	大 连	1993 年 2 月	大豆、豆粕、豆油

2.现货市场定价机制

现货市场上的大宗商品价格,是供货主导方、需求主导方、商品基金三个方面的博弈结果。长期来看,除非依托于一个实质上的供货主导方或需求主导方,商品基金一般不能占据定价主导地位,现货市场上的大宗商品价格因品种的不同而主要取决于前两个方面的综合实力对比。具体来讲,一个方面是供货主导方的资源控制力和信息控制力;另一个方面是需求主导方的需求控制力和信息控制力。资源控制力包括供应调节能力和报价的协调一致性,需求控制力包括需求调节能力和报价的协调一致性,信息控制力包括数据源权威性和信息对抗能力。

在非完全市场条件下,大宗商品的价格形成已经不完全由供求关系决定,还受到其他多种因素的影响,如供需双方的谈判、世界贸易格局、汇率变动、全球市场流动性、地缘政治因素、市场预期、投机力量等,在大宗商品国际定价中,这些因素在定价中的影响力有时甚至超过了供求因素的影响。

三、大宗商品交易品种定价能力及其提升对策

舟山作为建设战略性资源产品储备基地的理想场所,立足能源资源战略储备构筑大宗商品交易中心,形成相应的大宗商品交易"舟山价格",有助于浙商所在国际市场中拥有一定的话语权,增强国际市场抗风险能力,保障国家战略物资供给。一般而言,大宗商品交易以产品种类较少、交易数量较大的生产性资料为交易物,依托信息技术平台,以实物

交割为目的,以现货标准化合约为交易标的,包括现货合约、中远期合约等交易模式。

（一）船用油

1. 定价机制

石油作为大宗商品交易品种主要包括原油和成品油,原油即指作为生产原料的初级石油,其中包含燃料油,主要分为陆上燃料油和船用油。船用油也称重柴油,主要用于船舶及海上运输工具的动力提供。目前,我国燃料油每年进口高达 1800 万吨,是亚洲燃料油市场的重要消费国和进口国。我国石油对外依存度不断提高,燃料油消费量已占全球的 2%,但在国际定价机制里连 0.1% 的权重都没有,基本上是被动接受国际燃料油基准价,使得我国在国际贸易中损失巨大。船用油的国际定价机制由基准价格和价格浮动的影响因素两部分组成,现将船用油定价机制简要概括如表 3.9 所示。

表 3.9　船用油国际定价机制

国际定价机制	机制组成	具体指标
基准价格	新加坡普氏报价	国内价格或出现背离
价格波动影响因素	供给方面	原油储量
		储采比
		技术进步
		自然因素
		政治局势
	需求方面	库存量
		经济活动水平
		能源利用率
		替代能源数量
	生产成本	限产政策等
	汇率变动	与美元汇率负相关
	投机因素	市场流动性、投资者心理

（1）基准价格

由于装船运输等原因造成时间的延迟，国际船用油贸易一般都是在签订贸易合同若干天后才开始交货。为了便于交易，通常选择交货时交易双方都认可的某个市场价格为基础，加减运输费用等一定的数额作为成交价格，这个双方认可的基础价格就是基准价。目前，国内进口的船用油绝大部分来自新加坡，因此，我国的船用油贸易主要采用新加坡普氏市场的基准价格。新加坡作为亚洲石油交易中心，其基准价得到较为广泛的认可。但新加坡市场与国内市场不同，其基准价不能反映国内市场状况，两地价格经常出现背离，不完全符合我国市场需求。相关业内报告显示，由于国内尚无基准价，使得我国在船用油贸易方面处于一种十分不利的位置，即国内船用油市场只能被动地接受国际价格，无法采取有效的措施减少价格波动导致的市场风险。

（2）影响因素

从船用油需求走向来看，近年来高油价和国家税收政策使燃料油需求整体萎缩。目前，国内陆上燃料油的消费比 2004 年最高峰时萎缩了70%～80%，主要原因是高油价、燃料油消费税及替代能源（天然气、煤、水煤浆等）的普及。燃料油行业面临危机，陆上燃料油消费需求基本消失。相比于陆上燃料油需求，船用油市场的增长则较为迅速。

从船用油成本走向来看，目前，国内形势是成品油调价拉动油品市场价格上涨，打压市场买方需求。国内船用油需求尚未全面开启，市场仍在等待反弹时机，燃料油市场同样如此，作为生产原料的燃料油市场需求较为平淡，炼厂出货较为平缓。目前，山东地区高密度油浆成交价格在 4600～4700 元/吨，低密度油浆成交走高至 5100 元/吨。而国内其他地区低密度油浆成交均在此价位或以上。以华东地区为例，2012 年年初密度 1 左右的油浆（低密度油浆）成交走高至 5100 元/吨水平，船用油库提成交价约为 5640～5710 元/吨，比一个月之前库提估价大涨 220元/吨。短期内低密度油浆价格仍能保持高位运行态势，作为船用油的调油原料，油浆价格走高必将带动船用油市场价格继续攀升。因此，船用油品种由于生产成本居高不下，未来价格仍会攀升。

2.定价能力

船用油品种于浙商所开盘首日开始交易,浙商所规定也可采用替代品 0 号柴油。替代品 0 号柴油价格的升水幅度为:交易结算价×4%。船用油自在浙商所上市以来,价格比较稳定,无异常价格波动,日均交易量在 10000 吨以上。

对于国内船用油市场的未来发展,燃料油总体需求或将趋稳,船用油需求在未来则将上涨,原因有三:第一,今后十年内天然气市场的大规模扩张,意味着陆上燃料油需求将继续萎缩;第二,国内经济增长会带来航运业高速发展,从而带动船用油市场的高速增长;第三,地方炼油厂对进口燃料油保持旺盛的需求。因此,船用油的发展前景十分广阔,若浙商所能把握机遇,不仅能够获得船用油这一品种的国际定价自主权,而且对解决我国航运业发展所需的能源问题有很大帮助,同样也会推动浙江省海洋经济的发展。

3.相关建议

鉴于以上分析,本书对浙商所有关船用油交易品种的建设发展提出以下建议:第一,建议争取国家对加快发展船用燃料油市场的支持。可以向国家相关部门建议,建议相关部门制定船用油行业的发展规划,包括制定一些行业措施,例如,取消或减免船用油消费税,促进国内船用油市场更好、更快地发展。第二,建议及时调整船用油期货合约的质量标准。目前,国内船用油市场的消费结构已经发生了很大的变化,浙商所应该能够随着市场需求的变化及时调整品质标准,将有利于促进国际定价的科学合理性。第三,建议进一步提升舟山在国际船用油市场的定价话语权。由此建议,可以在必要的时候使浙商所能够提供保税手段,规避给国内厂商带来的市场风险,特别是在大宗国际贸易过程中的市场风险。第四,建议尽快督促相关其他部门制定行业规范和标准。例如,国家运输部委托科学研究院和中国燃气控股有限公司合作研究船用油市场准入的规则,包括行业管理的规范等等,不断提升我国船用油在国际市场上的竞争力。

（二）电解镍

1. 定价机制

电解镍的国际定价机制同样由基准价格和价格波动的影响因素两部分组成，如表 3.10 所示。

表 3.10　电解镍国际定价机制

国际定价机制	机制组成	具体指标
基准价格	LME 报价	LME 均价
		LME 现货结算价
		LME 三个月期货结算价
		其他 LME 价格
价格波动影响因素	供求关系	库存（对于期货市场）
	宏观经济形势	GDP 增长率、工业生产增长率
	生产成本	微观影响因素
	投资基金动向	主要考察持仓情况
	汇率变动	美元、欧元、日元之间的比率
	投机因素	市场流动性、投资者心理

（1）基准价格

当前我国市场，没有一个集中统一的电解镍现货价格，我国电解镍的贸易价格目前主要参考伦敦金属交易所（LME）的报价。基准价格的确定过程即为点价（Pricing），也称定价、作价，指买卖双方交易价格的确定过程。目前，LME 价格的不确定性越来越大，为了锁定一定的价格水平，因此产生了以 LME 价格为基础的点价过程。目前，全球金属实物贸易的价格基本以 LME 作为点价的基价，但目前很多国内企业选择上海期货交易所的价格作为点价的基价。

点价的基价分为四类：LME 均价、LME 现货结算价、LME 三个月期货结算价及其他未知 LME 价格。LME 官方价格是每日上午第二圈内交易中最后一刻的收盘价或成交价，一般指卖价。均价分为周平均价、月平均价或买卖双方商定的一定时间内的平均价。现货结算价即指现货收盘价。三个月期货结算价即为三个月期货收盘价。LME市场大部分情况下远期价格高于近期，因此，浙商所要根据具体情况选择基价。

(2)影响因素

电解镍价格波动的主要影响因素是供需关系。电解镍是用电解法生产的镍，其供需情况与镍的整体供需情况紧密相关，我国近几年来镍的消费量一直高于产量，供需缺口由进口来解决。我国镍产量及进口量如图4.2所示。

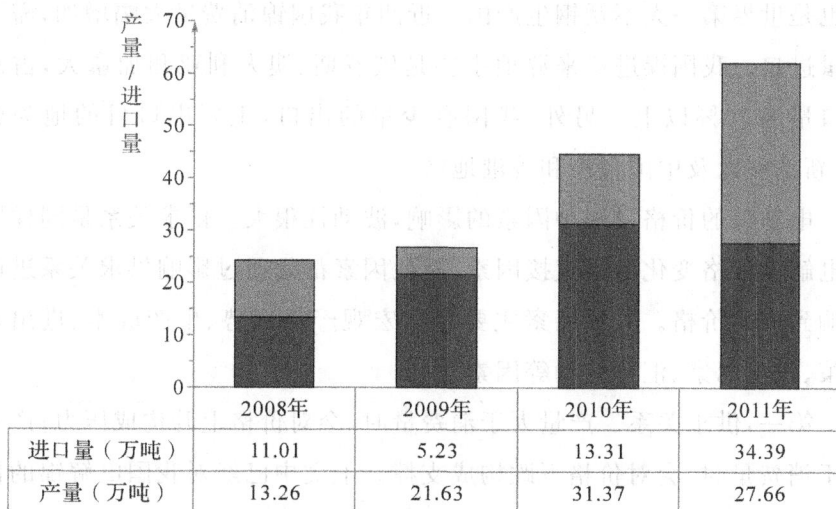

	2008年	2009年	2010年	2011年
进口量（万吨）	11.01	5.23	13.31	34.39
产量（万吨）	13.26	21.63	31.37	27.66

图4.2　我国2008～2011年镍产量及进口量

从供给上来看，根据英国商品研究局(CRU)的数据，2010年世界原生镍产量为140.9万吨，主要生产国有中国、俄罗斯、加拿大、日本、澳大利亚等。我国产量为31.37万吨，约占2010年全球产量的22.26％，俄罗斯产量为25.85万吨，约占2010年全球产量的18.34％。这一数据表明，我国已经超过俄罗斯成为全球第一大原生镍生产国。按照美国地质调查局(USGS)的数据，我国的镍金属储量仅为110万吨，占世界总量6900万吨的1.59％。按照我国国土资源部的最新数据，我国的镍储量为299万吨，占全球总量6900万吨(用我国数据修正后的值)的4.2％，仍位于印尼之后，位居世界第9位。我国镍矿资源储量为760万吨，主要分布于西北、西南和东北地区，其保有储量占全国总储量的比例分别为 76.8%、12.1% 和 4.9%。甘肃镍储量最多，占全国镍矿总储量的 62%，其次是新疆(11.6%)、云南(8.9%)、吉林(4.4%)、湖北(3.4%)和四川(3.3%)。

从需求层面来看，2007 年以来，我国的镍需求量已经上升为世界首位。我国 2010 年镍消费量达到 54 万吨的水平，但需求自给率水平低，基本维持在 50% 左右，意味着我国五成的镍需求需要进口来满足。具体的原因主要是占镍我国消费量 66% 的不锈钢产量增长过快，我国目前也是世界第一大不锈钢生产国。近两年我国镍消费量大幅增加，需要大量进口。我国镍进口来源地主要是俄罗斯、澳大利亚和加拿大，占总进口量的 70% 以上。另外，我国有少量的出口，主要出口目的地为韩国、新加坡以及中国台湾和香港地区。

电解镍的价格受多种因素的影响，波动性很大。供求关系是同样影响电解镍价格变化的最直接因素，其他因素都是通过影响供求关系进而影响到商品价格。其他因素主要包括宏观经济形势、生产成本、进出口政策、投机因素、汇率变动等因素。

第一，供求关系。产量大于消费量时，会对价格上升构成压力；产量小于消费量时，会对价格下跌构成支撑。上文中已经对我国电解镍的供求状况进行了分析。第二，库存情况。库存是对生产、消费、进口、出口情况的综合反映。库存上升表示需求不足，会导致价格下跌；库存下降表示需求旺盛，会使价格上涨。第三，宏观经济形势。宏观经济是影响整个镍产业供求关系的重要因素。当宏观经济景气时，镍的需求增大，价格上升；反之需求减少，价格下跌。在分析宏观经济时，有两个指标是很重要的：一是经济增长率，或者说是 GDP 增长率；另一个是工业生产增长率。第四，生产成本。生产成本是商品价格水平的基础，市场价格不可能长期低于生产成本。第五，投资基金动向。镍金属由于资源量少，单位重量价值高，易于变现流通等特点，其金融属性越来越强。工业需求之外，投资需求也越来越大，尤其是获得了大型投资基金的青睐。因此，投资基金的持仓情况对镍的价格走势具有很大的影响力。第六，汇率变动。国际上镍的交易一般以美元标价，而国际上几种主要货币目前均实行浮动汇率制。当前国际外汇市场形成美元、欧元和日元三足鼎立之势。由于这三种主要货币之间的比价经常发生较大变动,这种变动会进一步影响到镍的价格。第七,投机因素。投机因素主要包括市场流动性和投资者心理两方面。当市场流动性泛滥时,价格甚至会在供大于求的情况下持续上涨。

2.定价能力

由于LME距离我国市场较远,运费、汇率变化较大,同时经常被国际投机资本控制,不能有效地指导我国电解镍市场企业的生产经营,行业迫切希望我国打造一个属于自己的电解镍的贸易平台,产生我国交易所场内的电解镍现货价格,从而能够更好地指导我国电解镍行业各家企业的生产和经营。

电解镍自在浙商所上市以来,价格比较稳定,无异常价格波动,日均交易量在80000张以上。目前,电解镍的国内价格主要随LME镍价格波动,与LME镍价格相关系数达到0.89。价格自开盘之日后持续走强,开盘价即为最低价。

3.相关建议

鉴于以上分析,本书对浙商所有关电解镍现货品种的建设发展提出以下建议:

第一,建议设立电解镍品种现货交割仓库。围绕建设与舟山大宗商品交易中心相适应的现代服务业集聚高地和改革创新试验基地这一目标,在舟山设立电解镍品种的现货交割仓库,结合舟山实际完善电解镍品种的运输、咨询和信息服务产业体系。第二,建议尽快督促其他相关部门制定行业规范和标准。浙商所应在国际价格谈判中形成话语权,形成行业规模,不断提升我国电解镍在国际市场上的竞争力。第三,建议加强与渤海商品交易所在电解镍品种上的互动合作,提升电解镍的定价影响力。

下面,本书将对浙商所进一步发展及建设大宗商品国际定价中心可能面临的制约因素进行分析,并提出相应的对策建议。

四、进一步打造大宗商品"舟山价格"的建议

(一)构建大宗商品国际定价中心

1. 构建国际定价中心的现实意义

面对严峻的经济形势和国际竞争压力,近些年来,我国各界一直在呼吁重视和构建国际定价中心。然而,构建国际定价中心是一个长期的战略过程,并不能一蹴而就,而是需要多种条件的支持。构建国际定价中心,在世界商品价格形成中体现舟山的影响力,对提升舟山在国际贸易定价过程中的主动权,改变我国所处的被动地位,具有重要意义。

第一,可以在很大程度上避免国外期货市场价格形成机制存在的缺陷,以及国家政策措施变动等因素给大宗商品交易带来的贸易风险。

第二,国外期货市场提供的价格信号,并不一定能够真实反映舟山乃至我国的市场供求情况,利用别国的期货市场价格为基准来制定舟山大宗商品交易价格,有可能导致在指导我国企业生产经营和进口上的盲目性,使得定价失去导向性。

第三,流通、运输及金融服务的进步使得现货市场体系更加完善,从而为提高相关企业在国际贸易中的主动性创造良好的外部环境。同时舟山还能够借此使得企业更有效地在全球范围内进行资源配置和利益分配。

第四,将浙商所建设成为国际定价中心,可以推动政府宏观决策部门和企业切实参与大宗商品交易市场建设,真正利用大宗商品交易市场来调节生产和经营,实现政府、市场和企业之间的良性互动。

2. 构建国际定价中心的可行性措施

(1)争取国家政策扶持

浙商所可以积极申请获取"中国大宗商品交易中心"品牌,在现货挂牌交易、现货竞价交易基础上,在国内首创"商品即期"交易模式,中远期积极探索推行美元挂牌、结算交易模式,加快形成若干大宗商品交易的"舟山价格",并将交易价码及未来价格走势预期编成指数向全球发布。

（2）完善金融服务支持

严格实行第三方监管制度，保证交易金额安全。加强金融机构对市场交易的支持，在合作银行选择、金融结算快捷、金融产品创新等方面，积极实现金融机构与交易平台的密切合作和良性互动。积极探索建立统一的交易结算中心，提供统一结算清算服务，并对所有交易资金实行第三方结算管理。

（3）建立信息管理系统

尽管我国需求是很多大宗商品国际供求的关键影响因素，但国际市场上有关我国需求的权威信息并不能充分和真实地反映国际供求的关键影响因素。甚至会误导我国企业，使其蒙受风险、遭受损失。因此，应建立浙商所自身配套的信息管理系统，及时获取真实的市场动态信息。

（4）构筑监控预警机制

在当今复杂多变的国际市场环境下，对参与国际竞争的交易所来说，及时掌握大宗商品国际价格波动变化非常重要，这对于指导企业经营，稳定国际贸易市场价格也具有重要意义。因此，应建立和完善价格监控预警机制，及时发现和防范价格风险，促进行业进出口贸易的健康发展，为更好地参与国际定价提供支持。

（二）提升大宗商品国际定价能力

1. 立足现货——科学拓展商品交易品种

浙商所若要打造其成为国际大宗商品物流集散中心，必须准确把握大宗商品相关政策及其未来发展趋势。下面将具体分析铜、电解铝、螺纹钢三个品种的定价状况。

目前，铜和铝的大宗商品品种已在上海期货交易所推出期货品种合约，其基准价格主要参考伦敦期货交易所价格。我国虽是铜和铝的生产大国和使用大国，但价格的话语权并不在我国。螺纹钢这一品种目前已在上海期货交易所推出期货品种合约，渤海商品交易所也已推出现货合约，市场化及标准化程度较高，是比较成熟的大宗商品品种。我国在铜、电解铝及螺纹钢这三个品种中的贸易地位如表 3.11 所示，但显然我国的大宗商品现货定价话语权与贸易地位并不匹配。浙商所此次品种的挂牌上市对于提升这三种大宗商品的国际定价能力是有效的促进和助推。

表 3.11　中国在铜、电解铝和螺纹钢贸易中的地位　　　单位:万吨

年　份	铜进口量			电解铝进口量			螺纹钢出口量		
	世界	中国	占比	世界	中国	占比	世界	中国	占比
2007	750	105	14%	1182	414	35%	5900	591	10%
2008	715	93	13%	950	381	40%	1950	117	6%
2009	631	82	13%	791	340	43%	619	31	5%

2.借鉴创新——合理汲取国际先进经验

纵观国际知名的大宗商品交易中心的发展历程,最重要的是着力推进创新,例如,在交易所组织机构设置、新交易品种推出、新型交易产品合约设计、交易结算系统优化等方面进行创新。尤其值得一提的是,各交易所积极进行金融创新,推进场外衍生品交易场内化以加速产品创新。如芝加哥商业交易所通过金融创新,从一个以农产品为主要交易品种的商品交易所一跃而成为全球第一大综合性商品交易所。因此,浙商所应创新交易制度,争取大宗商品贸易定价权。

为掌握大宗商品定价的主动权:第一,要向渤海商品交易所等先进交易所学习借鉴,运用创新思维创新交易制度,主推大宗商品现货交易和即期交易模式,推出现货连续价格交易制度;第二,与国际商品交易所对接,引入先进理念和技术;第三,推进以企业为主体的专用物流信息系统建设,提升供应链管理能力,创新物流商务模式。

3.讲求合作——合力打造交易集散中心

交易平台并不是越多越好,交易平台太多会造成资源的分散,合力无法形成,反之交易平台越大,则可聚集的交易商越多,交易规模越大,市场影响力及定价力就越大。因此,在金融、客户资源有限的条件下,如何避免恶性竞争和资源浪费就成为当务之急。

因此,我们必须在客观条件的基础上强调合作,提出以下几点建议:第一,上海先进的金融、物流、科技人才等方面的经验优势值得舟山及宁波借鉴引进;第二,舟山与宁波同在浙江省内,立足自身优势、错位竞争、

协同发展十分必要,舟山与宁波可以在交易品种上避免重复,互补开发;第三,宁波和舟山可以多方面展开合作,在全国其他省市共同利用其营销机构交割仓库或许是可以提高资源利用效率的选择。

4.推广市场——加快提升定价影响水平

浙商所目前尚处于探索阶段,可以通过投入适量的财力与人力资源,实施适合舟山具体情况的市场推广策略,积极响应机构投资者的业务需求,采用多种激励形式吸引投资者参与,并采取灵活、优惠的结算方式。另外,要积极拓展海外市场。一些重要的交易中心之所以成为全球大宗商品交易的风向标,是因为它们不仅服务于本国,更有海外市场的辐射,其主要途径就是通过海外的战略联盟和并购。因此,浙商所应树立中长期战略目标,寻求海外金融市场资源的支持。

此外,建立多层次的投资者教育体系和积极寻求高端专业人才作为支撑,也是浙商所加快提升国际定价影响力的重要因素。

第四章
舟山大宗商品国际物流业发展现状

第一节　舟山大宗商品国际物流业集散绩效评价

一、基于供应链的港口物流集散绩效评价的模型构建

(一)港口物流集散绩效评价方法的选择

1.既有评价方法的比较选择

港口物流集散绩效评价模型的具体选取,极大程度上决定着研究结论的真实性、合理性、有效性。基于上述理由,对既有主要评价方法的利弊进行分析十分重要。用于该领域内分析的主流模型大致有主成分分析法、因子分析法、层次分析法、数据包络分析法及模糊评价法。还有很多少见的评价方法,如 BP 网络神经元方法、突变隶属函数法、粗糙集等,它们的缺陷在于原理复杂且可用范围较小,因此不再多做介绍。

(1)主成分分析法

主成分分析法的实质在于将多变量融合为少数综合变量达到降维目的的一种统计分析方法。模型中纳入的过多变量会导致过多的测算

和加大模型的复杂程度,主成分分析的用途就在于定量计算后得到包含信息量较多的少数变量。由于模型中采集的若干指标之间在一定程度上是相关的,那么可以起代表作用的共同因子肯定存在。因此可以在分析原始指标系数矩阵内部结构关系后,总结出具有决定性意义的变量,并将其表示为原来变量的线形组合。综合指标包含着初始变量的大部分信息,指标之间相互独立,又具有某些更易于分析的特点,使得问题完全凸显。

主成分分析法的优势有:可抵消评价指标之间的相关性;简化计算分析的工作量;提取的因子权重对样本关系的完整反映。但其应用缺陷在于假定原始指标与综合指标的转化都是呈线性的,而现实样本中因为存在非线性关系,单一的主成分模型运算或许无法科学反映样本之间的关系。

(2)因子分析法

因子分析法原理在于按照相关性对指标排序,将相关性较高的指标分入一组,组与组之间为不相关。每一组指标意味着数学上的基本结构,定义为公共因子。从纷繁多样的实际模型样本中概括出的关键公因子传达了每个变量之间相互关联的一种数学属性,凭借提取出来的公共因子有利于研究和分析复杂的经济模型。

可以看出,因子分析模型与主成分分析模型原理相似,都必须得到综合值,但在因子分析中测算值的计算对象是公共因子,主成分分析法的计算对象是初始指标。因子分析法的不同之处是,公共因子比主成分更易被解读。缺陷主要包括:因子及公共因子得分由估计得出,较主成分分析法的得分值粗略;结论中包含重复信息的可能性较大;因子分析处理数据量较大。

(3)层次分析法

层次分析法将决策相关因素按照经济学含义划分为目的、策略、过程等层次,并基于划分的层次构建研究模型。层次分析法的优势是在细致地探究复杂经济模型的本质、因子、过程及其作用关系各方面之后,基于难以获取的定量数据使模型处理过程数学化,使得相对复杂的系统绩效评价分析对象、多脉络及缺少结构框架的决策难点等变得更加简洁、易于量化,可用于解决无法直接准确测算实施结果的难题。层次分析法在其整个分析框架中纳入了归纳和演绎,结合了定量和定性分析的优点,因此得到广泛应用。

层次分析法的分析前提是层次分析过程中变量相互无相关性,只有满足这项前提方法才能被满足。但值得注意的是,层次分析法要求分析对象变量之间呈现的必须只能是线性关系,缺乏客观性。因为现实生活中,绩效评价的每个变量之间的关系大都是多样化的、非线性的、相关系数较高的,因此层次分析法不适用于本书的主题。

(4)数据包络分析法

数据包络分析法,其用以物流评价的用途是基于相对有效性拓展而来的。数据包络分析法的原理在于将任意研究对象个体看做是决策单元(Decision Making Units,DMU),被评价样本整体就由微观的决策单元组成。在计算成本和收入比率之后,将单个决策单元中成本和收入指标的值作为权数进行后续的计算。最终计算决策单元相距产出标杆值的数值,得到决策环节的评价结果。数据包络分析法的优势在于不必提前计算好变量参数,因此方法更加客观、计算误差更小、过程更加简便。

运用数据包络分析模型能够纳入物流集散每个层面的情况,操作上是将权重为运算变量,融入了数学规划的思想来操作的,总结来说,数据包络分析模型基本适合用于港口物流集散的评价,但鉴于样本的现实情况,数据包络分析模型不宜采纳。

(5)模糊评价法

模糊评价法基于模糊数学及模糊关系合成,能够量化测算部分界定不明、定义定性的变量,方便展开研究分析。模糊评价法在模糊环境的背景下,纳入了所有因子,能够围绕着研究目的进行对研究对象的科学决策。模糊评价可用于解决多个变量的研究分析,在偏向主观性评价问题上尽可能降低人为因素的不利影响,力求客观、科学。此外,模糊评价法中的运算过程较为简单,易于操作,实用价值和可行性很高。模糊综合评价的缺陷是，无法去除变量与变量之间由于相关关系导致的重复信息现象。若要使用模糊评价法，务必科学划分多个评价变量之间的分组，以此降低变量分组间的相关关系，结论才能更加科学、合理。

总的来讲，一方面，鉴于本书所创建的物流集散评价的框架体系加入了供应链的角度，指标体系错综复杂，极有可能会加大指标间的相关性；另一方面，模型中大部分是定量指标，样本偏向于客观。因此结合前文已经介绍的分析方法的特色和使用范围，再衡量本书研究对象的具体特点、工作量等，选择主成分分析法为宜。

2. 主成分分析法的基本原理

主成分分析法的实质是数学转换，用线性转换的方法初始数据化为相互独立的指标，随着方差递减的顺序将处理之后的变量进行重新排序。线性转换的前提条件是变量的总方差保持恒定，最大方差值对应的第一变量 F_1，定义为第一主成分，第二变量 F_2 的方差次之，两变量之间相互独立，即 $Cov(F_1, F_2)=0$，即第二主成分。因此，变量和提取出的主成分存在一一对应的关系。

3. 主成分分析法的实施步骤

首先，为降低量纲的影响，需标准化处理初始样本。接着，以协方差矩阵 S 为基准求得各主成分，量级和量纲会对指标的协方差矩阵产生作用，导致计算得出的协方差矩阵结果不唯一，随之提取结果会因指标的量纲和量级的变化而变化。若要解决这一问题，可以使用样本数据标准化公式，将原本的变量数据标准化，这使得提取过程更科学。

上文中已经提到，主成分分析法在科学操作的前提下能够简化分析数目庞大的原始变量，同时含有了较多的样本初始信息，达到减少模型计算工作量的目的。以往文献中有很多方法来判定主成分的个数，列举三种国际通用准则如下：一是计提主成分的累积方差贡献率达到目标值，惯常采用 85%；二是平均值准则，即特征根平均值大于目标值；三是巴特莱假设。基于本书样本的数据特征，采用累积方差贡献率最为适合。

得出计提结果之后，下一步需解释各个主成分含义。在计算结果中根据每个指标的含义,并结合其所带系数值的大小、符号来进行主成分含义的解释。系数值的大小,与这个指标在计提的主成分中所占的份额呈正相关关系。需要格外注意的是,若出现系数大小区别不大的情况,那么意味着可能存在公因子。至于系数的符号,正的系数意味着该指标对指标施加正相关影响,反之亦然。

(二)供应链运作参考模型

1.供应链运作参考模型的形成

供应链运作参考模型(SCOR)首次将供应链流程进行了标准化定义。模型大致有以下几个环节:供应链运作流程的标准定义、各个供应链环节的评价基准,供应链"最佳实践"定义、服务抉择参考数据。本书基于 SCOR 模型定义了供应链上的港口物流集散环节,使得本书能够对港口的物流流程展开创新性的评价。供应链运作参考模型的首要层面包含的物流环节有:计划、采购、生产、配送和退货,如图 4.1 所示。

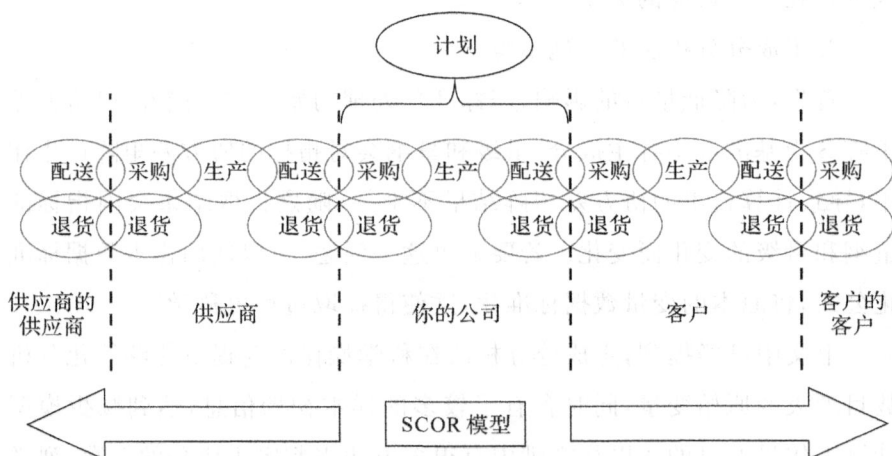

图 4.1 SCOR 模型示意图

资料来源:根据董健(2011)浙江大学硕士学位论文——《基于 DEA-SCOR 综合模型的我国港口物流服务流程效率评价的实证研究》拓展而来。

模型中各个环节都匹配着对应的支持平台。模型中物流环节重组、标准化和反馈评价标准形成了具有交叉功能的框架。模型内容主要包括:港口物流环节的标准化定义、供应链环节间的作用关系、环节绩效评价指标的选取、绩效最高的实践路径及港口的功能整合。

基于以往的供应链理论及实证,供应链运作参考模型在实践反馈中反复改进和延伸,而且首次基于供应链的运营流程推出一体化的多层次研究模型和研究标准。此模型对于企业供应链管理的意义在于,所有企业均可以参照标准定义根据自身实际来优化其供应链内部路线,满足在质和量上日渐增长的消费者要求,从而在改善供应链每个环节的前提下,提高企业总的供应链的运作水平和绩效评价。

2.供应链运作参考模型(SCOR)的运用

供应链运作参考模型将供应链上各环节定义得更为规范,同时具有完备的供应链内涵、测算、衡量功能,且能够检测出供应链上的薄弱环节,推动供应链进行优化和改善,为本书研究起到了深层的启示作用。

高萍等(2004)提到了以供应链运作参考模型为核心的绩效测算模型和指标体系的构建方法,将指标体系分为节点内部的部分和客户服务的部分,并认为该模型能够起到很好的指导供应链物流的发展实践,为学术界新的研究打下了良好的基础。

邹震(2005)阐述了供应链运作参考模型应用于企业的实际操作,结论是企业在供应链每个环节中都要做到"各司其职、规范运作,努力实现供应链内部流程以及外部节点之间的无缝链接,环环相扣",才能使得供应链对企业经营运作的贡献达到最大化。马林(2004)由预防供应链风险的角度出发,提出若要适应现代物流发展的要求,仅仅选取单向指标来简单组成评价体系是不可行的,多层次一体化的评价框架,为客户提供高效便捷的物流服务,有效提高供应链反应速度、安全性以及抗风险弹性等指标的表现,在物流方面占据行业内的竞争优势。鉴于供应链从总体上来衡量也很重要,供应链上细分环节的优化、重组,最终改进供应链总体的绩效。叶勇(2005)提到供应链运作参考模型即使并不包含实际供应链管理的具体范式,模型的确有利于企业作为物流节点得到足够的重视,例如采纳标杆管理法,向行业内已有最佳供应链经验的企业学习经验。但落实到某一家企业而言,供应链提升方向究竟是追求行业内顶尖位置还是追求行业内平均水平需要根据实际情况来探讨。

胡文卿等(2006)分析了企业作为供应链上节点的功能和结构,利用仿真系统具体定位企业内物流链条的薄弱环节,进而优化物流集散的流程。吴锡源和张大亮等(2006)对供应链运作参考模型在绿色供应链中的功能展开了评价,现在来说经济的可持续发展十分紧迫,供应链运作参考模型也可用于物流环保化的探讨。文章中提到了绿色供应链运作参考模型是如何运作的,其中纳入了供应链营销途径和反向营运的主旨。

周勇祥(2004)基于生产实践得到,企业普遍参照供应链运作参考模型的配置层,构造实际的生产、物流链条,因此诸多弊端如生产绩效低下,也出现在配置层上。文章对供应链运作参考模型实际运行的必须前提和具体操作的方法做出了详细的阐述和研究,并认为供应链运作参考模型作为一种标准化的运作参考模型可以优化配置供应链整体资源,符合现代社会合作共赢的发展趋势。李洪心(2006)同样针对配置层展开了研究,企业在运作参考模型所列的 26 种流程单元中选择,构建自身供应链和内部物流链条。此外,文章还指出,企业绩效低下的关键原因是对客户需求的变化响应不够积极主动,只有自发地均衡提高供应链各流程的绩效,才能整体提高企业产出比率。

郭伟(2008)将供应链运作参考模型中的经典框架应用于汽车厂商供应链的描述,并根据汽车制造业的特征构建了该行业适用的供应链风险识别途径,能够鉴定和衡量出具体到各个节点的风险。周立军(2009)详细地分析了供应链运作参考模型是如何在物流集散绩效评价中发挥作用的,而且认为该模型的核心是物流的营运流程,而非其内部结构。

本书并不是力图改进有关供应链的理论模型,而是集中在改进物流集散评价的现实价值,对物流分流程排序。此外,本书加入了标杆管理模型(Benchmarking Management),有助于为港口作为供应链上重要节点的绩效的快速提升。

（三）基于供应链的港口物流集散绩效评价的模型构建

供应链运作参考模型可以用作以现有管理信息为基础的优化升级，构建多层次框架来详细分析样本港口的物流集散情况，大致可划分为以下几部分：流程定义阐述、标杆管理思想、实践评价和反馈。就模型的现实指导意义而言，供应链运作参考模型以往基本上用于指导第二产业如制造业，主要涉及物流环节设计以及改善等。最近刚刚应用于第三产业的研究，因此，无论是学术领域还是现实应用，供应链运作参考模型在第三产业的功能仍算刚刚起步。

1. 港口物流集散绩效评价中 SCOR 应用可行性

服务业目前已被公认为是 21 世纪经济的快速增长点，因此学术理论和企业实践领域对服务业的关注愈加增多，而且，模型本身的特点决定了其十分适用来指引行业物流的建设与提升。基于上述现状，本书将经典的供应链运作参考模型与港口物流集散绩效评价中的传统方法相融合构建分析框架，以期能够为港口物流集散领域给出学术上和实证上的参考。供应链运作参考模型的实施样本十分多样化，导致应用契合程度可能会有大有小，但基本能够取得一定研究结果，而且供应链运作参考模型的实践引入不会致使额外成本超支太多。

供应链运作参考模型详细地定义了构建方法，由四个具体步骤、三个层次组成，如下图 4.2 所示。供应链运作参考模型在物流改进的领域，作用范围不仅涵盖了企业内部部分，还包括供应链上节点的链接关系和其运行的流畅与否——货物流通方面、信息沟通方面。模型的应用价值在于最优化供应链上的一切物流节点绩效，这样物流服务商的综合竞争力也随之提高。

2. SCOR 在港口物流集散绩效评价中的应用步骤

新一代的港口可以定义为通过运输和交换商品，实现商品和自身增值的企业，是经济发展和物流进步中供应链上的关键环节。港口作为服务性的企业组织，具有第三产业的新兴行业特征，但港口的生产对象拥有实体的物质形态，因此传统行业特征也得以体现。本书采纳了供应链运作参考模型来阐述港口货运物流在供应链上的标准运作，以此为前提

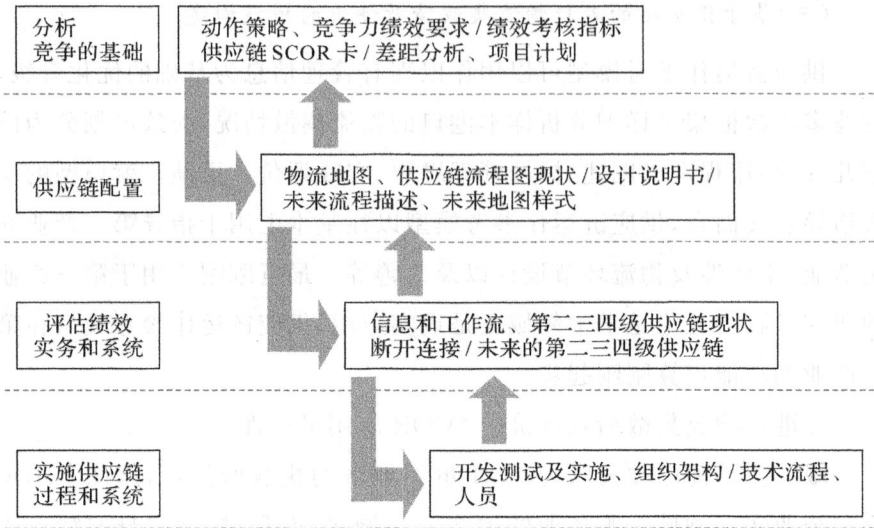

图 4.2　SCOR 模型实施定义过程

资料来源：Supply-Chain Council. Supply-Chain Operations Reference-model. OverviewVersion5.0 [R]. http://www. supplychain. org/slides/SCOR5.0 Overview Booklet. pdf，2002.

对港口所有环节展开了绩效测算分析。具体到本书研究领域即港口物流来说，本书所采取的研究模型没有完全照搬标准模型中包含的三个层次、四个步骤为框架，而是基于这一经典模型的标杆管理思想展开了流程改进等根据实际情况的改进。

　　鉴于本书的主要内容是港口物流集散绩效的评价研究，从供应链物流顺序的角度进行定义划分，但港口物流环节中如单证报批审核、报关手续时间、商检通关时间，本身与港口绩效评价无太大关系，因此，港口物流集散的供应链设计的主要内容是供应链运作参考模型中的配置层。根据港口实际开展的物流服务，对从收到商品进港然后内部处理加工，最后商品出港的这一流水线运作，进行划分区段和标准化定义。若绩效研究科学合理，不单单能为研究对象达成建设目标提供指引，提升港口的竞争力地位，还能起到凝聚港口精神，促进自身增值和提高资源利用率的作用。目前进出港商品大都是集装箱标准化包装，因此本书仅以集装箱为例说明商品港口物流集散的整个过程。

集装箱船舶在进港之前需向港口报备,例如船舶型号、吨位量级、货物种类等详细具体的信息,这样港口可以预先安排泊位缩短等待时间。若出现进港船舶吨位大于港口可承受最大泊位的特殊情况时,必须要用港口驳船对运送货船减轻载重。船舶进入泊位后用岸上的装卸机械将集装箱货物卸下然后用地面装载车运到适合存放的堆场,用龙门吊等机械设备再卸下,最后根据货物将要运送的目的地,分拣区别为出港或者转运装船,分别进入不同的物流作业流程,如下图4.3所示。

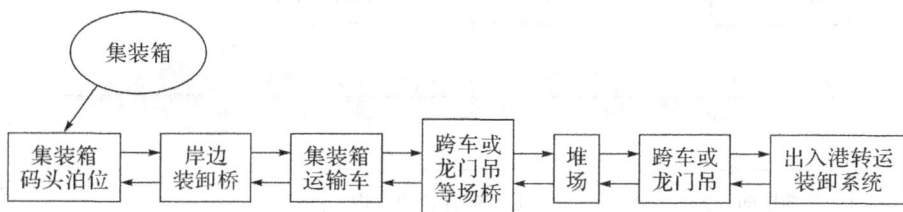

图 4.3　港口集装箱流示意图

港口物流集散系统依据实际运输生产流程大体上可以划分为下列的环节:船上流程、装卸流程、仓储流程、分拣运送流程、交收流程、出港流程。研究的主要目的是从物流集散的供应链视角出发对物流绩效展开测算,出于清晰考虑,这里把物流供应链上环节区分为货物进港环节和货物出港环节,本书将其定义为硬件环节。进出港流程是行业内发展水平和竞争力的主要评价指标,同时是供应链运作参考模型中绩效衡量的主要变量。进出港流程均与港口物流集散的硬件技术相关,但第三产业的绩效评价中主要衡量的是管理者在行业和企业建设中起到的主体价值,因此,港口综合管理环节(劳动力管理、经济管理等)的分析与评价也被本书纳入全面的绩效评价。本书定义的港口综合管理环节主要有人力资源的知识化、专业化程度及港口管理机制的匹配程度,其对于促进港口技术提升和设施改进有着显著价值。基于供应链总体运行的视角,文章利用标杆比较分析对港口物流集散的总体绩效展开评价,涵盖了财务指标、劳动力质量、人才引进建设等多个环节,这部分代表了港口的软件资质。

本书已经基于供应链运作参考模型(SCOR)的经典模板,同时结合了本书所要评价的物流集散的实际运作,构建了易于测算、又贴合现实情况的港口物流集散绩效评价模型。意义在于在指导港口的实践中能够使用现有的资源获取越来越多的产出。因此,本书基于广义供应链定义的框架下,对港口物流集散绩效做出科学、合理、全面、有应用价值的研究和测算,如下图 4.4 所示。

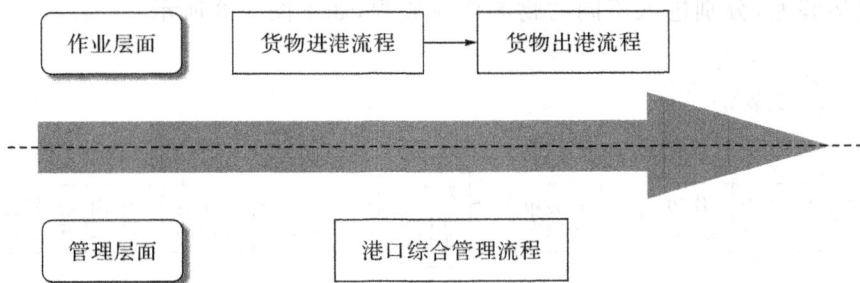

图 4.4 港口物流服务运营流程体系

资料来源:根据皮国胜(2005)上海海事大学硕士学位论文——《基于供应链管理的港口经营绩效评价研究》整理而来。

本书构建的综合模型的所有环节中在图中使用黑色小箭头表示的,是每个环节的输入变量和输出变量,用方框圈示的所有港口物流的供应链环节,是本书所构建的一体化的"港口综合物流服务体系"的关键部分。下文将依据具体环节的实际特点来选取贴合港口物流供应链流程的物流集散绩效评价模型。

3.基于供应链的港口物流集散绩效评价的模型构建

港口物流集散链条的起点是运输船舶停入港口泊位,鉴于港口实质上是供应链上的一个物流运送节点,决定了进港货物量与吞吐量存在着较大的正相关。因此,港口往往在规划建设时甚至在建成后,试图加大泊位水深以适应船舶日趋规模化的硬件环境需要。港口设施相关的泊位环境等因素应该被引入作为进港环节的评价指标,此指标与进港效率必然有着较强的相关联系,另外货物进港环节的输出变量暂且作为货物进港量,如此一来,港口货物进港部分的评价模型阐述完成。

　　场内装卸作业为货物进入各自的分拣系统出港提供了前提准备,定义为货物出港的前提准备。场内装卸作业的能力直接关系到出港货物的效率衡量,是港口物流集散流程的关键之处。因此,场内装卸作业的绩效提升是港口整体物流链条运作加快的必要条件。场内装卸作业除了集疏运部分,还纳入码头、分流机械内等流程。这些环节的流畅与否大大关系着港口物流集散绩效的客户反馈结果。不同港口的规模、发展水平和建设阶段大相径庭,因此它们的绩效评价值也必然各不相同,必须根据样本全面的数据来进行具体测算。

　　就目前港口发展趋势来看,堆场内的物流链条已经完全不再是过去传统的劳动密集型产业,而是卸载、运送、存储、加工、出港、配送同时伴随着信息处理等多项串联形成的一站式服务,是集服务、货物、信息、资本等生产要素流动的综合链条。堆场内物流硬件大致由自体生产营运设施、货物集疏运设施、辅助设施等组成,鉴于评价体系的前端决定准则,我们将库场内的相关设备数量和堆场面积看作货物出港环节的输入指标。同样地,货物出港环节的变量等同为货物出港环节指标。综上所述,涵盖了港口物流所有供应链角度的分环节的绩效评价模型初步完成。

　　之前的研究特别是我国的文献倾向于将港口的绩效评价分析以硬性设施为主,这其中很大一部分原因是我国长期以来的粗放型经济建设模式。之前的经济建设以规模和数量的建设为重点,现在在科学发展观可持续思想的指引下,国内经济建设的重心正加速向效率型转变。因此,港口物流建设不但要加快硬件环境的更新升级,更应该注意的是软件环境上的建设发展。

　　港口内部管理环节对于物流集散的绩效提升提供了前提和支持。这一流程囊括了生产、营运、管理、劳动力引入与梯队建设、物流效率测算和研究等。随着港口建设规模的扩大,必须科学管理船舶进出港、加快内外每个节点之间的快速链接、加快货物流动速率、增加财务产出,这对港口有效管理十分重要。目前,港口物流的快速信息交流主要依赖于电子信息交换平台(EDI),该平台显著地提高了国内港口对固定资源的使用价值率。港口信息的快速沟通有利于增强节点与节点之间的一致动作,例如,出现港口泊位排队拥挤的情况,系统能快速帮助港口管理人员调整船舶,大大提高进港效率,提升客户满意度。

港口必须要为可能发生的意外事件做好应急预案,如果物流集散营运一旦发生意外导致中断后,必须及时与其他环节负责人沟通,此时起到关键作用的便是港口物流信息系统。采取科学的信息传递模式将船舶交通情况、港口内部物流环节之间的信息、运输、组织框架展开快速的对接,能够大大提升港口总体绩效,带动产出水平等细化指标的上升。

港口物流内部管理环节为港口物流的正常营运创造了适宜发展的软件条件,与货物进港环节、货物出港环节的港口外部的另外两个环节共同构成多流程一体式的港口物流集散绩效评价框架。搭建优良的港口物流集散综合评价模型有利于大幅提升集装箱装卸时的速度,改善物流链条,集约地利用硬件设备,最小化流通的营运成本,提升港口服务质量水平,并可以发挥自身物流增值的比较优势,有效利用物流信息的集聚效果。

图 4.5 模型内每个环节对应的评价单元的详细指标数量至少为 3,因此,本书采纳的变量数目相较于领域内的参考文献较少。这其中首要原因是本书的样本数据难以获取,我国港口物流服务行业专业数据库建设处于起步阶段,全国范围内尚缺乏公认的标准统一口径,而且部分港口的数据库尚有残缺,抑或出于安全考虑仅用作内部参考;其次,由于本书所选取的港口样本中对象数目并不多,基本上只是采用经典的标杆分析法,选取了国内有代表性的港口和东亚地区内发展水平较高的先进港口展开绩效分析;另外,本书样本容量较少,这导致本书在港口物流集散的供应链评价中只纳入少数关键指标搭建绩效评价模型。

综上所述,同时在参考国内外先进港口物流研究分析成果的基础之上,本书分析了新时代港口物流的未来建设趋势,构建了如表 4.1 所示的综合港口物流集散绩效评价指标,涵盖 9 个 2 级指标,42 个 3 级指标,其中 10 个定性指标,32 个定量指标。本书将货物进港环节表示为 S_1,货物出港环节表示为 S_2,港口管理环节表示为 S_3,将指标遵循供应

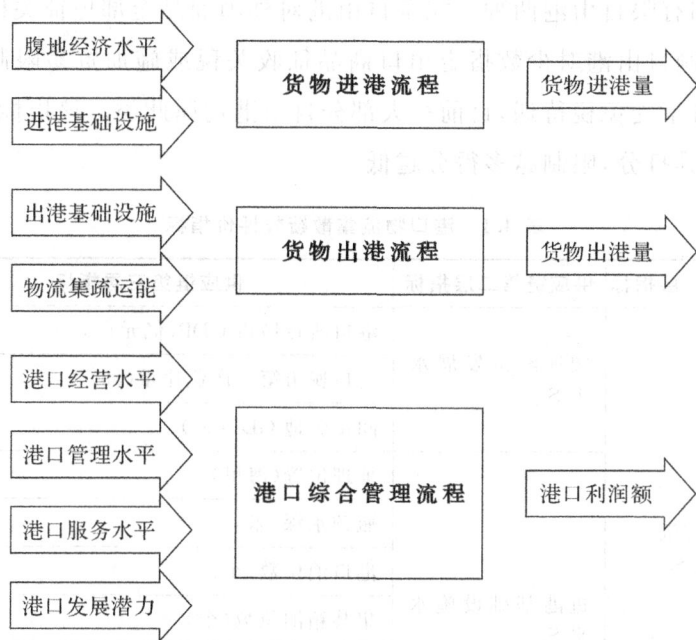

图 4.5　港口物流服务流程效率评价指标体系

链运作参考模型划分如下。对各简单常见的评价指标本书不再作说明，仅对下文中部分指标的含义给予简要说明：

（1）航线覆盖面（航线数）：港口拥有的航线的条数，包括近洋、远洋所有的航线。

（2）航班密度（班/月）：是指每个月停靠港口的集装箱航班的次数。

（3）远洋航线数（条）：指航程距离较远，航程穿越大洋的运输航线数目。我国习惯上以亚丁港为分界，将去往亚丁港以西，包括红海两岸、欧洲和南北美洲的航线定义作远洋航线。

（4）通关效率：每艘次从开始向海关申报，到海关放行的平均时间（计量单位：小时）。

（5）班轮始发准班率：报告期内船舶准班发航的次数与总航次数的比值（单位：％）。

（6）自由港政策水平：自由港是指绝大多数甚至全部外国商品能够免税流通的港口，被划在一国的关税国境之外。依据限制程度，有完全自由港和有限自由港两种。完全自由港对外国商品全部免征关税,较为少数;限制自由港对少数指定出口商品征收关税或施加贸易限制,除此之外均可享受免税待遇,目前很大部分自由港均属此类。该指标为定性指标,对其打分,限制越多得分越低。

表 4.1　港口物流集散绩效评价指标

供应链第一层指标	供应链第二层指标	供应链第三层指标
货物进港流程 S_1	腹地经济发展水平 S_{11}	港口所在城市 GDP(亿元)
		港口城市第三产业比重(%)
		间接腹地 GDP(%)
	进港基础设施水平 S_{12}	地理位置(海里)
		瓶颈水深(米)
		港口泊位数(个)
		集装箱泊位数(个)
		万吨级泊位数(个)
		码头长度(米)
		泊位长度(米)
货物出港流程 S_2	出港基础设施水平 S_{21}	仓库面积(平方米)
		堆场面积(平方米)
	物流系统集疏运能力 S_{22}	港口专用铁路线长度(千米)
		港口腹地铁路集疏运能力(1~9)
		等级公路密度(千米/百平方千米)
		内河水运能力(1~9)
港口综合管理流程 S_3	港口经营水平 S_{31}	港口货物吞吐量(万吨/年)
		港口集装箱吞吐量(万国际标准箱单位/年)
		集装箱吞吐量年平均增长率(%)
		港口费率(美元/国际标准箱单位)
		航线覆盖面(条)
		航班密度(班/月)
		远洋航线数(条)

续表

供应链第一层指标	供应链第二层指标	供应链第三层指标
港口综合 管理流程 S_3	港口现代化管理 水平 S_{32}	物流综合信息发布系统（1～9）
		EDI 系统（1～9）
		安全监控系统（1～9）
		管理信息系统（1～9）
		现代信息技术应用程度（1～9）
	物流系统服务水 平 S_{33}	船舶平均在港停时（小时）
		通关效率（小时/艘次）
		集装箱装卸效率（国际标准箱单位/小时）
		客户满意度（%）
		货损货差率（%）
		班轮始发准班率（%）
	港口发展潜力水 平 S_{34}	2015 年规划新增泊位数（个）
		2015 年规划新增吞吐量（万吨/年）
		港口管理创新能力（1～9）
		环境承载力（1～9）
		自由港政策水平（1～9）
	财务状况指标 S_{35}	港口净利润（亿元）
		港口管理成本（亿元）
		港口营业收入（亿元）

（四）小结

　　按照上文中对港口物流供应链流程的刻画，本书把样本内的港口全部依据构建的综合模型分类，将各个港口的相同的供应链环节放在一起进行绩效得分的测算、分析和预测，如此一来，就形成了本书的多层次的港口之间截面数据、港口自身时间序列数据两个方面的评价测算。在框架上力求完整，基于供应链的角度展开深入的物流测算和评价，从而力求科学性强的实证结果，进一步为本书提出的针对港口物流集散绩效和供应链物流链条重组的适用建议给出实证参考。

　　港口物流集散评价过程中的具体变量选取多种多样，一般来讲选取的样本变量会根据具体文献用途和意义变化而调整。即使研究对象相同，绩效评价指标不同也会导致评价结果的差异，进而产生多样化的结果。因此，应参考本书的具体研究内容，确保港口物流总体绩效或是内分流程细分变量选取的合理性。以制定完备的绩效评价框架为前提，科学地将此绩效评价模型用于测算港口整体物流集散绩效，以求全面反映港口物流的特征，并确保研究的可靠性。

未来港口物流集散服务的建设趋势将是科学技术、硬件设施、经营管理等各个方面的综合建设，与以往只注重加大经济和人力投入的传统模式不同。原因在于，港口的规模化发展固然重要，但这并非目前物流建设的短板限制，只有重点改善软件条件、优化集疏运效率、适应货物日渐集装箱化的趋势，并减少运营经济成本、提高有限资源利用率、提供更为优质的服务，港口才能取得长足的竞争力进步。货物的加工流通是增值的利润来源，物流集散业又是拉动整体宏观经济的促动力。

本书采用的 PCA-SCOR 综合模型提供了港口物流集散过程中的具体优势环节。这一处理的实质是解剖了本书样本中的港口物流集散的整体流程，对比并研究宁波—舟山港的各个集散流通环节与选取的对照组东亚港口的相同环节，测算样本内领先发达港口各个环节上之间的具体差异。

以上就是本书所要分析的港口物流集散绩效的具体理论基础、综合模型，关键之处是将供应链运作参考模型（SCOR）中的模板分析模型，用在港口物流集散领域内的绩效评价上。在系统分环节的综合研究和测算的基础之上，可以得到研究结论，进而提出港口发展的建议和意见。这样定位基于供应链角度的分环节绩效短板，最后提出的政策建议将比较地可靠和满足实际问题需要。

目前国内并没有系统成熟的基于供应链角度的港口物流集散绩效评价的文献，而现有国内文献的主要缺陷在于不够全面、模型不够立体。本书的分析容纳了供应链运作参考模型和主成分分析法的一体化模型，力图构建贴合港口物流领域内行业特点的绩效评价模型，在对各个环节测算之后,可以定位港口的优、劣势环节,并给出具体差异值。

二、基于供应链的东亚港口物流集散绩效的横向评价

(一)样本选择

近几年来,东亚地区经济贸易高速发展,尤其是我国经济持续快速的增长,促进了东亚地区在国际范围内的活跃程度。基于此背景,本书将深入探讨港口物流集散的绩效提升和流程改进策略,以提升港口的物流服务技术、管理水平以及核心竞争能力。新加坡、中国香港作为东亚地区港口,其物流水平一直处在众多港口中的领先位置,所以国外选取新加坡港作为研究港口物流系统横向对比对象;国内港口取香港港、"宁波—舟山港"、上海港、天津港、大连港作为研究样本,这5个港口基本上代表了目前国内各个水平港口的现状。上述6个港口近5年吞吐量如表4.2所示。

表 4.2　样本港口 2004～2011 年吞吐量

年　份	吞吐量(单位:亿国际标准箱单位)					
	宁波—舟山港	香港港	新加坡港	上海港	天津港	大连港
2004	400.50	2131.00	2193.00	1455.00	382.00	221.00
2005	520.00	2242.00	2320.00	1808.00	480.00	266.00
2006	706.80	2323.00	2479.00	2171.00	595.00	321.00
2007	935.00	2388.00	2790.00	2388.00	700.00	381.00
2008	1084.60	2424.00	2992.00	2801.00	850.00	452.00
2009	1050.33	2093.00	2587.00	2500.00	870.00	457.00
2010	1300.20	2343.00	2843.00	2905.00	1008.00	526.00
2011	1451.00	2440.00	2994.00	3174.00	1149.00	640.00

资料来源:国家统计局,中国交通统计年鉴 2011.北京:中国统计出版社,2011。

(二)主成分分析评价过程

1.数据标准化

在广泛收集物流行业协会的统计年鉴、网站等的数据资料后,对原始数据分类整理,鉴于统计口径各异以及某些指标的不易获取,本书把

上文中的理论指标进行提炼、整合,处理后得出的港口物流集散评价模型如表 4.3 所示。模型主要选取了 2011 年数据,部分因数据不可获取而选用了 2010 年数据,但同一指标下选取的年份均相同,保证了研究的科学性。

表 4.3   变量描述性统计

指标层	数　量	最小值	最大值	中　值	标准差
总泊位数(个)	6	151.00	1239.00	697.0000	507.24797
万吨级泊位数(个)	6	78.00	151.00	118.8000	32.56839
桥吊总数(个)	6	16.00	103.00	65.0000	37.30952
库场面积(万平米)	6	360.00	2070.00	959.6660	705.15726
行业人数(万人)	6	7.60	32.20	20.7600	10.65800
本科以上人数比例	6	6.90	20.50	11.5600	5.40260
港口货物吞吐量(亿吨/年)	6	31399.00	63300.00	47981.2000	12486.50574
港口集装箱吞吐量(万国际标准箱单位/年)	6	457.00	2587.00	1535.5600	963.81869
集装箱吞吐量年增长率(%)	6	3.20	24.90	15.0400	7.94185
集装箱装卸绩效(国际标准箱单位/小时)	6	320.00	850.40	545.8800	260.18469
费率(美元/国际标准箱单位)	6	75.00	212.00	116.6000	55.26120
航班覆盖面(条)	6	84.00	400.00	211.0000	141.11343
航班密度(班/月)	6	300.00	2890.00	1378.2000	1156.31795
远洋航线数(条)	6	28.00	265.00	154.8000	111.28657
现代化管理水平	6	4.70	9.50	6.5400	2.31582
港口管理创新能力	6	7.00	9.00	7.8000	0.89163
自由港政策水平	6	5.80	9.00	6.9200	1.48728
集疏运能力	6	5.8	9.5	7.580	1.3882
港口城市 GDP(亿美元)	6	6100.00	19196.00	11938.2920	5980.46982

续表

指标层	数　量	最小值	最大值	中　值	标准差
第三产业比重(%)	6	34.8	69.3	51.660	13.5865
码头长度(米)	6	10462.00	119248.00	54620.4000	42735.88673
港口信息化投入(亿元)	6	1.00	4.60	2.5400	1.71114
港口管理费用(亿元)	6	1.8797	7.6420	4.098680	2.7115337
港口净利润(亿元)	6	8.45	56.43	29.3740	21.70088
港口营业收入(亿元)	6	39.50	271.89	144.8840	97.77477
有效样本数量	6				

表 4.4　现代港口物流系统评价指标标准化数据

指标层	新加坡港	香港港	大连港	上海港	天津港	"宁波—舟山港"
总泊位数(个)	0.98869	0.93452	−1.25275	0.95798	−0.73077	0.03685
万吨级泊位数(个)	0.88449	1.31856	−1.31334	1.01851	−0.67007	0.08041
桥吊总数(个)	0.35926	1.32459	−0.85040	1.57459	−0.33988	−0.74357
库场面积(万平米)	0.68868	1.48654	−1.23475	1.07337	−0.85945	0.33214
行业人数(万人)	1.65476	0.13674	−0.38130	0.17399	−0.58490	−0.86255
本科以上人数比例	−0.03357	0.75431	−1.32801	0.66782	−0.53307	1.22683
港口货物吞吐量(亿吨/年)	1.09091	1.00064	−1.11905	1.00064	−0.69054	−0.28196
港口集装箱吞吐量(万国际标准箱单位/年)	−1.49084	−0.25687	0.10829	−0.25687	0.39789	1.24152
集装箱吞吐量年增长率(%)	1.00744	1.17040	−0.69904	1.17040	−0.61064	−0.86815
集装箱装卸绩效(国际标准箱单位/小时)	1.72635	−0.19182	−0.75279	−0.19182	−0.62612	−0.15562

续表

指标层	新加坡港	香港港	大连港	上海港	天津港	"宁波—舟山港"
费率(美元/国际标准箱单位)	0.77243	1.33935	−0.89999	1.33935	−0.78660	−0.42519
航班覆盖面(条)	1.30743	0.78075	−0.93244	0.78075	−0.84596	−0.30978
航班密度(班/月)	0.99024	0.67573	−1.13940	0.67573	−1.01360	0.48703
远洋航线数(条)	1.27817	0.88954	−0.66499	0.88954	−0.79454	−0.70817
现代化管理水平	1.34585	0.78508	−0.89724	0.78508	−0.67293	−0.56077
港口管理创新能力	1.39853	0.72616	−0.75305	0.72616	−0.61858	−0.75305
自由港政策水平	1.38312	0.44663	−1.28227	0.44663	−0.48986	−0.05763
集疏运能力	0.82480	1.21357	−0.97623	1.21357	−0.12496	−0.93719
港口城市 GDP(亿美元)	1.29835	0.65342	−0.17370	0.66537	−0.54907	−1.24094
第三产业比重(%)	−1.03329	1.90541	−0.39914	1.51226	−0.53130	0.45146
码头长度(米)	0.91167	0.70355	−0.89998	1.20388	−0.31558	−0.89998
港口信息化投入(亿元)	1.30676	0.97641	−0.81835	0.85148	−0.67249	−0.66740
港口管理费用(亿元)	1.24677	0.52373	−0.96420	0.82328	−0.88955	−0.21630
港口净利润(亿元)	1.29896	0.92735	−1.07782	0.72735	−0.18086	−0.76762

2.主成分提取

对研究样本进行因子分析,再提取出主成分,得出碎石图的分析结果如图 4.6 所示。从图 4.6 中可以看出:当 $N>4$ 时,随着主成分个数增多,特征值急速地下降,接近于零。

图 4.7 是主成分分析之后的指标几何分布图,从图中可以看到,主成分提取之后,绝大部分变量都聚集到同一个分割子区域内,只有 1 个指标没有汇集,这意味着采取主成分方法是比较合理的,可以用提取出的这两个主成分来代表原始指标。经过进一步计算,得出主成分系数矩

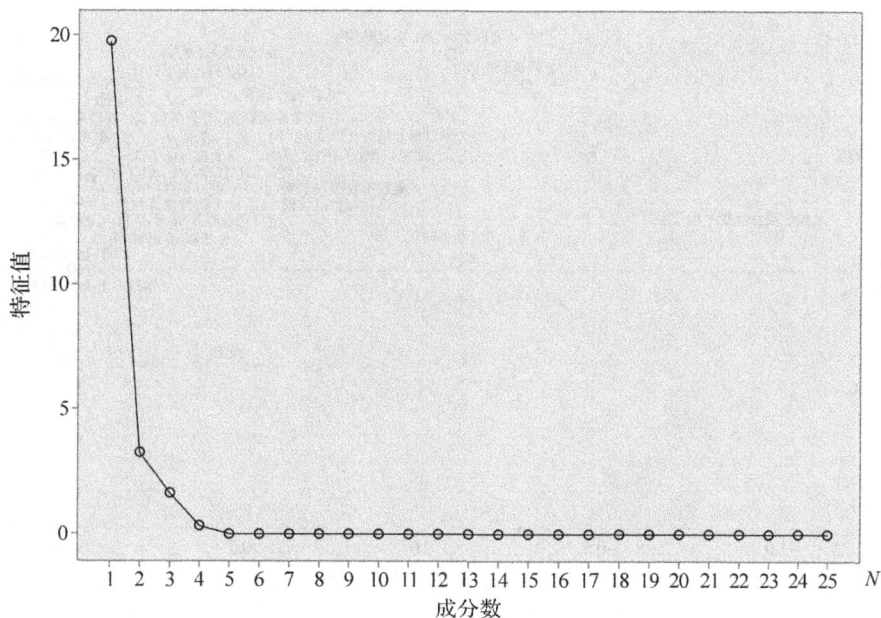

图 4.6　碎石图

注:碎石图横坐标表示根据样本提取的各子成分;纵坐标表示每个提取前成
分所对应的特征值,当特征值大于 1 时,代表此成分显著,是提取主成分的必要
条件。

阵如表 4.5。

　　基于表 4.5 的系数矩阵,可以将各主成分以各指标变量表示的公式
写出。但为使各指标在少数主成分上就能达到高的载荷值,以更好地
分析模型中的指标变量,必须将主成分系数矩阵旋转处理。原因在
于,从数学原理上讲,满足要求的公共因子并不唯一,如果对原始的公
共因子旋转处理,就可以得到新的公共因子。在旋转之后的坐标系
中,因子载荷重新分配,使公共因子负荷系数趋向于极大值(1)或极小
值(0),因而能够对公共因子做出更合理的阐述。旋转后系数矩阵如
表 4.7 所示。

　　由图 4.7 可以看出:

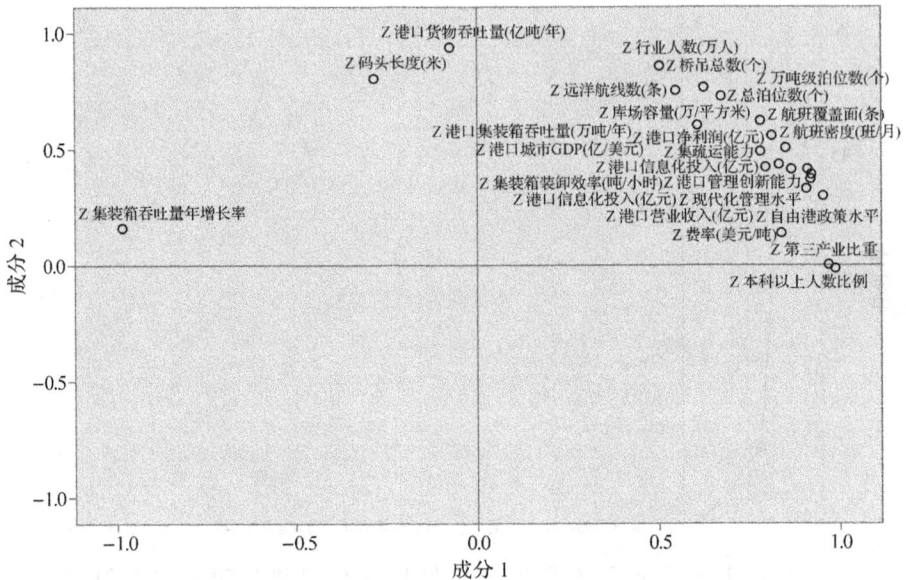

图 4.7　旋转空间成分图

注:主成分分析后的指标几何分布图是对提取出的主成分解释程度的直观刻画,指标对于成分 1 和成分 2 的载荷差别越大,越能够划分各自所属的主成分类别。

主成分 F_1 包括:港口城市生产总值、港口货物吞吐量、桥吊数量、库场面积、集装箱装卸效率、港口集装箱吞吐量、远洋航线数、集装箱泊位数、集装箱吞吐量年增长率、总泊位数、万吨级泊位数、码头长度、库场面积,共计 13 个指标。该因子可命名为港口外部供应链绩效影响因子,对应了上文模型中的港口供应链上的进港流程 S_1 和出港流程 S_2。

主成分 F_2 包括:费率、行业人数、第三产业比重、本科以上人数比例、自由港政策水平、集疏运效率、港口管理水平、现代化程度水平、航班密度、港口信息化投入、港口管理费用,共计 11 个指标。对少数评分差异较小不显著的因子进行忽略,该因子可命名为港口内部供应链绩效影响因子,对应着港口供应链上的港口综合管理流程 S_3。

表 4.5　成分系数矩阵

指标层	成分	
	1	2
总泊位数(个)	0.949	0.209
万吨级泊位数(个)	0.953	0.276
桥吊总数(个)	0.935	0.334
库场面积(万平米)	0.829	0.199
行业人数(万人)	0.873	0.475
本科以上人数比例	0.838	−0.520
港口货物吞吐量(亿吨/年)	0.422	0.842
港口集装箱吞吐量(万国际标准箱单位/年)	0.991	0.129
集装箱吞吐量年增长率(%)	−0.752	0.652
集装箱装卸绩效(国际标准箱单位/小时)	0.956	−0.091
费率(美元/国际标准箱单位)	0.791	−0.313
航班覆盖面(条)	0.953	0.197
航班密度(班/月)	0.990	−0.002
远洋航线数(条)	0.857	0.361
现代化管理水平	0.978	−0.156
港口管理创新能力	0.993	−0.112
自由港政策水平	0.973	−0.231
集疏运能力	0.930	0.028
港口城市 GDP(亿美元)	0.902	−0.046
第三产业比重(%)	0.830	−0.494
码头长度(米)	0.176	0.835
港口信息化投入(亿元)	0.936	−0.056
港口管理费用(亿元)	0.990	−0.138
港口净利润(亿元)	0.986	0.061
港口营业收入(亿元)	0.948	−0.185

注:提取方法采用的是主成分分析法;a 表示已提取了 2 个成分。

表 4.6　旋转成分矩阵

指标层	成　分	
	1	2
Zscore:总泊位数(个)	0.704	0.371
Zscore:万吨级泊位数(个)	0.873	0.429
Zscore:桥吊总数(个)	0.927	0.770
Zscore:库场面积(万平米)	0.906	0.599
Zscore:行业人数(万人)	0.301	0.958
Zscore:(本科以上人数比例)	0.086	−0.911
Zscore:港口货物吞吐量(亿吨/年)	−0.939	0.011
Zscore:港口集装箱吞吐量(万国际标准箱单位/年)	0.781	0.623
Zscore:集装箱吞吐量年增长率(%)	−0.980	0.169
Zscore:集装箱装卸绩效(国际标准单位/小时)	0.865	0.417
Zscore:费率(美元/国际标准箱单位)	0.139	0.842
Zscore:航班覆盖面(条)	0.713	0.662
Zscore:航班密度(班/月)	0.548	0.810
Zscore:远洋航线数(条)	0.847	0.553
Zscore:(现代化管理水平)	0.318	0.973
Zscore:(港口管理创新能力)	0.408	0.918
Zscore:(自由港政策水平)	0.352	0.906
Zscore:(集疏运能力)	0.381	0.605
Zscore:港口城市 GDP(亿美元)	0.795	0.428
Zscore:第三产业比重(%)	0.066	0.707
Zscore:码头长度(米)	−0.881	0.206
Zscore:港口信息化投入(亿元)	0.430	0.837
Zscore:港口管理费用(亿元)	0.318	0.994
Zscore:港口净利润(亿元)	0.812	0.563
Zscore:港口营业收入(亿元)	0.907	0.332

　　提取方法:主成分;旋转法:具有 Kaiser 标准化的正交旋转法,旋转在 3 次迭代后收敛。

3. 主成分分析

由表 4.4 中结果构成矩阵 Z_1，表 4.7 中结果构成矩阵 Z_2，样本的主成分 F_1、F_2 得分则是 $Z_1^T \times Z_2$，可由 SPSS 直接输出；F_1、F_2 的方差贡献率为 0.53、0.47，即主成分权重，由此可算得各港口总得分；最终计算结果列于下表 4.8 中：

表 4.7　成分得分系数矩阵

指标层	主成分	
	1	2
Zscore:总泊位数(个)	0.008	0.079
Zscore:万吨级泊位数(个)	−0.002	0.097
Zscore:桥吊总数(个)	−0.012	0.112
Zscore:库场面积(万平米)	0.005	0.073
Zscore:行业人数(万人)	−0.037	0.146
Zscore:(本科以上人数比例)	0.118	−0.113
Zscore:港口货物吞吐量(亿吨/年)	−0.114	0.230
Zscore:港口集装箱吞吐量(万国际标准箱单位/年)	0.023	0.059
Zscore:集装箱吞吐量年增长率(%)	−0.135	0.150
Zscore:集装箱装卸绩效(国际标准箱单位/小时)	0.056	0.001
Zscore:费率(美元/国际标准箱单位)	0.084	−0.061
Zscore:航班覆盖面(条)	0.010	0.076
Zscore:航班密度(班/月)	0.043	0.025
Zscore:远洋航线数(条)	−0.020	0.117
Zscore:(代化管理水平)	0.067	−0.015
Zscore:(港口管理创新能力)	0.061	−0.003
Zscore:(自由港政策水平)	0.079	−0.035
Zscore:(集疏运能力)	0.036	0.032
Zscore:港口城市 GDP(亿美元)	0.046	0.012
Zscore:第三产业比重(%)	0.114	−0.107
Zscore:码头长度(米)	−0.124	0.222

续表

指标层	主成分	
	1	2
Zscore:港口信息化投入(亿元)	0.049	0.010
Zscore:港口管理费用(亿元)	0.065	−0.010
Zscore:港口净利润(亿元)	0.033	0.042
Zscore:港口营业收入(亿元)	0.070	−0.023

提取方法:主成分;旋转法:具有 Kaiser 标准化的正交旋转法,构成得分。

表 4.8 样本港口各因子得分

港 口	外部供应链绩效得分	排 名	内部供应链绩效得分	排 名	总 分	排 名
宁波—舟山港	−0.1962	3	−0.5987	5	−0.7949	4
中国香港港	0.3061	2	0.8218	2	1.1279	2
新加坡港	0.8769	1	1.7131	1	2.5900	1
上海港	−0.2306	4	0.4582	3	−0.6888	3
天津港	−0.8131	6	−0.7812	6	−1.5943	6
大连港	−0.6352	5	−0.4615	4	−1.0967	5

(1)在港口外部供应链绩效影响因子 F_1 评分中,新加坡港得分最高,中国香港港次之,"宁波—舟山港"、上海港再次,大连港、天津港属于最后梯队。此因子主要取决于港口腹地的经济资源、硬件设施,经济越发达、硬件建设越完备,则港口设施建设越好,运作水平越高,反作用于腹地城市经济,形成正向循环。

从该主成分得分值来看,国内对港口基础设施建设的投入已经获得了一些成效,对于少数较为发达的港口,其物流相关设施的部分指标已经达到了国际先进程度,但大部分港口的物流设施建设仍属不足,即便国内最为先进的上海港,其吞吐量也远远超过吞吐能力,超负荷运营的问题十分严重,这一直是阻碍国内港口物流集散绩效提升的决定性因素。

(2)在港口内部供应链绩效影响因子 F_2 评价中,新加坡港得分最高,远远高于包括香港港在内的其他国内港口。该项得分主要取决于现代化程度、人力资源素质等软件因素。

从总分分值和排名来说,新加坡港能力最强,为第一梯队;香港港第2,但和新加坡港差距较大,可列为第二梯队;上海港、宁波一舟山港总分相差不大,排 3、4 位,属于第三梯队;大连港排名第 5,与天津港略有差距,两者属于最后梯队。

(三)模型结果分析

本章收集了 21 个指标的截面数据从港口物流的整体绩效和港口内部的物流服务流程绩效两个层面对目前东亚有代表性的各大港口的物流服务运营绩效进行了相对有效性的比较、研究和分析。在主成分指标的划分中,我们可以得出一个重要结论,主成分 F_1 与 SCOR 模型中的货物进、出港流程相对应,其得分反映了港口在供应链上的进、出港环节的绩效高低;主成分 F_2 与 SCOR 模型中的港口管理流程相适应,恰好反映了港口在供应链上的港口自身管理环节上的水平高低。

下面本书就基于对观测样本数据的处理结果进行运营作业层面和管理实践层面的分析,以期得出能够指导我国港口物流服务进一步改进的建议和提案。

整体综合绩效值在整个观测样本中较低的是大连港,通过对各主成分得分的分析我们可以看出,在纯技术绩效层面,大连港相对评价较低,这意味着各个指标均或多或少地出现了资源投入冗余的情况,根据此次分析所依据的模型,可以得出结论:在保持大连港现有输出水平(即年度货物吞吐量)不变的基础上,有效地对港口有限的资源进行再分配,可以达到港口整体物流服务运营作业综合绩效提高的目的。

将各个主成分所对应的特征值占所提取主成分累积特征值的比值作为权重,计算主成分综合模型,公式如下:

$$F = \frac{\lambda_1}{\lambda_1 + \lambda_2 + \lambda_3 + \lambda_4}F_1 + \frac{\lambda_2}{\lambda_1 + \lambda_2 + \lambda_3 + \lambda_4}F_2 +$$
$$\frac{\lambda_3}{\lambda_1 + \lambda_2 + \lambda_3 + \lambda_4}F_3 + \frac{\lambda_4}{\lambda_1 + \lambda_2 + \lambda_3 + \lambda_4}F_4$$

依据主成分综合模型即可计算综合主成分值,然后将其按综合主成分值进行排序,得到"宁波—舟山港"在样本 6 个港口中每个供应链环节的得分排序。从表 4.9 中得,"宁波—舟山港"综合绩效总评分为 —0.7949,我们可以进一步分析"宁波—舟山港"的投入产出这一供应链环节的冗余几乎为零,也就是说在资源里利用和运营作业技术层面并不会造成港口整体的相对无绩效。而其港口内部供应链绩效值说明"宁波—舟山港"目前的自身软件管理水平处在一个相对较低的水平,与港口现阶段的业务水平和发展速度是不匹配的。这是因为虽然"宁波—舟山港"作为一个公开上市的港口,发展速度及港口物流服务业务增长幅度均表现出了很高的水平,但是目前其由于其地理区位等条件的原因,发展规模以及相应的配套基础设施建设和投资并没有跟上其港口物流服务业务量发展的步伐,造成了目前"宁波—舟山港"的规模无绩效的状况。要从整体上提升自身物流服务运营绩效可以在港口发展的宏观规划方面对港口运营作业规模发展有所侧重,如增加作业场地和辅助作业的港口相关机械设备,并同时保持自身现有的港口纯技术绩效水平,不断改进提升整体服务综合绩效。另一方面来看,"宁波—舟山港"在未来发展趋势水平环节上取得了十分乐观的成绩,也预示着宁波—舟山港将来所迎接的机会,若采取适当的改善和发展举措,跻身国际一流港口指日可待。

(四)小结

以上本研究针对"宁波—舟山港"和大连港这两个有代表性的港口进行了初步绩效测算和结果分析,在港口物流集散的整体运营层面对港口绩效低下的原因作了试探性的探讨,通过对样本数据的分析,可以得到:

首先,目前我国主要港口物流服务运营的绩效总体上来讲呈逐年上升趋势,表明我们所研究的各个港口的投入资源对港口效益或者业务水平的发展和增长产生了积极的贡献。但总体物流服务运营的综合绩效并不高,综合绩效评价值还处于负值,管理水平等软环境与国际同行业的大型港口之间还有相当的差距,这同时也说明我国港口物流服务运营的总体绩效值有很大的提升空间。

其次,我国不同港口之间的建设规模和业务发展程度存在较大的区别。从本次研究把港口物流集散绩效作为研究对象的分析来看,规模相对较小的港口绩效低下大多是纯技术方面的绩效低下造成的;但对于大规模的港口,绩效低下的关键原因是港口现有资源利用不合理、港口设施设备数量与营运发展水平不匹配。因此,若要提升港口物流集散绩效水平,不应是单纯盲目地扩大港口物流集散活动的规模,而应基于港口管理者的有效协同与合作,合理配置现有资源,撤除资源闲置较多的泊位和设备。

基于对物流集散环节的详细测算可以得出,多数绩效低下的港口都存在不同程度的投入冗余和产出不足现象,为了准确定位港口物流集散流程绩效低下的具体原因。本书通过对每个港口中货物进港流程、货物出港流程以及港口物流综合服务管理流程三个环节的物流集散流程绩效、纯技术绩效以及规模绩效的评价和分析方法,测算每个港口集散运营环节与行业内标杆之间的差距,使得管理者在制定港口绩效优化改进方案更有针对性。

我们通过对数据分析将整体物流集散绩效值低下的港口与行业内的先进港口进行每个环节绩效的进一步对比,进而将决定港口物流集散整体绩效的关键流程环节进行定位,如下表 4.9 所示。

在表 4.9 中用符号标记的是在一定程度上显著影响并且主要造成我国港口物流集散整体绩效低下的港口物流集散环节,具体作用机制和定量化的结论可以从上文模型数据的测算结果中对应找到。港口的管理者或战略决策的制定者可以以表 4.9 为依据,根据本章中模型分析的结论,同时结合港口自身生产运营状况,提出物流集散绩效改进提升的可行性方案。

表 4.9　各港口评价值较低运营短板流程

港口	货物进港流程 S_1	货物出港流程 S_2	运营管理流程 S_3
香港港			√
新加坡港			

续表

港口	货物进港流程 S_1	货物出港流程 S_2	运营管理流程 S_3
宁波—舟山港	✓		
上海港		✓	
天津港			✓
大连港			✓

三、基于供应链的东亚港口物流集散绩效的纵向评价：以"宁波—舟山港"为例

(一)"宁波—舟山港"的现状分析

目前，"宁波—舟山港"的集装箱专用泊位长度已超过 6000 米，配备 70 多台可外伸距离长达 65 米的装卸桥及大型堆场，跻身国内港口建设前列，可以满足进出口贸易中大型集装箱船舶的物流需要，而且，全球前 20 名的国际航运公司已全部入驻"宁波—舟山港"。"宁波—舟山港"展开合作营运以来，绝非港口之间的单纯叠加，而是呈几何级数的规模效应，两港整合效应随着进一步的建设逐渐凸显。

(二)主成分分析评价过程

1.数据标准化

2006 年宁波港、舟山港合并为"宁波—舟山港"以后，一直担负着国内外大批货物的装卸和运输。根据 APSN《2019 亚太港口发展报告》对于"宁波—舟山港"这样的吞吐量大港，有必要研究其物流集散绩效并进行具体分析，以便对未来港口的发展做出充分的预测和准备。本书选取"宁波—舟山港"2007 年到 2011 年的时间序列数据进行了因子分析，消除量纲影响的标准化数据如表 4.10 所示。

2.主成分提取

表 4.11 表示各主成分的共同度，由此看出，所有变量的绝大部分解释度均超过了 83%，说明这些因子能够被提取出的主成分解释，信息丢失较少，因此主成分提取结果较为理想。

接着,本书提取三个主成分,累积贡献率明显大于90%,后面的成分可以忽略不计。鉴于前三个特征值累积贡献了94.12%,因此获得三个公共因子,以其特征值及对应的特征向量组成载荷矩阵。

为了让各个指标在提取出的主成分上有较高的载荷,能够更科学地解释原始指标,我们旋转处理了主成分系数矩阵,使其尽可能地趋向于极值,得到旋转成分矩阵,如表4.12。在旋转之后,得到成分旋转矩阵,即主成分分析法中的右乘矩阵,如表4.13所示。利用因子载荷图4.8,也可以直观地获得各指标的解释情况。

表4.10 "宁波—舟山港"2007~2011年主成分分析标准化数据

指标层	2007	2008	2009	2010	2011
总泊位数(个)	−1.16628	−0.89373	0.15672	0.90054	1.00275
万吨级泊位数(个)	−1.06753	−0.87460	−0.03859	0.73312	1.24759
桥吊总数(个)	−1.03709	−0.75425	−0.18856	0.56569	1.41421
库场面积(万平方米)	−0.94185	−1.01631	0.00116	0.69119	1.26581
行业人数(万人)	−1.13929	−0.81969	−0.03008	0.83473	1.15433
本科以上人数比例	−0.88345	−0.88345	0.00000	0.22086	1.54604
港口货物吞吐量(亿吨/年)	−1.15263	−0.70245	−0.21041	1.01539	1.05011
港口集装箱吞吐量(万国际标准箱单位/年)	−1.08068	−0.38688	−0.58305	0.67887	1.37174
集装箱吞吐量年增长率(%)	0.27747	−1.53886	−0.33406	0.50565	1.08980
集装箱装卸绩效(国际标准箱单位/小时)	−0.99425	−0.81272	−0.31001	0.97470	1.14228
费率(美元/国际标准箱单位)	−0.84821	−1.09478	−0.00986	0.68054	1.27231
航班覆盖面(条)	−1.08325	−1.06362	0.50630	0.60442	1.03615
航班密度(班/月)	−0.70450	−1.19816	−0.08953	1.19063	0.80156
远洋航线数(条)	−1.14080	−0.86627	0.14031	0.62835	1.23840
现代化管理水平	−0.89984	−0.62989	−0.62989	0.89984	1.25978
港口管理创新能力	0.59675	−0.52215	−1.51673	0.59675	0.84539
自由港政策水平	1.39688	0.72097	−0.85615	−0.63085	−0.63085

续表

指标层	2007	2008	2009	2010	2011
集疏运能力	−1.19636	−0.88153	0.27285	0.69263	1.11241
港口城市 GDP(亿美元)	−1.14100	−0.54223	−0.37913	0.77260	1.28975
第三产业比重(%)	−1.43593	0.84864	1.03532	−0.37513	−0.07289
码头长度(米)	−1.10134	−1.02308	0.37253	0.69285	1.05903
港口信息化投入(亿元)	−1.02711	−1.02711	0.22887	0.61961	1.20574
港口管理费用(亿元)	−1.24434	−0.51387	0.02604	0.28012	1.45204
港口净利润(亿元)	−1.57346	0.96965	0.07839	−0.20625	0.73167
港口营业收入(亿元)	−0.85796	−0.51359	−0.04907	−0.28683	1.70747

表 4.11　因子分析共同度

指标层	初始值	提取值
Zscore：　总泊位数(个)	1	0.985
Zscore：　万吨级泊位数(个)	1	1.000
Zscore：　桥吊总数(个)	1	0.997
Zscore：　库场面积(万平方米)	1	0.998
Zscore：　行业人数(万人)	1	0.991
Zscore：　(本科以上人数比例)	1	0.924
Zscore：　港口货物吞吐量(亿吨/年)	1	0.948
Zscore：　港口集装箱吞吐量(万国际标准单位/年)	1	0.988
Zscore：　集装箱吞吐量年增长率(%)	1	0.939
Zscore：　集装箱装卸绩效(国际标准箱单位/小时)	1	0.971
Zscore：　费率(美元/国际标准箱单位)	1	0.995
Zscore：　航班覆盖面(条)	1	0.994
Zscore：　航班密度(班/月)	1	0.954
Zscore：　远洋航线数(条)	1	0.999
Zscore：　(现代化管理水平)	1	0.971
Zscore：　(港口管理创新能力)	1	0.991
Zscore：　(自由港政策水平)	1	0.996
Zscore：　(集疏运能力)	1	1.000

续表

指标层	初始值	提取值
Zscore：港口城市 GDP（亿美元）	1	0.985
Zscore：第三产业比重（%）	1	0.999
Zscore：码头长度（米）	1	0.999
Zscore：港口信息化投入（亿元）	1	0.994
Zscore：港口管理费用（亿元）	1	0.980
Zscore：港口净利润（亿元）	1	0.996
Zscore：港口营业收入（亿元）	1	0.793

提取方法：主成分分析法。

表 4.12　旋转成分矩阵

指标层	主成分		
	1	2	3
Zscore：总泊位数（个）	0.945	0.303	−0.003
Zscore：万吨级泊位数（个）	0.903	0.420	0.086
Zscore：桥吊总数（个）	0.836	0.535	0.112
Zscore：库场面积（万平方米）	0.921	0.362	0.138
Zscore：行业人数（万人）	0.906	0.410	0.054
Zscore：（本科以上人数比例）	0.825	0.483	0.099
Zscore：港口货物吞吐量（亿吨/年）	0.862	0.443	0.092
Zscore：港口集装箱吞吐量（万国际标准箱单位/年）	0.688	0.702	0.151
Zscore：集装箱吞吐量年增长率（%）	0.695	0.041	0.674
Zscore：集装箱装卸绩效（国际标准箱单位/小时）	0.857	0.444	0.196
Zscore：费率（美元/国际标准箱单位）	0.922	0.332	0.185
Zscore：航班覆盖面（条）	0.977	0.183	−0.081
Zscore：航班密度（班/月）	0.923	0.135	0.289
Zscore：远洋航线数（条）	0.919	0.392	−0.006
Zscore：（现代化管理水平）	0.741	0.584	0.286
Zscore：（港口管理创新能力）	0.104	0.403	0.904
Zscore：（自由港政策水平）	−0.914	−0.099	0.390

续表

指标层	主成分		
	1	**2**	**3**
Zscore:(集疏运能力)	0.944	0.324	−0.064
Zscore:港口城市 GDP(亿美元)	0.782	0.601	0.107
Zscore:第三产业比重(%)	0.108	0.195	−0.975
Zscore:码头长度(米)	0.971	0.233	−0.041
Zscore:港口信息化投入(亿元)	0.949	0.303	0.031
Zscore:港口管理费用(亿元)	0.786	0.594	−0.097
Zscore:港口净利润(亿元)	0.157	0.740	−0.651
Zscore:港口营业收入(亿元)	0.624	0.635	−0.002

表 4.13 成分旋转矩阵

主成分	**1**	**2**	**3**
1	0.899	0.431	0.077
2	−0.017	−0.141	0.990
3	−0.437	0.891	0.120

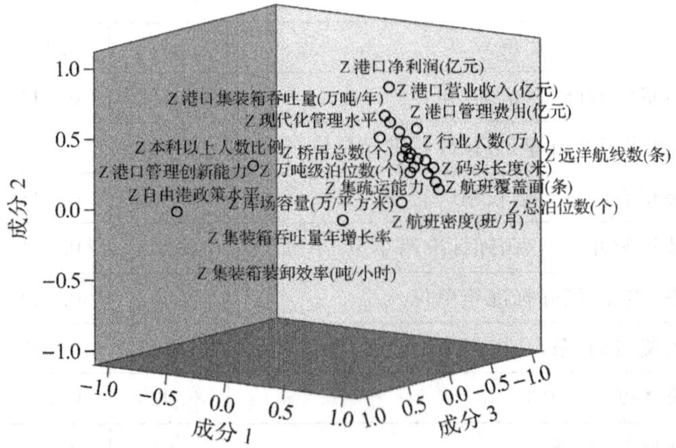

图 4.8 旋转空间中的成分图

注:同图 4.8,主成分分析后的指标几何分布图是对提取出的主成分解释程度的直观刻画,指标对于成分 1、成分 2 和成分 3 的载荷差别越大,越能够划分各自所属的主成分类别;当主成分个数为 3 时,便形成了三维立体几何分布图。

3. 主成分分析

根据以上,将每个指标下得分显著较高的一项划分入对应的因子项中,可得 F_1:桥吊总数、库场面积、集装箱装卸绩效、远洋航线数,共计 4 个指标。该因子可命名为出港流程绩效影响因子,对应了上文中分析的出港流程 S_2。

主成分 F_2 包括:费率、行业人数、第三产业比重、本科以上人数比例、自由港政策水平、集疏运能力、港口创新管理能力、现代化管理水平、航班密度、港口信息化投入、港口管理费用,共计 11 个指标。命名为港口管理流程因子,对应港口供应链的 S_3 环节。

主成分 F_3 包括:港口城市 GDP、集装箱吞吐量年增长率、总泊位数、万吨级泊位数、集装箱泊位数、码头长度,包括港口本身及其腹地城市的经济活跃程度两方面,对应港口供应链上的 S_1 环节。

表 4.15 中得到标准化后的各指标对三个因子得分,即权重系数矩阵表 4.14。计算各年份因子得分如表 4.15 所示。

表 4.14　成分得分系数矩阵

指标层	主成分		
	1	2	3
Zscore:总泊位数(个)	0.047	−0.017	−0.120
Zscore:万吨级泊位数(个)	0.047	0.006	−0.012
Zscore:桥吊总数(个)	0.047	0.009	0.099
Zscore:库场面积(万平方米)	0.047	0.025	−0.055
Zscore:行业人数(万人)	0.047	−0.004	−0.022
Zscore:(本科以上人数比例)	0.045	0.007	0.063
Zscore:港口货物吞吐量(亿吨/年)	0.046	0.006	0.022
Zscore:港口集装箱吞吐量(万国际标准箱单位/年)	0.044	0.014	0.278
Zscore:集装箱吞吐量年增长率(%)	0.033	0.212	−0.152
Zscore:集装箱装卸绩效(国际标准箱单位/小时)	0.046	0.040	0.035
Zscore:费率(美元/国际标准箱单位)	0.047	0.041	−0.072
Zscore:航班覆盖面(条)	0.045	−0.037	−0.227

续表

指标层	主成分		
	1	2	3
Zscore:航班密度(班/月)	0.043	0.084	−0.205
Zscore:远洋航线数(条)	0.047	−0.022	−0.047
Zscore:(现代化管理水平)	0.045	0.063	0.187
Zscore:(港口管理创新能力)	0.016	0.270	0.348
Zscore:(自由港政策水平)	−0.040	0.132	0.297
Zscore:(集疏运能力)	0.047	−0.038	−0.111
Zscore:港口城市 GDP(亿美元)	0.046	0.004	0.166
Zscore:第三产业比重(%)	0.005	−0.321	0.004
Zscore:码头长度(米)	0.046	−0.027	−0.185
Zscore:港口信息化投入(亿元)	0.047	−0.007	−0.119
Zscore:港口管理费用(亿元)	0.045	−0.060	0.139
Zscore:港口净利润(亿元)	0.020	−0.243	0.416
Zscore:港口营业收入(亿元)	0.040	−0.031	0.235

表 4.15　因子得分表

年　份	货物出港流程	港口管理流程	货物进港流程
2007	−0.35190	−1.59620	−0.47352
2008	0.26730	−0.07830	−0.34196
2009	0.37670	0.66940	0.25462
2010	−0.35170	1.1850	0.77956
2011	0.85290	0.03360	1.10450

(三) 模型结果分析

将因子旋转矩阵与各因子内指标得分相乘,将各年份因子得分量纲化处理,最终可计算各年份港口物流绩效评价值,计算公式为:

$$评价值 = \sum (成分贡献率 \times 成分得分)$$

将 2007—2011 年的港口物流集散绩效评价总值,计算结果如表 4.16。

　　从中可以看出，从 2007 年到 2011 年，宁波—舟山港自合并之后取得了较大的发展，特别是 2008—2010 年 3 年间实现了飞跃式的发展。通过本书提取"宁波—舟山港"供应链上的各主成分分析可知，腹地经济因子作用明显，这意味着期间"宁波—舟山港"对外贸易额增长迅速，且腹地城市经济发展极大地拉动了港口建设。另外，拓展大规模国际贸易有利于"宁波—舟山港"向更高层次发展，还应当积极完善港口软件设施建设和物流服务体系，以取得长足可持续的发展。

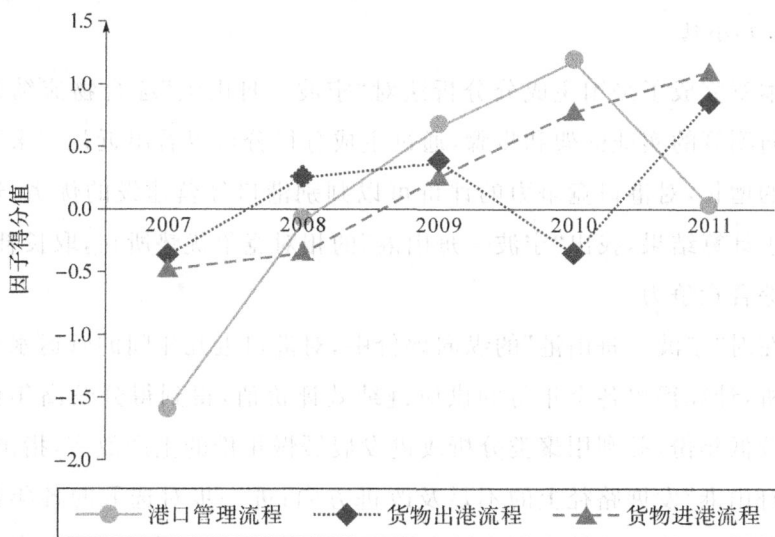

图 4.9　宁波—舟山港供应链各环节发展趋势图

　　由表 4.16 还可以看出，2010—2011 年，因子得分总值增长趋缓，不到 7%。分析原始数据可以看出主要原因在于港口物流绩效因子下降趋势明显，单位吞吐货物量减少，耗时增加，导致在航运输船舶转为在港停泊；而且宁波、舟山两地发展差距大、不平衡的弊端渐渐凸显。2010年"宁波—舟山港"总投资没有跟上步伐，港口设施建设滞缓不前，致使港口物流绩效提高趋缓；2008 年比 2007 年略有小幅提高，意味着虽受全球金融危机的影响，国际贸易货物量减少，物流业随之受到极大制约，但国内贸易缓冲了这一影响，对港口发展也有一定的积极作用。

表 4.16 宁波—舟山港物流绩效评价值

年　份	宁波—舟山港物流绩效评价值
2007	0.08384193
2008	0.10470000
2009	0.39123222
2010	0.67250333
2011	0.72830000

（四）小结

本章完成了采用主成分分析法对"宁波—舟山港"综合物流绩效展开纵向测算的实证框架和步骤，通过主成分得分可以看出近几年来港口规模的增长，对港口竞争力的评价可以判别港口经营建设的优劣，还可以基于计算结果，找出"宁波—舟山港"的相对竞争优势所在，取长补短，提高综合竞争力。

在对"宁波—舟山港"的纵向评价中，对港口近几年间的营运水平进行分析，计算得出各个年份的供应链绩效评价值，得到得分较高年份和得分较低年份，并利用聚类分析改进发展缓慢年份的生产效率，指出"宁波—舟山港"发展路径上的不足及改进方向；进一步对选取的各年份进行分析排序，找出绩效值最高的年份，以适合"宁波—舟山港"自身的经验教训，为规划设计、决策管理提供理论依据。

四、结论

物流集散绩效是港口行业竞争力的核心体现，港口必须同时做到供应链外部协调和供应链内部资源的有效利用，获得长久的高水平港口竞争力，才能应对日益激烈的行业竞争和瞬息万变的市场环境。找出影响造成港口物流集散绩效低下的短板环节非常重要，这也是进行本研究的初衷和应用价值。

第二节　舟山大宗商品国际物流业发展存在的问题

一、匹配相关的问题

(一)物流与商流不匹配

舟山的港口物流业还处于初始阶段,舟山港口物流的主要功能是转换设备,运输和装卸仓储等传统功能,因此,舟山港应该在现有的基础之上大力发展贸易、加工配送、金融、保税、信息等功能,并争取建立国际物流岛产业发展基金,延伸物流的产业链,搭建信息物流平台,钩织集疏运网络,在此基础上应当建立完善可行的金融监管体系,舟山港要想成为一个综合性商贸型港口,必将以大宗商品交易中心、信息及金融为支撑。

舟山港虽然拥有良好的自然资源条件,但是并未有效发挥在物流中重要节点的功能,其在物流中主要的作用只是中转储运,因此只能得到较低的附加值。这与国际物流岛的建设要求还有很大差距,为了缩小这种差距应当做好以下几个方面:首先,充分发挥舟山港商品的运输、储存的国际贸易通道和航运中心作用,并积极打造商品交易平台;其次,打造舟山综合物流港,以加强港口贸易,航运,港口工程,建立水转水、水转陆、陆地和海上、内河运输,港口物流运输系统,积极推动人才、物流、资金三要素在舟山地区的集聚,拉动长江三角洲的经济增长,努力构建成辐射长江三角洲及全国的物流网络;最后,打造现代化的物流平台,积极利用电子商务等现代方式,为建材、矿石、工业原料、石油化工、船舶以及大宗商品等国际贸易提供金融保险、国际采购、转口贸易、港口物流、分拨配送等现代服务,以此吸引国际贸易、国际物流公司、船舶公司和国家大型企业集聚。

(二)水路与陆路运输不匹配

舟山群岛地处长江入海口,地理位置优越,是我国海运和水运的枢纽,水路运输条件明显要好于陆路,因此舟山主要以"水水中转"为主要的集疏运方式。虽然舟山已建设了舟山跨海大桥,陆运条件有所改善,但是跨海大桥只是解决了公路运输,其与铁路运输相比,运载能力明显不足。尤其是大宗商品的转运,对运输方式和运载能力的要求较高。因此大宗商品交易中心和国际物流岛的建设中,铁路运输系统的建设和发展是至关重要的核心内容。

根据功能定位,舟山群岛新区未来将利用深水岸线优势完成一批深水泊位、锚地和航道的建设,开展临城的许多大企业集中的港口物流项目,打造全国重要的转运、存储和化学品处理、煤炭中转加工配送、食品加工和配送、铁矿石中转、油品过境贸易存储等基地,这将有助于扩大舟山"水水中转","水陆中转"优势,为我国的经济建设、全球资源配置服务。

(三)金融、信息服务能力与发展需求不匹配

舟山港吞吐量较大,位居全国前十,但是舟山在信息与金融方面的水平较差,与舟山港庞大的货物吞吐量严重不符。国际物流岛的建设是浙江舟山群岛新区建设中的核心内容,但是舟山对国际物流岛建设的金融支持并不强,与其实际的需要差距较大,严重影响了国际物流岛的建设进程。另外,由于受到舟山政府本身级别的限制,以及舟山地区现有的银行主要是一些商业银行的支行,此外,金融租赁、保险公司等相关机构级别较低,数量也比较少,因此建设国际物流岛的金融支持比较单一,且贷款权限和授信规模较低,故现在的服务水平不能满足国际物流岛建设的需求。

现阶段,舟山港缺乏国际物流岛建设相关的产业发展基金,因此建设国际物流岛的资金来源并不稳定,这也就带来了国际物流岛建设的不确定性。目前,只有积极建设国际物流信息平台等公共设施,引进国际物流人才才能促进舟山国际物流业整体的发展,才能提升国际物流整体的运作水平。另外,舟山地区缺乏完善的金融监管体制,这也影响了舟山金融的服务功能,如果想完善国际物流岛的功能,发挥国际物流岛的功能地位,应继续引进更多的金融机构、金融人才,且不断

完善金融监管体制。

二、不足的相关问题

(一)公共码头不足,制约资源优化配置

目前阶段,舟山港区域内的港口码头主要是私人业主,公用的泊位码头所占的比例比较低,因此造成了港区的规模化与集约化较少,这一状况使得港口的整体功能和区域经济带动效应难以得到发挥,码头的有效交易难以完成。如果码头主要是在私人业主手中,没有统一的管理体制,政府手中的泊位码头比例较低,将会使得码头的运行效率较低,不仅会影响舟山新区和舟山国际物流岛的建设,也会影响产业布局和港口资源的配置,进一步影响物流链和市场的发展。

(二)港航联动不足,影响吞吐优势转化

航运整个行业的发展状况好坏严重影响着港口经济效益。因为航运行业和港口的经济发展是息息相关的,港口航运的不景气不但会直接影响港口经济的发展,也会对临港产业造成不利的影响。

虽然舟山港的货物吞吐量在全国排名较高,但是舟山的港口物流依旧停留在中转、储运的传统物流阶段。因为在庞大的吞吐量数字中,外地的航运企业承运了其中的主要部分,舟山本地的企业承运货量占比很低,虽然舟山港的货物吞吐量每年都有增加,但是本地企业的承运量变化不大。这种现状严重制约着舟山港口物流和国际物流岛的建设,随着舟山港口货物吞吐量的增加,航运行业却没有得到较快的发展。

(三)港口集疏运不足,影响辐射功能发挥

国际物流岛的建设,尤其是在大宗商品交易中心的建设中,海陆空联动的集疏运网络的建设至关重要。实现舟山港的国际物流港的功能,促进港口区域的经济发展,扩大舟山城市的整体发展都离不开集疏运网络的建设,而建设集疏运网络的重点在于释放港口物流优势,突破海陆物流的瓶颈,并积极推进海陆空衔接的建设。积极推进联运体系的规划,推进上海和舟山的连接,协调海港和空港的互动与发展,积极优化提

升舟山综合集疏运能力。

另外,要积极推进连接岛陆的重大路桥工程,比如加紧金塘大桥及接线路网的建设,并做好岱山疏港公路和六横大桥的前期准备工作。要加强港口的作船基地、海上通道、船舶维修等港口的基础公共建设和配套产业设施的建设,以吸引船舶和配套产业的集聚,营造长江三角洲的核心港口。

(四)港口物流业档次低

到目前为止,世界的物流业发展大致可以分为四个阶段:一是传统的储存、运输和转运的物流阶段;二是仓储、运输、加工、运输,在物流阶段的一体化存储管理功能;三是一个综合性的物流发展,包括资金流、信息流、商品流、人才流动;四是港口供应链阶段。

严格地说,舟山物流的发展仍然停留在第一阶段,这与现代化的港口物流的要求存在很大的差距,港口物流的服务水平与发展还存在许多不足之处。目前存在的问题包括:海岸线资源的过度广泛利用,使公共码头过载,但私人的码头放入承载能力并没有得到发挥和利用,因此舟山港口的综合实力受到影响;港口的仓储和商贸的能力和功能没有得到更好的拓展,以及港口的服务水平相对较低。舟山物流企业总体呈现出的现状为:规模小,结构单一,集成度低。舟山物流企业的整体水平不高,大部分企业都是起步于传统储运企业,商品配送物流在整个物流中的占比较小,并且舟山的大部分物流业也主要是为生产性企业提供配套服务的工业物流。只有很少的公司参与第三方物流企业,舟山物流业并未达到整个物流设计和服务的专业水平。

(五)港口物流业技术含量低

在操作的智能化、信息技术的智能化和现代化方面,舟山与国际一流港口差距比较大。现代化的港口物流的建设重心在于物流信息平台的建设,但是现阶段的舟山物流的运作模式还是停留在传统的物流模式,并没有完善的物流信息系统,并且物流的产业价值链延伸不够,进一步造成了物流信息平台建设不完善。

　　物流信息服务体系包括物流企业信息系统、物流枢纽信息系统及公共信息平台,但是目前,舟山的物流信息系统技术标准还未形成统一,还未形成健全的物流服务体系,这也是阻碍港口物流信息系统建设的原因形成目前这种状况的主要原因是信息化管理处于初步阶段,相应的技术建设薄弱,港口的集约化水平、规模化水平和专业化水平也较低。与多功能的现代化综合港口相比,舟山港主要的差距在于分配、转运、存储、信息服务、保税等方面。

（六）港口物流业发展集聚度低

　　由于舟山的物流主要分散在舟山分布比较扩散的岛屿上,因此到现在,舟山没有保税园区。在保税区内物流业并不能与其他产业一样享受相关的优惠政策,比如:国际中转的货物必须按照报关手续履行缴纳进口税。国际配送的货物中,进行简单的商业加工的增值部分也需要缴纳一定的增值税;港口内流通交易的货物也必须缴纳消费税和增值税。这些政策严重影响了舟山物流服务功能的发展和发挥。如果想要舟山物流业成为国内经济的支柱产业的港口物流业,就必须要有足够的物流园区作为支撑。只有将物流设施集中建设在城市周边区域,并使之成为众多物流业的集结地,才能实现物流行业的集约化和共同化的发展,也能实现城市合理化的布局。

　　建设国际物流岛,需要物流服务作为支持,主要包括:大宗商品的存储,由此可以吸引国内外资源,使之成为油品、粮食、铁矿砂、煤炭、化工品等重要的战略资源的存储基地;国际中转功能,货物进入国际国内区,分运输境内外其他目的地;国际配送功能,需要进口的货物,分拣、配送或简单的商业处理后向其目的地配送;国际采购功能,采购国内外货物,然后进行综合处理和简单的商业加工再销售到目的地;转口贸易功能,需要大力支持舟山区域内的企业开展转口贸易,构建转口贸易体系。

　　要进一步的实现港口的现代化,要努力做到以下几点:第一,要实现科学化的决策,要努力实现具有科学性和前瞻性的决策体系的构建,这就要加大与相关的机构和单位的交流合作,利用研究机构的学术优势,根据舟山港口的现状,提出制定合理的战略决策体系。第二,要实现监管和管理的智能化,要建立智能化的管理体系和智能化的港口物流网络,以及在物流流程上的监管的智能化。第三,实现物港口的网络服务,因为在实现仓单质押、报关、检验、融资等港口的配套的服务功能,以及为客户提供的配送、中介、订舱等海运服务都离不开服务网络的建设,网络平台的建设可以进一步提高港口整的服务水平和功能。第四,要实现港口的自动操作水平,以及港口整体生产效率的提高,这需要通过技术创新和设备更新来实现。第五,要实现港口信息的互通,为建立一体化的物流园区,促进拓展港口供应链模式,需要将各项业务贯穿起来,如进口、储存、贸易、运输、中转、加工等。

四、配套措施的问题

(一)政策的突破

舟山目前是一个地级市,因此在人力、财力、物力等方面的资源是有限的,需要更多的国家级和省级财政与税收政策在金融、土地、人才、技术等方面给予支持。此外,舟山市是我国的一个重要的军事基地,因此在该地区的部分控制和实施限制,也进一步制约着舟山的发展。

因此,针对舟山现状,舟山应该本着先行先试的原则,进一步加大舟山港口的开放,进一步加大舟山岛屿的开放,在兼顾军事安全问题的同时利用现有的主要资源,可以适当开放低空资源,使得航运得到一定的发展。另外,在保税区内的一些基本政策也不能满足区域内的紧急发展,政策的支持需要结合舟山国际物流岛的要求,要突出舟山国际物流岛的特色和产业特点,主要是针对大宗商品的交易运输以及配套产业的发展。

另外,舟山国际物流岛建设和发展必然会带来企业和人员在舟山区域内的集聚,但是目前的政策规定是,"保税区内的仅设置行政管理机构和企业,除安保人员之外其他的人员不能在保税区内居住"。这样对人员的限制,必然会影响到工作便利性和效率,也会影响一些企业的驻入。舟山在保税区的一些政策需要突破,这主要包括有:第一在相关的政策规定的情况下,应当允许保税区内人员居住;第二是为了进一步完善保税区内产业的完整性,应当允许在保税区内建设商业性消费设施和零售业务;第三是在保税区内允许提供金融服务、科教研发和高新技术的服务;第四保税区内的企业间的货物交易应当取消增值税和消费税的征收。

（二）平台的搭建

根据舟山的比较优势和国际物流岛的定位,舟山重点要发展的是大宗商品物流业,因此要积极促进大宗商品交易平台的建设。但是要想发挥大宗商品交易平台的作用,达到理想的效果,舟山还面临着巨大的挑战:第一,舟山拥有资源优势和地理优势,但是在华东沿海地区的港口分布情况较为集中,港口之间异质性不强,因此相互的竞争较为激烈;第二,舟山位于我国南北经济腹地的中心,但是舟山南部的闽、粤港口的经济腹地与舟山相重叠,舟山北部的苏、沪和华北地区的港口的经济腹地与舟山也是重叠的,因此舟山港口的经济腹地竞争也较为激烈;第三,舟山建造大宗商品物流业的基础除了船舶工业基地和修造船产业之外,并没有一体化的产业和上下游的市场作为保障。因此,舟山要想建设大宗商品物流业,扩大大宗商品市场的话语权,必须得到国家的政策支持。

（三）资金的筹措

由于国际经济环境影响,使得我国国内的物价水平较高,另外,我国房地产的价格调控效果较差,紧缩的货币政策仍在继续,这些问题共同造成了舟山国际物流岛的建设开发中的筹资困难,并且在国际物流岛建设中的项目对现在的民间资本有着或多或少的投资门槛,进一步给招商引资带来了困难。

国际物流岛的建设是一个浩大的工程,因此对资金的需求量较大,需要强大的金融资金支持。现阶段,进驻舟山地区的商业银行主要是以支行为主,并且由于舟山是一个地级市,因此能够从银行得到的贷款授信规模也会受到限制,仅仅依靠银行这一单一的金融支持手段,远远不能满足舟山国际物流岛建设的资金需求。舟山现阶段缺乏一个支持国际物流岛建设的产业发展基金,产业发展基金的建立可以为国际物流岛建设提供稳定的资金来源,进而降低国际物流岛建设的不确定性和危机。舟山非银行金融机构,包括保险公司、融资租赁公司,因为数量少、水平低,缺乏完整的服务体系,要想满足国际物流岛建设发展的需要,舟山还需要做出更大的努力。

第三节　舟山大宗商品国际物流业发展存在的优势

一、自然资源优势

(一)岸线长

舟山的战略性深水岸线资源在全世界处于领先水平,与传统的港口城市荷兰鹿特丹相比,舟山是它的 10 倍还多,在国内,舟山市的战略性深水岸线大致占到了全国的 18.4%,完全可以和一个省的海岸线资源相媲美,比如其战略性岸线的深度相当于国内的沿岸城市上海、海南、广西三个省市的深水岸线的总和。

舟山周边拥有海岸线的城市,深水岸线的开发基本上都接近饱和,但是大宗商品物资供应量加大,国家对港口的需求量也在加大,处在宁波和上海之间的舟山群岛深水岸线资源丰富,因此上海和宁波都想争夺这里的港口资源。此外,舟山群岛区开工建设,项目蜂拥而至,深水岸线争抢也越强烈,舟山如何利用现在的发展优势,开放发展舟山群岛新区依然成为一个非常重要的工作。

(二)吃水深

具有港口条件和优势的舟山港,港口建设非常合适:港口水深浪小,终年不冻,淤泥少,海岸线中,平均水深大于 15 米的海岸线有 198.3 千米,长达 107.9 千米的海岸线的平均水深超过了 20 米(Dongwook Song,

2002)。并且在这些海岸线中,10米以下的等深线离岸距离在100米以内,海域的纵向腹地广阔,非常适合建设深水泊位,能够满足第六代、第七代集装箱船舶交通和靠泊,是港口区的理想区域。长江三角洲区域内,上海和宁波的海岸线资源相对较少,且经过前些年的港口开发和利用,现有待开发的港口资源已经寥寥无几。舟山与他们相比存在着较大的优势。首先,舟山的资源本身就较为充足,且由于之前的条件不成熟,大部分的资源并没有得到有力的开发;其次,舟山特殊的地理优势,舟山拥有唯一的成片的深水岸线地区。综合多种因素,舟山是建立深水大港区的最理想区域。

(三)航道好

舟山港拥有不同水深的航道,因此可以满足不同船型和不同载重的船舶进出。以舟山港为中心,目前允许百万吨的船舶和水的深度是稳定的,不结冰的航道有10条以上,分布在东、西、南、北,且主要的导航标记设施完善,完全能够适应全面对外开放的舟山港船舶航行和支持各种不同类型的发展。

(四)风浪小

舟山市是一座海上城市,有较多的海岛组成,位居东海岸,因此舟山的气候容易受到季风的影响。冬季风浪较大,且以偏北的浪为主;而夏天相比冬天而言,波浪相对较小,最大的外海波只有17米。与我国的其他海域相比,舟山海域的波浪相对较大,但是在舟山海港内的波浪要比其他海域小,这与舟山海域的地貌特征有很大关系,因为舟山是一个群岛城市,星罗棋布的岛屿成为阻挡海域波浪的天然屏障,庇护着舟山港口,有效地阻挡了来自外海的波浪。

二、区域位置优势

(一)南北中心

舟山位于我国东部海岸线的中间位置,同时位于长江入海口。相当于位于东部海岸线和长江水道形成的"T"字形的路口。我国东部海岸线较长,在东部的海岸线上密布了较多的国内外重要航线,是我国进出口货物的重要水道。而在我国境内,长江水道是我国国内水运的重要航线,承担着长江三角洲经济腹地的水路运输。舟山位于我国海运和水运的咽喉要道,可以连接长江三角洲经济区、环渤海经济区和东南沿海经济区,另外舟山距离东南亚其他重要港口的距离都很近,有着先天的优势。另外,位于东北亚地区和西太平洋地区的世界一线的港口,如釜山、长崎、中国香港等与舟山的直线距离相当,与舟山形成了一个扇状的海上运输的网络。舟山是连接扇面的节点位置,因此舟山位置优势凸显。

(二)长江出口

长江水道承担了长江周围地区的主要的货物贸易运输。因此处于长江出口和我国东部海岸线交汇的地区货物流量较大,而舟山就处于这样一个有利的地理位置,背靠长江三角洲经济腹地,位居长江入海口,是我国江海集疏运网络中重要的节点,是我国通往海上运输的门户。

三、发展优势

(一)国际航运船舶大型化趋势,彰显舟山资源优势

经济的全球化,增加了全球的贸易量,货物运输的需求也不断增加,因此集装箱船舶的需求量也越来越大。"国际航运船舶的大型化依然成为现阶段世界航运发展的必要趋势,马士基作为国际航运产业的巨头,其在国际航运主干线上的选择上的标准条件为:码头前沿水深至少为16米,泊位的岸线长度为400米,码头纵深为500米"。舟山海岸资源丰富,满足现阶段乃至之后阶段的海上运输要求,适合建设大型停泊码头以满足大型集装箱货运船的停靠和通航。

(二)经济的逐渐复苏,带动港口物流发展的优势

经济全球化的发展,进一步缩短了世界各国的距离,国与国之间的货物贸易量逐渐加大,而中国依然成为全世界经济中不可或缺的一部分,我国的货物贸易量也逐年增加。这些因素都为我国的港口经济带来了利好因素,发展潜力巨大。随着世界经济向亚太地区的倾斜和转移,

将给我国的港口带来更大的机遇,特别是位居长江三角洲舟山地区,将迎来港口经济发展的新的春天。另外,近些年,舟山的经济也得到了快速发展,进一步带动了舟山港口物流的发展。现阶段经济发展的优势为舟山港口物流带来机遇的同时,也带来了新的挑战和要求,舟山地区应当把握机遇,加大港口物流的建设,以及配套产业和服务产业的建设,以满足经济需求和国际物流需求。

(三)国家政策导向推动,凸显舟山港口区位优势

《国务院关于进一步推进长江三角洲地区改革开放和经济社会发展的指导意见》在 2008 年颁布,文件中明确提出,长江三角洲地区要加大生产性服务产业的发展力度,并且利用三角洲地区的位置优势、资源优势,整合多种资源,尤其是港口资源,并且努力建设港口的公共设施,并且努力建成一个集疏运网络,并且要努力提高航运的服务水平和管理水平。通过这些举措努力建设一个以上海为中心,以浙江和江苏为两翼的国际航运中心。浙江舟山位于长江三角洲和我国海岸线的交汇处,拥有独特的地理位置优势,因此在这次国际航运中心的建设中必然会有更大的发展潜力,也会进一步推动长江三角洲的建设和发展。另外浙江省也出台了相关的政策来支持港航的建设,这也为舟山发展国际物流业提供了一定的支撑。浙江省出台《全省服务发展规划》,也提出了相关的政策来支持港口物流的发展。另外,《长江三角洲地区区域规划》也被国务院批准,其中的主要内容包括将建设浙江海洋经济综合开发区,其中就明确指出,要将舟山的开发作为浙江海洋经济的经济增长点。舟山港的自我定位应该是我国重要的战略物资转运疏散的枢纽中心,主要的模式是集散并重,以散为主,同时要建设三位一体的服务体系,努力将舟山建设成为浙江省主要的物流城市。另外针对港口物流业,国家和浙江省也出台了相关的优惠政策,比如人才引进、税费等配套的政策,这也促进了舟山港口物流的发展。

(四)舟山群岛的开发,宁波—舟山港一体化发展的优势

由于之前交通和政策等多方面的限制,舟山虽然拥有优厚的自然资

源条件,但是大部分没有得到开发,在 2011 年 2 月,我国把舟山群岛的开发和利用也纳入了国家总体的发展规划中,这一措施将给舟山的发展带来新的契机。根据之前国家设立的上海洋山和宁波的梅山保税区发展状况和势头来看,浙江舟山的六横港区在这方面存在着巨大的优势和资源,舟山应当争取政策,使得宁波梅山的保税区范围扩展到六横港区,提高舟山的开放程度,同时也将促进舟山的港口物流业的发展。长江三角洲,尤其是浙江地区是我国经济发达区,拥有众多的制造型企业,因此该地区对原材料的需求较大,给国际物流带来了充足的持续的货源。舟山市政府也应当鼓励相关的私有企业加入舟山开发和利用的队伍中。根据《长江三角洲地区区域规划纲要》,长江三角洲地区将会根据地理资源条件和经济条件分别建立多个运输系统。其中舟山主要参与的是铁矿石中转运输系统、煤炭承接运输系统以及原油中转运输系统。

第五章
大宗商品国际物流业与自由港建设关联机制分析

第一节　大宗商品国际物流业与自由港产业结构
　　　　关联机制

物流业的发展本来就是起源于传统的交通、仓储和装卸等业务,因此物流业与舟山自由港的产业之间存在着或多或少的联系。舟山自由港的发展会带来物流业的快速发展而物流业的发展又会进一步推动舟山港口第三产业或者其他产业的发展。

一、产业关联的内涵

产业关联是指产业间产品、价格、劳动就业、生产技术和投资等的经济联系,并且这些要素一般都以各种投入品或服务、产出品或服务为连接纽带(瓦西里·列昂惕夫,1996)。

(一)产品与劳务的联系

产品与劳务的联系是指在社会生产中,产业部门单方面的向另外一个产业部门提供劳务或产品,或者产业部门之间双向的提供产品或劳务(瓦西里·列昂惕夫,1996)。产业间最基本的联系便是产品与劳务的联系,主要原因有三个:第一,在产品和劳务的联系的基础之上可以派生出产业间的其他方面的联系,如生产技术联系、价格联系等;第二,产业部门之间协调发展的指标是产业部门之间相互提供的产品与劳务的数量比是否均衡;第三,社会的生产效率和经济效益的提高主要在于劳务和产品质量的提高或是成本的降低。

(二)生产技术联系

生产技术联系是指产业部门为另外一个生产部门提供生产所需要的,满足一定技术要求的原材料、机器设备或者劳务(Chen Xikang,1990)。不同的产业部门对生产技术的要求或者对产品结构特性的要求不同,因此在整个生产过程中,一个产业部门不会被动地接受另一个产业部门提供的产品和服务,而是主动根据自身要生产的产品特性,以及生产技术特性对其他的产业部门提出一定的技术和质量要求,这样的生产过程也必然造就了产业部门间的生产技术联系。

(三)价格联系

价格联系是指产业间的产品和劳务的价值量的货币表现(钟契夫,1993)。现阶段,产品或者货物的交易主要是用货币作为媒介,而产业间的产品和劳务的投入或产出的联系,也必然是要通过货币等价交换,因此也就产生了价格联系。产业间的价格联系主要表现在:第一,不同的产业部门所生产或者提供的产品和劳务,用统一的价格形式来度量,为投入产出价值模型提供了统一的标准;第二,产业之间建立的价格联系,使得对产品或劳务的衡量有了统一标准,加大了同质产品的替代性,增加了产业间的竞争力,可以有效促进生产效率、产品质量的提高和成本的降低;第三,用价格度量的产业间的联系,为产业结构等产业间关系的分析提供了统一有效的手段。

(四)劳动就业联系

劳动就业联系是指,一个产业生产部门的发展必然会带动与之相关的产业生产部门的发展,进而在相关的生产部门增加劳动就业机会(庞自岩和向蓉美,1989)。也就是说一个产业部门的发展会增加一定的劳动就业机会,而它的发展又会带动相关产业部门的发展,会进一步增加劳动就业的机会。这种产业间的劳动就业联系被称为投资乘数在就业中的作用。

(五)投资联系

投资联系是指一个产业部门的投资增加会进一步带动其他产业部门投资的增加(王小波,1996)。社会的生产主要是不同的产业的产品和服务按照一定的比例供需来实现的,因此要使得一个国家的经济得到发展,不可能只靠一个产业来完成,依靠的是一个国家系统内的不同产业和部门共同发展,这也必然会带来产业之间的投资。比如说,我们国家想要发展某个行业,但是该产业的相关产业发展欠缺,因此该产业的发展将会受到限制,要想使得该行业得到快速发展,就必然要加大相关产业的投资。我们称这种现象叫作产业投资联系的表现。

物流业一般都是通过以上五种方式与自由港区域内的其他的产业产生关联。传统的物流业主要的作用只是货物和产品的简单运输、仓储、装卸和流通加工,因此其作用相对来说较为单一。随着经济发展,信息技术的发展,现代物流的诞生进一步丰富了物流业对其他产业的作用方式。物流行业是一门独立的服务行业,作用重点不在于其本身的发展,而在于物流业发展过程中对农业和手工业等其他产业的深刻影响。

二、物流业是第三产业的重要组成部分

物流业发展的初期阶段是内含在一个企业生产过程中的,企业包含物流业相关的多个部门,比如说采购部门、运输卸载部门以及储存部门。但是随着经济的发展,经济一体化的出现,造成了更激烈的企业竞争,企业也需要优化其内部结构。因此企业将其内部的与物流相关的几个生产部门从企业内部分离出来,形成了一个新的社会化分工,同时也带来了一个新的利润。从 20 世纪 50 年代开始,在企业内部就出现了将与物流相关,如采购、运输、仓储等工作统一化管理,不仅提高了企业的运行效率,也在提供更好的服务水平的前提下降低了企业的运行成本。从 20 世纪 80 年代开始,信息技术得到了快速发展,企业也开始重视发展自己的相对优势产业,因此部分企业开始将物流相关的工作从企业分离出来。有些企业直接将该部分工作委托给更专业的企业承担,第三方物流企业也迅速发展起来。企业与第三方物流的合作是双赢的:首先,第三方物流企业可以通过专业工作的开展提高物流的效率降低成本,提高专业化水平;其次,与第三方合作的企业可以更专心于自己更擅长的业务,提高企业的竞争力。第三方物流产业自身的发展也将是第三产业中一股重要的力量。

三、物流业对其他产业的促进作用

(一)物流业与农业产业化

物流业对农业的作用主要表现在:一是物流可以减少农业生产的中间环节,缩短物流的时间。物流管理的重要理念就是减少中间环节,使得产品更快地到达消费者手中,即通过物流实现生产者和消费者的直接对接。农业生产中的物流作用就是加快农产品市场化的速度,使得农业生产资料更快地到达农业生产环节。二是推动农业领域的扩大,形成全国性市场。农业生产地方性限制着农产品价值的发挥,将农业生产扩大到全国范围可以提高农产品价格,使得农业生产产生更大的利润,同时也可以带来规模化经济。三是物流业可以使得农民了解更多的市场需求信息,实时进行农业生产和产品结构的调整,也可以实现农业生产资料生产者与农业生产者的直接对接,更好地为农业生产服务。四是物流的建立可以拉近农产品加工企业或专业化农业生产企业与较为分散的农业生产者的对接。可以提高农产品的经济效益,降低加工成本,使得农户与农业企业共同获利。

(二)物流业促进重工业化进程

重工业化的产业升级的标志是传统的纺织等轻工业向汽车钢铁和电子信息产业转变。与轻工业的发展不同,重工业的建设和发展需要大量的基础材料作为支撑,如能源材料和原材料,但是能源材料和原材料在我国并不是均匀分布的,因此,物流运输业是重工业发展的基础和条件。另外,重工业的运输要求要比轻工业的要求高得多,并且表现为物流的大进大出。与此同时,重工业的发展同样会刺激物流业的发展。

现代物流业结合高速发展的信息技术,将物流运输的多个环节有效结合在一起,并形成了一套完整的物流运输体系。可以为重工业提供一体化的综合服务,有效地将原材料和产品送往目的地,提高产业的整体运行效率,降低运行成本,对重工业化进程的推动具有重要的意义。

第二节 大宗商品国际物流业与自由港空间结构关联机制

一、自由港空间结构演化

(一)分工与专业化

1.专业化和分工的经济性

分工和专业化是一个相关的概念,专业化是指在一个生产活动中,单个个体或者单个组织减少需要操作的种类;换句话说,是将生产活动集中于一个或者几个操作上。分工是指两个或两个以上的个人或者组织将生产活动中的多个操作分开进行(盛洪,1995),分工和专业化都可以带来新的经济增长,是经济增长的源泉,其经济性质表现如下:

(1)分工可以将生产活动分解成几个部分,实现劳动的机械操作,降低技术要求水平,或在同样的技术水平要求下,劳动更简单,因此可以提高工作效率,降低企业管理难度。

(2)专业化和分工可以加快技术效率的提高。专业化可以使得劳动技术工人的工作研究领域相对集中,因此可以增大技术创新的可能性,同时这种分工之后的机械操作,也为机械或机器代替人工提供了可能。

(3)分工带来生产工具的创新,这将会促进迂回生产方式的发展。迂回生产方式是指,在社会的生产活动中,把现有的资源投入生产资料的生产上,而不是直接的生产上,这种方式有可能对消费品的生产更有效率。

2.分工和专业化对自由港空间结构演进的影响

专业化和分工是自由港空间结构演进的根本动力,它对自由港空间结构的影响表现在:

(1)分工和专业化促进自由港空间发展。分工对自由港的空间结构演进具有重要的作用,主要的方式是通过自由港的规模发展推动自由港空间的演进。自由港自身就是一个市场,拥有自己的交易体系,而它的发展,尤其是空间规模的扩大完全取决于自由港自身与自由港之外的经济区的经济交易依存程度的大小。杨小凯等学者运用市场规模的分工演进模型证明了内生经济的分工深化可以有效地促进市场规模和贸易依存度。

(2)分工和专业化促进产业集聚。经济全球化和一体化的发展使得社会的分工趋于细致化、产业生产垂直化、企业生产专业化。这种现象必然会造成在一个产业内,企业更加专业化,企业与企业之间分工更加明显。进一步造成在产品的生产过程中,企业与企业的交易量增加,交易的频率提高,因此会造成交易成本的增加。同时,影响交易成本的主要因素还包括企业之间的距离、企业之间信息获取的准确性等等。要想在生产分工深化的同时,降低交易成本必然需要同一产业链上的企业集聚在一个相对集中的地区,即企业的集聚。这种相关企业的集聚可以有效地避免交易成本的扩大,同时可以带来规模经济。

(3)分工和专业化的深化促使地域分工。从之前的研究结果我们可以总结得到,产品间分工和产品内分工是共同存在的。产品间的分工使得生产不同产品的企业按照同一产品的生产相互集聚,即生产同类产品的企业会集聚在一起,使得自由港内的产品间地域分工。而产品内的分工主要是生产同一产品的生产工序不同的企业空间集聚,以追求比较优势和规模经济,使得自由港内呈现工序的地域分工。

(二)集聚效应

自由港产生的本质就是一些社会活动的集聚,特别是与自由港更相关活动的集聚,比如说物流、航运等相关产业的集聚。也正因如此,集聚作用对自由港具有重要的意义。

1. 集聚的经济性

企业都是追求利益最大化的,只有集聚可以增加利润,企业才会采取集聚这种策略。亚当·斯密从劳动分工的角度解释了集聚产生的原因,同时也研究了企业的生产效率如何通过产业的集聚得到提高(Duranton,G.,and D. Puga,2003)。

集聚的经济性可以概括为:

(1)不可分物品的共享。由于大型的基础设施是不可分割的,同时大型基础设施的建设成本巨大,单个企业单独建设会增加企业的成本,因此共享可以带来规模经济。基础设施具有排他性和拥挤性,因此集聚程度的大小取决于基础设施共享带来的规模经济与拥挤成本的大小。

(2)中间投入品共享。中间投入品的共享可以使得生产中间产品的企业集中生产,扩大生产进而达到中间产品的规模经济,中间产品集中生产的同时可以提高自身的生产效率进一步提高收益。因此中间产品的共享可以使得总体生产效率增加,规模经济增加,进而促进集聚。

(3)劳动力的共享。自由港企业的集聚必然会引起劳动工人的集聚,形成一个完整的劳动市场。这种劳动资源的集聚可以大大缩减企业雇主与劳工之间的交易成本。对于企业来说,由于劳动工人的集聚,更容易招到企业所需要的劳动工人即缩减搜索成本;对于劳动工人来说,由于企业的集聚,使得他们更容易找到工作实现自身价值,同时也降低了工作转换的成本。

(4)获得多样性经济。在自由港内,存在多种生产企业和多种经济活动,不同的组织集聚在一起可以相互影响和作用,各种理念和知识的碰撞,给自由港的居民带来了多样的生活方式,同时也有利于新知识的产生和创造。同时,不同产业产品的集聚也给消费需求带来新的选择,增加了消费者的整体福利水平。

(5)增强稳定性。自由港这一空间内,同质企业和异质性企业的集聚,可以减少企业不确定性,使得企业的生产趋于稳定,可以稳定提供产品和工作岗位。同时不同人群的集聚,可以降低产品需求的波动性。这种供求的均衡性增加了自由港经济活动的稳定性。

(6)降低知识成本。在自由港这个空间内,不同企业和人员的集聚,使得经济活动集中进行,这将大大降低了企业与企业间、工人与工人间的经验技术交流成本。同时这种同类企业的集聚更容易相互模仿,协同创新,带来新的技术改革和创新。技术人员的集中交流,使得模仿知识更容易传播,达到技术外溢与吸收,提高技术工人的整体水平。这样的结果就是使得自由港整体的知识总量得到提高,企业效益扩大,企业和工人的技术含量增加。

(三)集聚效应对自由港空间结构演化的作用机理

1.促使自由港土地利用结构分化

在自由港的发展过程中,由于集聚效应的存在,使得在自由港内的企业和居民集聚,不同的企业和居民选择的集聚组合不同,为追求规模经济和利润的最大化,企业和居民往往选择最佳位置,不同的集聚组合选择不同的位置,即造成了自由港内的土地利用的结构分化。

2.集聚效应通过地租调节土地利用结构分化

在现有的经济条件下,地理位置对于企业的发展至关重要,因此也存在激烈的竞争。这主要是由各个多方面造成的:一方面是因为土地这种商品的缺失性,尤其是在自由港的区域内,土地的供给是有限的,因此对区位的竞争造成自由港内的土地价格升高,地租增加。另一方面是因为在自由港内的地理位置越好,带来的集聚经济越高,相应的地租价格越高,同时竞争越激烈的区域位置,地租价格也越高。因此在竞争均衡的条件下,造成的结果就是,集聚带来的超额收益为零,集聚的规模达到最大。

与企业集聚的道理相同,居民的集聚同样会引起居民与居民之间的相互竞争,使得工人工资下降,地租价格提高,在竞争均衡的时候,居民的集聚带来的超额收益也会为零。这样的结果就是随着居民的集聚,竞争加剧,不同集聚地区的居民的效用水平趋于一致,居民的集聚规模达到最大。

3. 促使在不同区位形成不同的产业集聚模式

通过以上的分析我们可以看出,自由港内产业的集聚主要可以为两类:同一行业的产业集聚和不同行业的产业集聚。

行业内产业集聚是指,同一行业在自由港内的集聚。行业内集聚能够带来企业的经济效益是因为行业内集聚可以实现投入要素、熟练劳动力的共享和产业内的密切联系,增强了整体行业集聚的竞争力。由于产品的同质性,造成了同一行业的集聚会加大企业之间的竞争,因此会带来拥挤效应,当这种拥挤效应大于集聚效益的时候,这种地区集聚便不复存在,因此行业内产业集聚一般形成的都是小型的地区集聚,难以形成大型的地区集聚。也正因如此,行业内的集聚一般是在一个地区的郊区和周边。

行业间产业集聚是指不同的产业在自由港内的集聚。因为行业间存在着产品的差异性,因此一般不会带来拥挤效应,不会出现过度竞争。但是行业之间一般存在着某种互补性,这种集聚一般可以带来持续的外部性。由于这两方面的原因,行业间的集聚一般都是大型的地区集聚,且位于地区的中心。

在企业中,那些生产标准化产品的企业倾向于行业内产业集聚,而那些高新技术产业或者为标准化的企业更倾向于行业间集聚(Henderson,1999)。

二、物流业对自由港空间结构的作用机制研究

(一)物流业的经济特性

1. 物流业的发展与交易成本

交易费用是指经济行为主体在经济活动中为了实现交易而支出的费用。在现阶段,由于多方面的原因使得实现交易更加困难,因此也使得交易费用越来越高。

物流活动是经济发展过程中所产生的一种新的社会化分工,从以往的研究我们可以发现,物流可以有效降低交易费用,这主要表现在两个方面:从交易的过程来说,物流可以有效降低企业与企业交易过程中的

成本,由于物流业的介入,使得企业之间交流沟通更加顺畅,同时也降低了信息搜索的费用,长期协调企业运输部门的费用;从交易个体来看,由于物流企业快速发展,通过专业化的管理可以有效降低自身的费用,间接控制了企业与企业之间的交易费。

2.物流业的产业关联效应

物流产业是物流资源和功能产业的有机结合,并发挥着协同效应,作为一个复合型产业,物流产业具有很强的产业关联效应。通过与快速发展的信息技术相结合,现代物流不仅整合了传统的物流业的领域,同时建立了以物流链为基础的社会化物流系统。随着物流产业的发展,越来越多的企业将物流承包给第三方物流,同时由于分工的更加细化,企业之间只是按照产品生产的工序联系在一起,而承担着这种作用的物流业成为不可或缺的一部分。

(二)物流业对自由港分工和专业化的影响

1.自由港物流的演进与分工和专业化密切相关

(1)分工和专业化促进了企业内部的物流发展。物流业发展的初期阶段是内含在一个企业生产过程中的,企业包含物流业相关的多个部门,比如说采购部门、运输卸载部门以及储存部门。但是随着经济的发展,以及经济一体化的出现,造成了更激烈的企业竞争,企业也需要优化其内部结构。因此企业将其内部与物流相关的几个生产部门从企业内部分离出来,形成了一个新的社会化分工,同时也带来了一个新的利润。

(2)分工和专业化促成了第三方物流的出现。对于一个企业来说,企业的分工和专业化也是有成本的,这种成本来自分工细化之后的不同分工的管理和经营成本。在企业内部,当这种分工带来的额外成本高于分工带来的额外收益的时候,企业内的分工就会区趋于相对稳定状态。如果企业想进一步提高专业化分工,就应当将企业中那些分工带来的额外成本大于额外收益的工序从企业内分离出来,即将企业内分工面向市场,深化专业化分工。企业的这种行为不仅可以提高企业的生产效率,同时这种组织创新,也为其他的产业发展带来了契机。20世纪80年代,第三方物流就是在这样的背景下出现的。与第三方物流的合作可以使得企业更专注于自己所擅长的产业,提高企业的整体效率。而第三方物流通过自己专业化的运作也可以提高物流业的竞争力和效率。

2.物流业对分工和专业化的影响

(1)物流业可以促使分工深化。Houthakker(1956)认为市场的总的容量由运输条件决定,而专业化分工带来的超额利润和交易成本共同决定专业化的分工水平。市场容量的运输条件确定,分工与交易成本之间的冲突可以解释分工水平。如果产品的交易成本较大,专业化分工的结果是,专业化带来的超额利润大于交易成本,那么市场上的分工程度低,市场容量和供需也较低。相反,如果产品的交易成本较小,专业化分工的结果是,专业化带来的超额利润小于交易成本,那么市场上的分工程度高,市场容量和供需较高。第三方物流公司是一个可以提供仓储、包装、运输等综合物流服务的专业化物流公司,因此物流产业相对一般的其他企业效率要高而成本要低,因此在为其他企业客户提供服务的时候可以有效降低其他企业的物流运输成本,直接或间接降低企业的产品生产成本和交易成本,由此会促进产业的分工深化。

(2)物流业促使分工地域分工。在自由港内的企业,在做经济生产决策时,空间的分布也一个重要的需要考虑的经济变量,正因如此才会出现地域分工。空间作为一个经济生产的重要变量是因为两个方面的原因:一方面,空间在自由港内包括各种自然资源条件,如距离港口的远近、附近是否有运输航线等等。另一方面,由于弓箭的集聚效应,即不同产品的行业分工集聚或者是同一产品的行业间的集聚所带来的规模经济。对于一个企业而言,地域分工或专业化生产的加深就取决于地域分工和专业化带来的收益与增加的交易成本。而物流的发展可以降低交易成本,促进地域分工的深化。

(三)物流业对集聚和扩散的影响

1.物流业促使要素集聚

如果拥有一个行之有效的物流系统网络,那么物流业不仅可以有效降低自由港内部的物流运输所产生的成本,同时也会促进自由港区域内重要的自然资源要素、人才资源要素、资金信息要素自由流动与利用,进一步提高自由港内社会生产活动的效率。另外,自由港本身并不是一个封闭的系统,在自由港之外的一些生产要素也可以自由流动,追求效益的最大化。而自由港物流行业的发展可以有效降低企业运行成本,提高效率,最终提高企业的效益,因此可以提高单位生产要素的报酬率,从而促进自由港之外的技术、信息、人才、资金等生产要素向自由港集聚。

2.物流业促进产业集聚

自从产业链这一概念出现之后,企业的生产都可以归属到产业链的一部分,而制造型企业属于产业链的中游,但是它的整个生产过程要涉及产业链的上下游,包括原材料的采购以及最终产品的分销,因此制造业要想降低成本不仅要从自身生产做起,还要从上下游节省成本。第三方物流不仅包含了传统运输业的所有业务,同时也可以承接含有增加值的工作流程,比如说商品的包装、分销。制造业与第三方物流相互合作,不仅可以提高上下游工作的专业化,节约成本,同时使得第三方物流参与了整个价值链的重塑,也成为整个经济活动的利润来源之一。目前第三方物流已经成为整个制造业网络不可或缺的一部分,制造业的集聚已经离不开物流业的集聚。

3.物流业为产业向郊区集聚提供了条件

随着企业的发展和社会化分工的出现,企业对运输成本越来越重视,因此现阶段的自由港内部的空间分布是集聚效应、地租和物流运输成本共同决定的。比如说,企业位于自由港中心位置,集聚效应高,运输成本低,但是企业的租金也高,同样如果企业位于自由港的边缘位置,聚集效应低,运输成本高,但是其租金要比市中心低。随着物流业的快速发展,使得运输成本大大降低,因此使得在郊区的企业运输成本较高的现象有所降低,使得企业对自由港中心的集聚依赖降低,集聚效应和区位优势的差异缩小。

第三节　大宗商品国际物流业与自由港经济增长关联机制

一、物流对技术变化率的影响

(一)加速先进技术的引进、扩散与溢出

扩散是指技术创新通过一定的渠道进行传播的过程。技术创新的扩散可以是在一定区域内,也可以是区域之间的扩散(程茂吉,1995)。只要两个区域之间存在一定的空间联系,技术创新就可以传播。对于自由港而言,自由港与其他经济地区的联系主要表现在,用空间距离表示的经济联系,这种空间的联系强度取决于自由港与其他经济区域的空间距离和交通状况以及货物运输量。

随着经济的发展以及物流行业的快速发展,物流行业已经形成了一套完整的交通运输网络以及科学合理的管理方式,通过与信息技术的结合,现代化物流体系可以满足多种运输服务。这种先进的专业化物流服务体系的建成可以大大降低自由港与其他经济区域的运输和交易成本。因此进一步促进了自由港与其他经济区域的经济联系强度,这种经济联系会促进技术创新在自由港与外界的扩散和传播。

同时,自由港物流体系的完善、物流设施的建设可以为自由港的企业提供高水平的物流服务,进而影响自由港对海外企业的吸引能力。海外先进企业的入驻同时也带来技术创新和先进的管理经验,这种技术的溢出同样会促进自由港技术的提高和经济的发展。

(二)促进自由港内企业管理技术的进步

现代物流产业是第三产业的主要组成部分,是基础产业和功能产业相结合的复合型产业。随着信息技术的发展,现代物流与信息技术相结合,形成了信息化物流网络,拥有先进的管理理念和技术。在物流管理

技术中,供应链管理是非常重要的管理方式。随着全球经济一体化,供应链这一概念也开始进入企业的视线,供应链包含供应商、制造商、分销商、零售商等一系列的经济活动,因此对这一系列经济活动的优化有助于降低成本。物流业的发展使得供应链管理成为现代企业的主要管理方式,这将有助于提高企业的管理水平。

二、物流对生产成本的影响

(一)通过物流活动的集成管理,降低企业生产成本

与世界整体的经济问题相同,企业内部也需要通过劳动分工发展其比较优势,同时传统的物流方式已经不能满足工业化发展所产生的规模经济发展的需要,因此企业将其内部与物流相关的几个生产部门从企业内部分离出来,形成了一个新的社会化分工,即企业内部的物流管理,通过这种综合的管理,可以降低企业原来运输、仓储等物流活动的运行成本和风险(李燕,2004)。

一个企业的物流包括多个环节,如仓储、运输、采购等等。物流不同的环节在实际操作过程中将会产生不同的物流成本,在物流成本的控制过程中并非是单个环节最优就可以达到整体物流的最优,因为不同的物流环节之间可能存在"二律背叛",即物流的其中某一环节达到最优是以增加其他物流环节的成本为条件的,因此物流单个环节的最优化并不能达到总目标的最优化。但是物流活动的集成化管理则可以从总体上控制成本,达到总体目标的优化,降低企业成本。

(二)第三方物流业的发展,可以降低企业的成本

企业对自身物流进行经营管理成本较高以合同的形式将物流委托给第三方物流,不仅可以有效利用第三方物流完善的信息系统对物流全程进行跟踪和控制,同时也可以降低自身成本。企业一方面降低了物流成本,一方面可以通过物流委托给第三方,节省的人力和资金用于企业更擅长的主要业务上,以提高企业的核心竞争力。

三、物流对交易成本的影响路径

(一)物流园区—区内企业交易成本的降低

物流业是一个物流资源和功能产业结合的复合型产业,是横跨多个部门、多个行业、多个企业的综合性服务行业。现代物流与信息技术相结合,形成了一个完整的物流网络和体系,通过科学有效的管理方法,按照和经营企业的委托合同,保质、保量、按时将委托的产品从产地运送到目的地,为经营企业提供一系列的服务。随着经济发展,物流行业也得到快速发展,尤其是第三方物流的出现,使得物流行业迈上了一个新的台阶,成为物流行业新的发展趋势。另外,第三方物流促进了物流园区在区域内的集聚,形成了物流园区。物流园区是物流产业的集聚,因此产生一定的集聚效应,在物流园区内,不同的物流企业可以共享基础设施和物流资源,降低物流企业的运行成本。

物流园区是自由港内的物流产业的集聚,也是物流行业发展的趋势。物流园区可以看作是特定空间内的区域物流,在这个特定的空间内,具有相关业务的物流企业按照关联性集聚在一起,共享区域内的资源和基础设施,相互影响、相互作用,并利用整体优势和互补优势为物流园区内和物流区域外的企业提供综合性服务的区域(过晓颖,2003)。

与其他的产业集聚类似,物流园区的形成同样是物流产业为了降低交易成本,追求规模经济。物流园区可以使得物流产业在地理空间上集聚,降低企业间的运输、信息搜索等成本,从因降低企业间的单次交易成本,以至整个物流园区的整体成本。同时,由于在同一个空间范围内,相近的两个企业更容易建立信赖机制,在物流园区内的企业都属于自由港内的社会网络中的一员,彼此之间如果可以建立充分信任的关系,对企业间的交易更容易完成,同时可以降低企业信息搜索的成本(张其仔,2001)。另外,建立在社会网络上的企业之间的信任基础可以有效降低由于对对方的不信任而产生的监督费用(熊军,2001)。

(二)供应链管理降低节点企业间的交易费用

供应链包含完整的社会生产活动,是一个商品生产体系的概括。主要流程是原材料的采购、产品的生产以及最终产品的分销,它所涵盖的主体包括供应商、销售商、零售商和最终消费者。供应链不仅是一条信息链、物流链和技术链,同时它还是一个增值链,因为在整个生产流程中,企业可以通过对产品的加工、包装等工序获得增加值利润。

同时,供应链的形成可以有效组织产业链上的多种资源,协调不同部门和企业的经营活动以降低整个生产过程的交易成本。同时供应链上的核心企业可以根据供应链做出适当的调整,进而降低企业之间的搜索成本。

四、自由港经济增长对物流业发展的推动作用

自由港的经济增长会带动物流产业的发展,因为物流业是整个社会活动中不可或缺的经济活动,是不同的社会活动行为主体相互联系,是进行实物交换互通的工具。自由港的经济得到快速发展和增长,带来的是产品数量和商品数量的增加,使自由港区域内的货物流量增加,这将产生巨大的现实需求和潜在需求的物流需求,为自由港的物流提供广阔的发展空间,促进物流业的发展。

通过以上的分析,我们可以看出,现代物流可以提高自由港区域内的经济运行效率,降低经济活动中的交易成本,增加企业的利润,进而促进自由港经济的快速发展。与此同时,自由港经济的增长带来更大的货物运输需求,为物流产业的发展提供更广阔的发展空间。

另外,国内外相关的实践经验和研究证明,物流业的发展可以促进区域经济和竞争力的提高。物流业的发展水平影响着区域内经济运行的质量。同时作为经济环境的衡量指标,区域的物流发展状况也影响着一个经济区域对国外企业的吸引能力。因此要想实现区域经济的发展和区域竞争力的提高,必须要重视区域物流的发展。由于舟山自由港的特殊性,其经济的拉动一定是靠物流的发展来推动的,应当切实认识到现代物流与舟山自由港经济发展的关联机制,制定相关的政策和措施,用物流带动舟山自由港经济发展,以经济发展维护物流产业的进一步提升。

第六章
国际著名自由港配套产业发展经验借鉴

第一节　中国香港自由港配套产业发展经验借鉴

一、港口条件

(一)港口的自然条件

维多利亚港位于珠江口的东面,同时处于香港岛和九龙半岛之间,其自然条件优良,海港位于山体之间,并且港口的入口相对比较狭窄,可以有效地阻挡风浪。港阔水深,两岸宽度为 1.6～9.6 千米,海港面积达5000 公顷,平均水深 12 米,并且涨潮和落潮的差别不大。

另外,香港属于亚热带季风气候,因此常年都比较温暖;香港的海岸线比较曲折且多山,因此在遭受台风的时候可以有效地减少台风的威力。综合以上两个方面,香港的主要岛屿就形成了不冻港和避风港。

此外,香港的九龙半岛也拥有独特的地理地貌自然优势,九龙半岛不仅地势平坦,还拥有广阔的深水岸线。这种地貌优势较为方便建立仓库、码头等基础设施,这样的优势条件使其成为香港一个重要的航运中心。

(二)空港简况

香港背靠经济飞速发展的内地,又紧邻珠江三角洲经济圈,内地广阔的消费需求市场和巨大的国际贸易流量为香港国际航空物流业的发展提供了坚实的后盾。如香港的启德机场,拥有世界上最大的航运站,曾因为货物故障而不能正常运行,但是利用广州和深圳及时分流货物,使机场重新运转。

(三)港口发展建设

目前香港海港的主要港口设施包括维多利亚港多个停泊区,还有泊位水深达到6~12.2米的72个浮标泊位,其中的60个泊位具有特殊的防风设施构造,可以保护轮船免受台风的吹袭。此外,海港还有4个仓库区和6个葵涌货柜码头的泊位,可以满足长305米、吃水14.6米的远洋货轮的停泊和装载。

自从20世纪60年代开始,西方发达国家的货运已经开始向集装箱化发展,而这些地区是香港主要的出口地,因此这些地区对香港的货运提出了新的要求。与此同时,与香港同属亚洲货运中心的新加坡港开始向集装箱化货运发展,这种竞争的出现进一步促使香港向集装箱化发展。经过多年的发展,香港已成为全球最大的集装箱货运港,奠定了香港港在亚洲的货运中心的地位。

二、香港自由港的经济内容

(一)贸易自由

香港一直支持贸易自由化,除烟酒等商品外,其余所有商品都可在香港自由进出,不需缴纳任何税收,且通关手续简单。这为发展中转贸易提供了极大的便利。

(二)行业、企业经营自由

香港的企业拥有很强的经营自主权。大部分港口企业都是私人经营,自主选择经营方向,自行筹措发展资金,自己制定发展规划。除去港口基础物流设施、机场、码头、高速公路、铁路等建设政府会出面管制之外,其余所有产业都处于完全自由竞争的环境之中。这种自由竞争式的港口发展模式使香港在激烈的国际港口竞争中脱颖而出,一举成为世界大型国际物流中心。

(三)外汇自由

香港自 20 世纪 70 年代以来就相继出台一系列金融自由化政策,依照国际化标准建立港口金融体系。外汇市场完全开放,各种货币都可以在香港进行自由兑换。港口融资渠道多样且便利,为国际物流业的发展提供了极大的金融支持。

(四)劳动力流动自由

香港人口与劳动力流动也较为自由。劳动力可以自己选择在港就业,雇主企业也可以按照企业发展规划自由选择员工,自行决定工资水平。香港宽松的劳动力流动环境,吸引了一大批优秀物流人才来港就业,使香港物流产业的发展充满活力。

(五)航运航空自由

香港在交通运输方面也具有同样的开放度,交通的开放可以有效促进贸易自由的实现,在航运方面香港所采取的主要政策就是不干预政策。无论是哪个国家的船只都不需要任何申请手续就可以在香港的港口自由航行,并且对于大部分出入香港的货运不征税和检验,以缩短船只在港内的停留时间,提高了船只在香港港口的周转效率。同时,香港允许航运企业自由经营,允许香港船舶自由登记,这种措施可以吸引外资在香港投资经营,同时也可以提高竞争力。

三、香港自由港的成因

世界上有很多的自由港都会经历从兴起到繁荣再到衰落的过程,这其中可能是由政治、战争、经济等多种因素造成的。但是香港自由港与之不同,香港自由港是在鸦片战争之后由英国宣布成立的,到现在已经历了一个多世纪,香港非但没有衰落,反而愈来愈发达,自由港的功能也越来越多,现如今已经成为世界上著名的自由港。香港自由港经久不衰是由其自身的地理位置以及国际经济环境等因素造成的。

香港自由港紧跟世界经济发展的趋势,利用多种发展契机才造就了香港快速发展。比如说,在二战前,多数西方国家开始注重与东方国家的贸易和经济往来,香港把握机遇,吸引了来自全世界多个国家的资金、技术和人才,大力发展本土的加工工业。二战后,各国进入了经济的恢复期,但是国际社会分工开始发生变化,大多数资本主义国家开始转向工业生产,即将本国的产业生产集中在知识、资本密集型产业以及高新技术产业,而将那些劳动密集型产业转移到发展中国家和地区。香港再一次把握住机遇,利用自身的劳动密集优势,承接资本主义国家的劳动密集生产。这一战略选择,使得香港的经济得到了快速发展,加工产品的生产和贸易,也带动了自由港的发展。

香港自由港形成并得到快速发展的另一个原因是香港和内地之间的特殊关系。对于香港来说,其自身的自然资源并不丰富,如果将香港孤立开来,香港只是一个海岛,没有资源、资金、人才,因此也难以生存。在鸦片战争之后,香港被迫割让给英国,英国在香港采取的是开放性政策,成立了香港自由港,背靠内地这一经济腹地,香港作为一个中介从内地吸引资源和产品转卖给其他国家,而将其他国家的资金、技术和商品转卖到内地,这一经济活动给香港带来了巨大利益,同时也促进了香港自由港的发展。

四、香港自由港的特色

(一)最少保护色彩

自由港的本意是指允许世界的货物、商品、技术等经济元素自由流动的港口。随着经济的发展,以及世界经济的全球化,自由港也越来越多,但是自由港的开放程度却没有像名字那样自由。世界上多数的自由港仍然会设立或多或少的制度和关税,以限制其他国家或地区的经济行为。但是香港自由港的开放与其他自由港不同,香港自由港的开放是全面开放,在整个自由港内,除了对一些特定商品征收一定量的关税外,其他的商品都不征税,并允许商品、人员在港内自由流动,同时也允许外国资本在港内自由流动,不干涉外国资本在自由港内的投资。

（二）应变能力很强

香港的面积很小,但产业丰富,其涉及的产业包括金融、贸易、旅游等多个行业,其中有多个产业位居世界的前列。同时,这样小的城市却与世界上170多个国家和地区建立了稳定的经济关系,并吸引了世界性银行入驻。香港拥有如此大的能量的原因,是香港的企业规模一般较小,在世界的经济活动中,容易转变角色,改变生产或经营方式,因此在面临世界经济危机或者经济动荡时能够快速渡过难关。

（三）中国传统文化与西方现代文明联合

香港人口中绝大部分是中国人或者是外籍华人,深受中国传统文化的影响,但是自香港割让给英国之后,在经济制度和文化方面受到西方资本主义的影响较深。因此香港人接受着两种文化的洗礼,两种文化中的优良特性也影响着香港人的成长。

第二节　新加坡自由港配套产业发展经验借鉴

新加坡港,是一个历史悠久的自由港。新加坡港位于新加坡岛南部沿海地区,西临马六甲海峡,南临新加坡海峡,地理位置极其优越,是目前亚洲地区最大的转口港,同时也是世界上最大的集装箱港口之一。新加坡港是一个天然海港,由英国在1819年建造,并实行自由港政策,经过发展,新加坡港已经成为亚太地区著名的大宗散货中转基地、国家能源物资战略储备基地和大型的国际物流中心。

一、新加坡自由港条件

新加坡港位于太平洋与印度洋航运要道马六甲海峡的出入口,是联系亚、非、欧、大洋四大洲的重要枢纽。新加坡自由港主要设置于岌巴、丹戎巴葛、裕廊、三巴旺及巴西班让等5处码头。整片港区共有4个集装箱码头,52 个泊位、365 架场桥和 700 辆拖车。大部分集装箱在港堆存时间为 3~5 天,其中有 20％仅需 1 天。它对外承诺一般集装箱船舶不压港,且装卸时间不会超过 10 个小时。同时,新加坡港与世界上 600 多个港口和 250 多家船运公司拥有长期合作伙伴关系。在自由港区内,自由港提供多种服务,如货物的免费保管,自动通关作业。

二、新加坡自由港实行完全自由港的政策原因

根据是否对进出自由港的货物征税,可以将自由港分为非完全自由港和完全自由港。而新加坡在作为英国殖民地的时期内,除了被日本占领的时间外都是实行完全自由港政策。

(一)殖民地地位决定了完全自由港的政策

新加坡作为一个殖民地,其实行的经济政策完全服从于其统治国即英国。但是新加坡对外的经济政策和英国对外的经济政策并非一直保持一致。比如说,在英国经济处于上升期的时候,国内工业产品竞争力较强,生产效率高,英国对外的经济政策是自由贸易政策,新加坡也是自由贸易政策,此时二者的对外政策是一致的。但是当英国经济处于衰落期的时候,国内经济下滑,工业生产停滞,生产效率低,产品在国际上的竞争力低,此时英国实行的是贸易保护主义,以保护国内的工业生产。但是新加坡还是实行自由贸易政策,这是因为在新加坡,其主要的经济来源是国与国之间的转口贸易,而非新加坡地区的工业生产,与贸易相关的经济活动所带来的经济收入占到了新加坡国内生产总值的 80％,因此不会采取贸易保护主义。

三、新加坡自由港采取的具体政策和措施

新加坡自治邦自 1959 年成立之后面临着一系列的考验,由于转口贸易的减少,国家经济命脉受到挑战,因此不得不将贸易政策转向国内的工业生产。之前的完全自由港政策需要向有限自由港政策转变。具体的措施如下。

（一）认真研究应征关税的商品项目

自由港成立之初就坚持防止扩大征税范围，不以增加税率来提高财政收入。为了更好地研究哪些商品需要征税以满足本国工业生产和发展的需要，自由港特别成立了关税委员会。在 1960 年，只对烟酒、汽油、肥皂和清洁剂征税。1963 年，新加坡根据国内新成立的一些工业企业将征税的商品数增加到了 30 种，之后也是逐年增减。虽然随着新加坡本国工业企业种类的增加，征税的项目也在增加，但是征税的项目相比其他国家，相对于新加坡进口商品种类来说，其所占比例很小。如在贸易保护的最高期，征税的项目只占到了进口商品项目的 19.9%。这种谨慎的做法，保持了自由港自身的自由度，也保持了自由港的活力。

（二）从长远利益出发厘定关税税率

与征收关税的商品种类的确定相似，新加坡在对商品的关税税率的厘定过程中，坚持以保护国内工业生产和自由港的竞争力为目标，不以单纯的增加收入为目的。新加坡除出于对某些商品的进口限制目的而征收的关税较重之外，如烟酒的税收，对于其他商品的征税都较低。如，平均税率，新加坡为 5%，而马来西亚、菲律宾、泰国分别为新加坡的 7.6 倍、6 倍、4 倍。正因为在税率上的优势，新加坡自由港与邻国的港口相比更具有竞争力。

（三）在港口码头区设置自由贸易区

新加坡自由贸易区的建立是在 20 世纪 60 年代中期，随着转口贸易数量的减少，新加坡开始将经济重心转移到本国的工业生产上，对一些商品进行征税，虽然这种方式可以增加对国内工业的保护力度，但是也使得之前的转口贸易遭到限制。为了避免之前的转口贸易受到影响，在 1966 年，新加坡通过了自由贸易法令，并在三年之后成立自由贸易区。与其他国家的自由贸易区不同，新加坡的自由贸易区建立在码头上，并且不采取自由港一贯的措施，比如说，以税费的优惠政策来吸引外资企业的进入。新加坡的自由贸易港，主要服务于转口贸易，为其他的商家提供一个贸易场所，并且免收关税、免费储藏。

(四)修改船只注册法以鼓励外轮注册

在 1965 年之前,新加坡只允许本国公民拥有的船只或者本国公司拥有的船只在新加坡注册。但是在 1965 年新加坡通过了《船只注册法》,这一法律允许国外的船只在新加坡进行注册,并且鼓励外国的轮船悬挂新加坡的方便旗。对于测量的标准,承认部分国家的测量在新加坡无需重新测量,这些措施大大缩减了船舶的运行效率,吸引了船舶来新加坡进行注册,提高了新加坡的船舶活跃程度,促进了新加坡的航运发展。

(五)加强对现代化港口码头的建设和管理

为了适应港口物流的快速发展和需要,新加坡不断加大港口的建设,在新加坡各港口建立了多功能码头,如工业港码头、集装箱码头以及班让码头。新加坡政府十分重视先进的信息技术在大宗商品国际物流业中的运用,依靠科学技术发展来带动港口作业水平的提高。在过去的十几年间,新加坡政府投资了 1.6 亿新加坡元在信息技术的开发运用、物流信息系统建设和高技术仓储设备、自动提存系统、无线扫描设备等高科技设施的开发上,不仅使大宗商品的物流运作效率大幅提升,更使得整个港口基本实现了运作过程的高度自动化。此外,新加坡还建立了综合信息查询系统,可以及时对货物进行跟踪,提高货运运输效率。这些措施进一步提高了海港的竞争能力。

四、新加坡自由港在经济中所起的作用

新加坡政府通过一系列措施的颁布和实施,使得新加坡自由港从完全自由港转变为一个有限自由港,这种转变是符合新加坡的国情的。新加坡在作为英国殖民地的时候,由于宗主国的经济性质决定了新加坡所采取的经济政策,同时,由于当时新加坡主要从事转口贸易,所以采取完全开放的自由港经济政策。在成立新加坡自治邦之后,转口贸易量降低,同时为了保护发展本地的工业生产,新加坡又采取了有限自由港政策。这些措施的实施在新加坡经济中的主要作用如下。

（一）直接推动了转口贸易的发展

新加坡在向有限自由港转变的同时,坚持不盲目扩大税收的范围,谨慎确定需要征税的商品项目,在对工业产业保护的同时,对转口贸易的限制不明显,转口贸易在这些措施中得到了快速发展,从 1960 年到 1984 年,转口贸易量增长了 5.76 倍,占出口贸易的 35.63%。

（二）促进了港口的繁荣

新加坡自由港在有限的规定内采取了最大的开放度和对外来船舶的优惠政策,吸引了大量的货船在新加坡停泊,同时也增加了贸易的总量和货物的转运量。比如,在 1984 年一年的时间内,进出新加坡港的船只达到了 55357 艘,平均每十分钟就有一艘船只进出港口,这一数字是 1960 年的 2 倍;同年,货物装卸总量已高达 10419.3 万吨,也就是每天的货物装卸量为 28.5 万吨,为 1960 年的 5.8 倍。新加坡港因此成为世界上最繁忙的港口之一。此外,新加坡自由港的活跃程度较高,进一步吸引了其他相关产业在新加坡港的集聚,如船舶的维修、给养等。

（三）加速了旅游业的发展

由于自由港贸易政策的实施,新加坡对于大部分进入自由港的货物不收税,或者收取较低的税,这导致新加坡的商品相对于其他国家或地区来说价格较低,因此会吸引邻国的游客前来购物。新加坡政府也利用这种优势,进一步发展自由港,提供价格低的商品吸引游客,带动旅游业发展。目前,旅游业的收入在国内生产总值占较大的比例,同时也是新加坡主要的外汇获取方式。新加坡旅游业的发展,与自由港政策的实施密切相关。

同样,新加坡自由港对新加坡经济的作用不仅如此,还涉及其他多个行业和部门,自由港自身的集聚作用,吸引了世界上很多企业在新加坡设立产区,也吸引了很多金融机构入驻新加坡。这不仅为新加坡的发展注入了新的活力,也给新加坡当地的居民带来了新的效应。因此说新加坡自由港的经济作用是多方面、多领域的。

第三节 德国汉堡自由港配套产业发展经验借鉴

一、汉堡自由港现状

汉堡港坐落于易北河、阿尔斯特河和比勒河三河交汇处,是北海地区最东部的港口城市,通过易北河与北海相连接,又经易北河直通北海,通过运河直通波罗的海,发达的海运与河运网络将其与世界各地的港口联结为一体,被称为"两海三河"。

1888 年,汉堡加入了德国海关同盟,并且确定了汉堡作为唯一的自由港,具有免税功能。汉堡自由港就建立在汉堡港港区内,通过一条关界围墙与其他港区分开。汉堡港港口面积 7399 公顷,陆地面积 4331 公顷,水域面积 3068 公顷。其中自由港区占地 1671 公顷,汉堡自由港是世界上规模较大的经济自由区之一。在自由港建成之后,随着国际经济的发展,国与国之间的贸易量大大增加,使汉堡自由港得到了快速发展。汉堡自由港设有 25 个陆上通道关卡和 12 个海路通道关卡,2018 年集装箱年吞吐量达到 1.351 亿吨,汉堡港已经成为世界十大集装箱港口之一。

二、汉堡自由港的地理位置

汉堡具有极佳的地理优势,位于中欧,经济区域涉及整个欧洲地区,可以通过运河到达波罗的海地区,通过易北河周边发达便利的水路运输又可以与中欧、东欧相连。这种地理优势,使得汉堡港与欧洲其他海区、地区的港口城市的联系更加便利快捷。由于这种便捷的联系方式,汉堡在物流运输方面可以有效地控制交易成本,增加汉堡港的竞争力。同时,发达的水运和海运,要比陆运更廉价,竞争优势更大。另外,汉堡港所处的汉堡市是德国最大的贸易和加工中心,因此,汉堡港与其他港口相比更具有产品优势。

三、汉堡自由港的空间布局

汉堡自由港以码头作为分布单位,主要包括四个集装箱码头,还包括几个多用途的码头,其中主要的码头如下。

(一)Altenwerder 集装箱码头(CTA)

CTA 归属于汉堡港口仓储物流有限公司,码头线总长 800 米,泊位水深 16.7 米,码头仓库及堆场可以容纳 3 万个集装箱标箱,可以承担当今世界上最大的 9.000TEU 超大型集装箱船的港口装卸,是汉堡港最大的集装箱码头。CTA 码头拥有 4 个泊位和 15 架集装箱龙门吊,采用了国际上最先进的装卸设备和物流管理系统,自动化程度高,可以实现码头集装箱装卸调运全程电脑控制。港区内全部采用全自动无人导向车来完成装卸作业,既提升了码头货物运作效率,又充分降低了港口运营成本。

(二)Burchardkai 集装箱码头(CTB)

CTB 也是由汉堡港口仓储物流有限公司负责经营,码头占地面积约 160 公顷,码头线长 2900 米,内含仓库 6.8 万平方米,能够提供拆装箱、货物堆存和配送等一系列服务,每年来 CTB 挂靠的支线集装箱船舶超过 4200 艘,码头年货物吞吐量超过 300 标箱。CTB 上的集装箱堆存和配载控制系统可以准确记录每个集装箱的位置、所载货物种类及数量、目的地等信息,通常在货船抵达码头的 14 天前就可以制定好集装箱装船计划。

(三)Tollerort 集装箱码头(CTT)

CTT 为汉堡港口仓储物流有限公司的第三个集装箱码头,占地面积只有 34.5 平方千米,码头岸线长度仅为 970 米,但是同样能够容纳最大的集装箱船只。码头拥有 4 个泊位和 8 个集装箱龙门吊,新型跨运车以及超巴拿马型桥吊的购置使得近年来 CTT 的作业能力大幅提升。码头上所有的作业过程都经由控制系统和无线传输系统进行实时监控预操作,可以为客户提供每天 24 小时的港口作业服务。

（四）Eurogate 集装箱码头（CTE）

CTE 是欧洲最大的码头，由 Eurogate 运输集团经营，码头占地 110 平方千米，岸线长 2100 米，吃水深度 15.5 米，码头有 7 个泊位和 21 个集装箱龙门吊，配有先进的巴拿马型桥吊和集装箱跨运车，物流运作效率高。

四、汉堡自由港的功能定位

（一）物流中心

汉堡自由港是欧洲一个大型的物流园区，集中了大约 5700 家物流公司，这种高密度的物流产业使汉堡自由港可以为客户提供更为有效便捷的服务。该物流园区囊括了世界上 7 条完整的供应链，可以为企业提供运输、加工、配送等多种综合性服务，这种服务并非像传统的物流服务，这种物流产业中有增加值部分。汉堡自由港这种增值服务可以为企业带来更多的收益，因此对企业更具有吸引力。

随着世界经济的发展，物流行业的重点应该是集装箱物流，因此，汉堡也将自己的工作重点放在了集装箱物流的业务上。

（二）加工贸易

相对于在自由港之外，自由港内的社会生产活动更具有便利性，因为在自由港内对于生产活动具有更少的限制。加工贸易在自由港内不需要缴纳增值税。种种的税收和政策的优惠使得自由港对加工企业具有更大的吸引力，尤其是那些生产具有高增加值的加工产品的企业，如茶、咖啡企业。在汉堡自由港之内可以有效避免重复清关的问题，只要货物到达汉堡自由港并办理了欧盟的清关手续，就可以通过代理报关，将货物运到目的地，并且只需要支付相应国家的增值税，不需要重复缴税。

五、汉堡自由港的管理体制

（一）汉堡市政府负责总体规划和土地利用

汉堡市政府拥有汉堡自由港内的水域和土地的所有权。对于水域的管理规定主要是,汉堡市政府规定了港区内的水域范围和可以进行的活动。对于土地的管理规定主要是,汉堡市政府拥有整个自由港区域的规划权,负责自由港区域内公共交通设施的建设,自由港区域内除了规划属于私人财产的土地外,其他土地由汉堡市政府对外出租,并且州政府可以规定港区内的经济活动。另外,个人土地的销售出卖,市政府有优先受让权。

(二)汉堡市经济和劳工事务部负责日常管理

汉堡是德国的一个州级,它拥有自己的政府和议会,汉堡的日常事务也主要是市政府和议会管理。但是汉堡自由港的管理机构比较独特,因为汉堡没有港务局,汉堡自由港的事务是由汉堡市的经济和劳工事务部负责。经济和劳工事务部的主要职责包括以下几个方面:①港口内运行的法律框架的制定和经济活动方向的规定。②港口内基础设施的建设和租赁。③港口内基础设施的维护。④港口内交通规则的制定。⑤港口码头的作业和安全监督。⑥船舶进出港引导和动态把控。⑦港口使用费用的征收工作。

(三)汉堡自由港作业由私人公司商业运作

汉堡自由港内的经济活动,包括货物装载运输、货物仓储、商品加工等,都是公平竞争的,并且汉堡自由港是鼓励不同公司之间的竞争行为的。汉堡自由港内的公司之间也存在这种竞争行为,包括装卸公司、货物代理公司或者是其他服务公司。汉堡自由港这些公司的经营者从汉堡州政府租赁土地,并建立相关的基础设施如铁路、公路,或者是特殊的设备设施如起重机、集装箱塔吊等等。这些公司不仅需要向汉堡支付土地租赁的费用,还需要支付码头岸壁的租赁费用。在汉堡自由港所有的公司中,HHLA是由汉堡市政府100%控股的,但是公司的经营依然是按照私人的运作方式,汉堡市政府可以通过该公司影响汉堡的经营活动。

第四节　荷兰鹿特丹自由港配套产业发展经验借鉴

鹿特丹港是世界上最为著名的海港,拥有悠久的历史,几经战乱依然不衰,并在二战之后,凭借自身基础优势和地理位置优势迅速发展。鹿特丹港在 1961 年货物吞吐量达到了 1.8 亿吨,成为世界第一大港,这一位置一直保持到 2004 年才被上海港超过。但是鹿特丹港依旧是当今欧洲最大的港口,同时也是全球最大的物流中心和大宗商品中转枢纽之一。

一、港区建设

(一)港区分布

鹿特丹港的建设布局主要是以新建设的航道为主轴,港池分布在主要通道两侧,主要的建设方向为从上游到下游、从北边到南边、从东北到西边以及从市中心往海边拓展。主要的港区为:Eemhaven、Merwehaven、Vierhavens、Pernis、Botlek、Europoort 和 Maasvlakte 七大港区,且港区的方向为从东向西。这些港区水域面积较大,可以同时容纳 6600 艘轮船。港区的水深从 6.8 米到 22 米不等,因此可以停泊的船的类型也不同,最多可以容纳 50 多万吨的船舶。

(二)港区面积

鹿特丹港区总面积为 10556 公顷,港口长度 40 千米,码头长度 89 千米,港上共有 656 个泊位,是 500 多条航线的停靠港,连接全球 1000 多个港口。在大宗物资运输方面,鹿特丹港是欧洲重要的原油、石油产品、粮食谷物等大宗散货转运地。

(三)港区的发展

荷兰鹿特丹拥有悠久的历史,在 13 世纪上半叶之前,鹿特丹还仅仅是一个小渔村,自 13 世纪下半叶到 14 世纪上半叶,鹿特丹便发展有一定规模的渔业城镇。随着海上贸易的增加和发展,鹿特丹开始成为一个承担欧洲一些国家的海上运输,成为一个过境运输港,并在 17 世纪上半叶建立了港口。在 18 世纪末 19 世纪初,鹿特丹的运载能力有所下降,直到 20 世纪,当欧洲资本主义国家的经济开始复苏,并得到快速发展的时候,整个欧洲地区的贸易量大大增加,并且运输的条件也得到改善,鹿特丹利用自身的地理位置优势迅速发展。

二、物流园区

(一)特色化海港

荷兰鹿特丹自由港是一个多功能的综合性物流港,在鹿特丹自由港港区内集聚多个物流产业,为自由港内的其他企业提供系统一体化物流服务,这一物流体系不仅可以提供传统运输业能够提供的运输功能,还可以提供其他具有增加值的服务,例如商品的简单加工、包装和配送等功能。另外,鹿特丹的物流运输系统较为发达,可以提供不同种类的运输方式,如铁路运输、航空运输、水路运输等,并且可以运输不同类型的产品,如石油化工、金属、矿产原料及集装箱等。

(二)配给中心

荷兰鹿特丹自由港是世界著名的全球配给中心集聚区,或者说是拥有世界上最多的配给中心的地区之一,美国和日本的公司中大约有一多半的公司会在欧洲设立配给中心,但是欧洲近四分之三的配给中心位于荷兰。世界上如此多的公司和企业会在鹿特丹成立欧洲配给中心的原因在于两点:一是荷兰鹿特丹为这些全球性公司提供了坚实的后勤保障,为它们提供最先进的配给设备;二是荷兰鹿特丹具有欧洲最好的地理位置,能有效地与其他港口或者物流城市取得联系。

(三)参与国际贸易

荷兰鹿特丹建立物流园区的初衷就是为国际贸易服务,物流园区建立在鹿特丹自由港的中心位置,并专门为物流中心配备了通往码头的运输通道,以便物流的运输。

三、临港产业

(一)工业综合体

荷兰鹿特丹在成立之初只是一个转运港,但是随着鹿特丹自由港的建设和发展,依托于自由港的发展,在自由港的周围,成立了一批又一批的工业企业,主要产业涉及油料、化工、造船等多个行业,荷兰鹿特丹也因此成为欧洲最重要的工业联合体。

(二)石油化学工业

在鹿特丹自由港的所有产业中,炼油业和石油化工业最为重要。两者占据了 52 平方千米的工业区内 60% 的用地面积。港区内部建有 Texaco、Esso 等五家大型炼油厂,每年可以加工原油 8500 万吨以上。作为欧洲最为重要的化学港口,每年约有 100 万吨的原油送至鹿特丹港上,被送来的原油部分依赖于密集管道网络直接运输至消费者,另一部分就通过港口上的炼油厂和石油加工企业生产石油产品,再经由鹿特丹港的集疏运网络运送至欧洲各个地区。

(三)造船业

鹿特丹港作为一个拥有多产业的全球性海港,拥有资源优势、技术优势、资金优势,在自由港区域内有多家大型的造船厂,可以生产大型油轮、集装箱船等多种船舶,同时也可以生产各类水工产品,如海上钻井平台、沉箱等。

(四)农产品加工

鹿特丹港区内部还设有许多农产品加工中心,主要进行半成品的加工和产成品加工,港口工业区内部现已形成较为成熟的农产品加工体系。除了工业化的农产品加工模式,完善的仓储设施、高效的生产和运输效率、自由便捷的交易环境更是加速了临港农产品加工的进一步发展。食品巨头如可口可乐、联合利华等也在鹿特丹港区内从事食品贸易、存储、加工和配送等生产和物流活动,港口先进的冷藏和冷冻设备为其提供了优质的后勤服务,使鹿特丹港成为世界蔬菜、水果、粮食作物等主要输出港口。

（五）航运服务相关产业

鹿特丹港货运量较大，每年有几万艘货轮进出自由港，大量与船舶运输直接相关或者间接相关的产业在自由港区内或周围集聚，如船舶的维修行业、航运配件的生产企业。同时，临港的这些企业的集聚也促进了金融、咨询等服务行业的发展。

四、集疏运设施

鹿特丹自由港的集疏运网络包括两个部分，一个是港口自身的内部运输系统，另一个是自由港对外的、与其他的经济区域相联系的物流运输系统，两个部分相辅相成，才形成了鹿特丹自由港完整的物流体系。鹿特丹拥有发达的交通网络，在内部可以充分利用莱茵河的航道优势，建立长 33 千米、深 15 千米的深水航道以提升航道等级，从而容纳更多吃水较深、体积庞大的集装箱船舶进出鹿特丹港，扩大大宗商品运输量，提高港口运送效率。在外部可以通过铁路、公路、水路和航运等多种方式与欧洲的其他国家和地区相连接。另外鹿特丹还拥有发达的管道运输，各种管道长度超过 1200 千米，并且有两个铁路化学品中心，可以通过管道运输液态货物。

五、发展趋势

（一）港口功能多元化

随着港口的发展，港口的功能越来越发散，趋于多样化发展。单一的港口功能已经远远不能满足港口物流的发展，也不能满足港口产业的需要。鹿特丹自由港应该向多元化发展，努力建成一个综合性物流中心。

（二）港口货物集装箱化

随着世界箱式货运的发展，物流运输的类型中，集装箱货物运输所占的比重越来越大，集装箱化程度越来越高。鹿特丹在 1990 年开始扩能计划,即加大集装箱码头的建设。现阶段,集装箱物流已成为衡量一个码头的竞争力的重要指标。

(三)港口泊位深水化

随着世界经济的发展,货物流量的加大,小型船舶的运输能力已经不能满足新时期的货物流量和货物规模。全球船舶运输开始向大型化发展,如15~20吨的散货船、50万吨的游轮、超巴拿马的集装箱船。世界主要国际航运货轮开始向第五代、第六代发展。深水位的航道和码头泊位,成为承载国际航运的基本条件。

(四)港口物流现代化

鹿特丹港结合网络信息平台,运用科学化的管理手段,建立了一个完善的物流网络,这一物流体系不仅可以承担传统的物流运输,同时可以提供增值服务,使整个物流链的整体效益增加。

当前为适应现代化港口的发展趋势,鹿特丹港务管理局在管理模式上不断创新,积极转型,成功从先前简单的港务管理功能向物流产业及供应链网络管理功能转变,更多地担当起企业合作伙伴的角色。通过信息化建设、人才培训等新型战略的实施,进一步巩固园区的港口地位,加速港区联动发展。

(五)港口运输网络化

鹿特丹自由港是物流企业的集聚地,处于物流运输的核心位置,协调着自由港整体的物流运输系统,同时,承担着欧洲大部分的货物运输,在世界经济的运行中担当着重要的角色。现代化物流的发展要求鹿特丹自由港建立一个完善的交通网络系统,包括水运、陆运、航空等运输方式的协调,以及内部运输系统与外部运输系统的协调。通过交通网络系统的构建,进而构建成一个完善的物流网络系统。物流网络的完善性与自由港的发展具有协同作用,可以有效降低不同的运输方式转换交易成本。同时,运输系统的网络化可以有效增加鹿特丹自由港的集疏运功能,提高物流运输效率。

（六）港口服务信息化

随着信息技术的发展,信息的网络化成为全球发展趋势。鹿特丹自由港的物流业与信息技术相结合构建港口物流信息网络。信息网络的构建可以有效地协调港口各部门之间的相互协作,有效降低部门与部门之间的协调成本。因此信息技术将在港口物流服务中发挥越来越重要的作用。

第七章
大宗商品国际物流业发展的世界经验

第一节　新加坡港大宗商品物流业发展经验

　　新加坡港整片港区共有 4 个集装箱码头，52 个泊位、365 架场桥和 700 辆拖车，拥有世界上最一流的港口物流基础设施。截至 2010 年，新加坡港务集团已经投资近 4 亿新加坡元用于更新物流基础设施和购买先进物流设备，例如 RTG（轨道式场地龙门吊）和超巴拿马型岸边吊桥，大大提高了港口的集装箱作业技术水平。在日常的港口物流运作方面，新加坡港平均每 2～3 分钟就有一艘船需要进出港口，每小时要处理货物 280 箱，每天进行 61 艘货柜船、8000 辆拖车的装卸作业，每周有 430 艘班轮发往世界各地，每个月集装箱吞吐量超过 300 万。大部分集装箱在港堆存时间为 3～5 天，其中有 20% 仅需一天。新加坡港对外承诺一般集装箱船舶不压港，且装卸时间不会超过 10 个小时。同时，新加坡港与世界上 600 多个港口和 250 多家船运公司拥有长期合作伙伴关系。作为亚洲第四大的货运机场，新加坡每周有

4000 多个航班飞往世界上 180 多个城市①。新加坡港还拥有世界上首屈一指的综合性海港与物流服务公司——新加坡港务集团。它拥有全球最完善的港口与海事服务体系和全球范围内的货物运输网络,能够设计最全面、最优化的物流配送方案,多次获得"亚洲最佳集装箱码头经营者"的称号。

总而言之,新加坡港快速的物流配送手段和高效的货物流转速度,不仅加强了新加坡配置全球资源的能力,保障了国家的战略性资源安全与经济安全,同时也加快了港口物流及相关产业的发展,成功打造出了世界级的国际物流中心。

一、开发信息技术,打造物流平台

在传统情况下,想要达到新加坡港的高效作业流程,对于物流里程过长、时间消耗过多、物流成本相对过高、运输流转效率低下的大宗商品国际物流运输来说绝非易事。而新加坡港却成功地依托其先进的自动化系统和高效的智能物流体系,充分提高了大宗商品的国际物流运输效率,缩短装卸以及运输时间,大大节约了物流成本,同时还较好地适应了以煤炭、钢铁等能源商品为代表的大宗物资国际物流运输信息量大、信息点多、信息动态性和时效性要求高的特点。

无论是政府还是企业都十分重视先进的信息技术在大宗商品国际物流业中的运用,新加坡依靠科学技术发展带动了港口作业水平的提高。在过去的十几年间,新加坡政府投资了 1.6 亿新元在信息技术的开发运用、物流信息系统建设和高技术仓储设备、自动提存系统、无线扫描设备等高科技设施的开发上,不仅使大宗商品的物流运作效率大幅提升,更使得整个港口基本实现了运作过程的高度自动化。国际航运信息平台的建设为新加坡港大宗商品交易活动的开展创造了有利的条件。较早的国际航运信息平台是在 20 世纪 80 年代中期出现的,新加坡政府为提

---

① 本节中所有数据均来源于中国港口协会网站(http://www.port.org.cn/),下文中汉堡港、香港港及鹿特丹港的相关数据介绍也都来源于该网站。

高新加坡港全球竞争力,由新加坡贸易发展委员会牵头建立起一整套完善的电子化贸易文件处理系统,即 TRADENET 系统。TRADENET 将出口商、货物代理、船运公司、第三方物流服务企业、供应商、保险公司和银行等物流链参与主体整合在一个信息平台之中,以实现数据的实时传递和信息共享。通过这一系统,从事大宗商品交易的贸易双方就可以在网上达成交易,并办理租船订舱、提交进出口许可证、货物投保等贸易业务。政府及相关部门也可以直接在网上进行受理和审批,并通过该系统集中处理和发布物流信息,从而缩短企业交易时间,节约交易成本,提高交易效率。据估计,TRADENET 系统的应用每年可以节约交易成本 10 亿美元以上,同时,交易时间也由 2～7 天缩短至 1 分钟(廖奎,2012)。除 TRADENET 系统以外,PORTNET 系统也是新加坡港上广泛采用的智能平台之一。PORTNET 系统是应用于新加坡全国范围内的电子商务系统和信息处理系统,它提供的服务主要包括电子数据的实时通讯与交换;综合信息查询,例如订单状态、船舶靠港时间、货物清单、货物跟踪等;提供海运相关信息以及船舶航行的动态数据等。此外,新加坡政府还启动了一项 15 亿新元的高科技应用计划来打造"智能港口",其中包括了能够高度整合贸易网络和港口网络的 TradeXchange 系统。

除此以外,网络技术的发展与应用也为大宗商品国际物流业务的开展提供了相当程度的便利。新加坡港上的网络平台主要包括物流企业内部的电脑技术平台和政府出资构建的公共网络平台。通过物流企业自身的技术平台,有大宗商品运输需要的国内外客户不但可以自主签订合约,而且在托运货物进入运输环节之后,可以随时通过网络了解所运货物的实时方位以及货物所处的物流环节与预计送达的时间。政府的贸易网络平台系统则实现了政府与企业之间的信息互换,使企业能够及时取得与大宗商品运输相关的政策信息的变动。

二、吸引企业集聚,形成集群效应

新加坡港上能够催生集群效应并带动大宗商品国际物流产业发展

的企业集聚可以分为两类。一类为专门从事大宗商品交易的商贸企业集群，另一类则为服务于大宗商品国际贸易的物流企业集群。

从新加坡建国之初起，新加坡政府就致力于将国家的经济发展与世界经济走向紧密联系起来，利用其作为东南亚门户的优越地理位置、宽松的政策和商业环境、发达的基础设施建设，吸引大型跨国公司来新加坡港从事大宗商品的国际运输。政府鼓励这些企业到新加坡港区及附近地区投资建厂，将企业分散的包装、仓储、制造、加工、行销等物流环节尽可能地集中在港口周围，通过企业集群效应促进物流业的发展，加快打造全球性的国际物流中心以及亚太地区国际大宗物资货物运输中转基地。同时新加坡港发达的交通运输网络，也使其更加接近客户，市场准入更加透明、便捷，由此带来的客户群体和运营成本的降低也不断吸引大型跨国公司，尤其是涉足大宗商品交易市场的跨国企业入驻港区，带动港口大宗货物的大进大出，在推动大宗商品港口物流业的飞速发展的同时，也实现了发展"总部经济"推动全国经济飞速增长的目标（吴庆，2013）。

新加坡港将港口物流产业建设与吸引外资相结合，将一些临港的泊位和土地租售给大宗商品交易频繁的跨国公司作为其专用的中转仓储和堆场使用，同时在港口、机场附近设有多个自由贸易区及物流园区服务于这些跨国公司，通过营造良好的发展硬环境和软环境，集中为大宗商品运输提供高质量、专业化的物流服务。通常情况下，在任何一个物流园区内都可以找到集运输、仓储、配送等环节于一体的专业物流服务商，大大降低货物运输过程中可能会出现的衔接、协商和交易成本。这一系列政策的实施吸引了国际上一大批从事大宗商品国际交易的企业入驻园区，通过产业集聚效应带动企业发展的同时，也通过货物的港口集聚吸引了更多世界一流的物流服务企业入驻港口，大幅提升港区服务水平，形成大宗商品产业和国际物流业发展的良性循环。

在新加坡港入驻的物流企业实力大都十分雄厚。全球最大的40家船运公司和前25强的国际物流企业中有17家公司都已经在新加坡设立总部或者是地区总部（廖奎，2012），其中包括世界知名的物流企业例如联邦快递、敦豪、辛克。随着根植程度的不断加深,这些物流企业已然开始配合新加坡政府相关的物流政策以及发展战略,进一步向域外扩张。由于这些企业都是有着多年服务经验的大型跨国公司,他们形成的产业联合和企业结盟,以及企业之间高度的信息与资源共享,内部的技术与管理经验交流,都能够迅速带动港口物流服务水平的提升,并且遍布各地的分支机构能够帮助新加坡港口轻而易举地开拓境外市场。这些国外优质物流企业与国内物流公司结成的物流联盟,将专业优质的物流服务迅速扩张到经济快速发展的新型国家,如中国、巴西、印度,并且迅速取得当地公司的信赖,从而在当地快速构建物流网络,不仅为大宗商品的国际运输提供便利,吸引更多企业来港办理货物运输,扩大港口商品流量,加速原油、矿产金属、煤炭、粮食、化工染料、集装箱等中转物流基地建设,同时也有助于及时反馈当地大宗货物的需求情况,掌握大宗商品市场交易和进出口贸易状况的最新动态。正是这些公司在资金、运输、管理、人才等方面的雄厚实力,才从整体上提升了新加坡的物流服务水平,推动了大宗商品物流业的加速发展。

三、建设物流园区,整合物流环节

国际物流园区,就是指为了满足国际物流大批量、小批次、少品种的需要,跨越两个及以上海关管辖区域范围的物流中心,功能齐全,设施完备,是最高形式的物流节点,也是国际物流网络系统中的关键性枢纽。大型国际物流园区的建设,可以使得货物运输得到有序的规划管理,尤其使得以煤炭、钢材、有色金属、原油、铁矿石为代表的原材料和战略性资源得到最大限度的优化配置,大宗商品运输供应链得到最高效的整合。

在新加坡港,码头内外设有专门的大宗商品物流园区。运输船舶进出港区码头内的配送园区运送货物时,不需要缴纳任何物流税,大大节省了货物运送的通关时间,提高了船舶进出港口效率(师城,2012)。新加坡港内物流园区的主要功能有货物的短期储存、临时堆放等。所存放的货物通常已有指定买家,货物运输方向明确,一般多为原油、铁矿石、有色金属等战略型物资。而港外的物流园区则适合需要长期储存或者进行加工装配的货物，通常为暂无客户的商品，随时等待新货主的采购订货，多为半导体、精密仪器、电子零部件、纺织原料等加工制造型货物。从某种意义上来说，港外的物流园区具有公共仓库的性质。港口内外物流园区明确的仓储分工，可以使不同的大宗商品根据不同的货物特点以及不同的销售需要选择适当的存放地点，同时，不同的仓储条件与设施也可以为货物的保存提供更为专业及全面的加工制造和物流服务。除此之外，新加坡政府致力于推行大宗商品交易中心和智能物流园区的集结式发展，实现物流园区从大宗商品电子交易订单产生到实物交割全过程的物流可视化管理方式。物流信息大厅和交易大厅的信息屏幕上可以清楚地看到商品运送的实时状态，数据的连续更新极大地满足了客户对于及时信息的要求。

显然，如果只依靠大宗货物贸易企业自身的物流组织体系来进行商品配送，那么当交易运输范围扩张至国际市场时，物流距离的延长、物流节点与参与主体的增加等不确定性因素的增多都会导致大宗商品物流运作效率的下降，各个流程之间衔接的滞后会导致物流成本大幅上升，大宗商品供应链效率受到损失。物流园区的建立就可以解决大宗货物国际运输中企业独立物流模式带来的问题，把各个节点之间的物流业务运作看作一个整体，实现"全过程一站式综合物流服务"。在新加坡港的物流园区内，凡是涉及大宗商品物流的生产部门、运输企业、储存仓库、金融部门以及信息管理服务商等多个物流相关企业，会自发地基于供应链管理理念，结成物流联盟，创新合作模式。新加坡港务管理局也会协助企业构建大宗商品供应链网络，整合大宗商品的国际运输、仓储、配送等物流环节，实现企业之间的信息共享与数据传输，相互协调，消除物流过程中的效率损失，保证物流运送过程的连续性和物流系统的灵活性。

四、发展物流外包，提供专业服务

在通常情况下，许多从事大宗商品国际贸易的企业最初都倾向于利用自身的物流资源建立物资储备运输部门，通过在产品销售国与地区开设供销公司和相关办事处,来完成产品的跨地区物流工作。虽然这种专有化程度较高的物流管理模式使企业对像原油、有色金属等战略型资源商品销售拥有更强的控制力,但是由于国际运输涉及多国之间的物流协调,交易成本高,并且企业物资运输部门运作产生的雇员和仓储成本占据了企业固定运行成本中相当大的一部分,当大宗商品交易范围不断向外扩展、产品销售者数量不断增加以及企业与顾客之间的交易距离不断延长,企业面临的国际市场变得更加多样化时,采用这种传统的自营性物流模式就会降低企业整体的销售效益。相反,如果企业能够转变观念,将大宗商品的运输交给第三方物流企业来完成,在有效减少自身运营费用的同时,通过专业化的物流服务提高产品运输效率。

新加坡政府较早地意识到专业化第三方物流服务在今后港口的发展前景,积极扶持专业物流企业的港口发展,加快第三方物流建设步伐,因而港口企业整体的社会化、专业化程度都处于较高水平。新加坡港上既存在能够提供大宗商品全程物流服务的大型第三方物流企业,也存在专注单一物流环节业务提供的专业物流部门。但无论是哪种形式的物流提供,所有物流企业都能自觉根据大宗商品国际物流特点,从满足客户不同需求出发,与客户共同研究,规划、选择、组织和实施成本较低、性价比最高、最为可靠也最适合于客户的一种或者几种物流解决方案。一般来说,大宗货物的运输大多以中长期的运输协议为主,有的合同协议甚至长达 20 年以上。这一特点决定了新加坡港上提供专业化服务的物流企业都倾向于选择与客户建立长期的合作伙伴关系,譬如几家新加坡港上较大的船运公司在承揽中国涉及钢铁、矿石等资源型大宗货物运输业务时都签订了 10 年以上的运输合同。企业与客户之间长期的相互合作、相互依存、相互学习,也间接地为港口企业自身的长远发展开拓了空间。

新加坡港上物流企业的专业化、社会化程度也较高,有些物流企业可以专门为某一行业的企业提供全方位的物流服务,有些则为各行业的客户提供某一环节的物流服务。所有物流企业都习惯于"量身定做"的物流服务模式,以满足客户的不同需要为出发点和归宿,物流企业愿意同客户共同研究,制定并选择一种或几种最低成本的物流方案。新加坡物流公司提供服务的精细程度,世界少有(陈顺龙,2007)。

此外,现代物流管理理念的推行和电子化管理手段的应用也是新加坡港口物流外包业务顺利开展的前提。物流企业还充分运用港上发达的信息技术建立自己的权威电子商务网站,吸引国内外进行大宗商品交易的企业到自己网站查询浏览,将自己的信息以及业务及时地告知客户,客户也能通过网站查询商品及时的运输信息,实现物流、资金流和信息流的统一。总之,专业物流企业"一条龙"式的系统化服务,齐备、优质、高效的配送手段,吸引了众多客户将大宗商品的国际运输中转点选在了新加坡港,新加坡也因此有力地发展了大宗商品交易市场,成功地转型成为亚洲最大的大宗物资运输中转物流基地。

五、培养物流人才,提升管理水平

港口国际物流运作水平的高低与物流技术、流程管理和物流人才是密不可分的。而物流技术和流程管理最终又取决于高素质的物流管理人才,所以物流人才的培养是发展大宗商品国际物流业的重要决定因素。作为国际物流中心,新加坡政府也十分重视港口物流软实力的发展。概括而言,新加坡港口物流人才培养模式主要有以下两个特征。

(一)重视高等院校对于专业物流人才的培养

新加坡的许多大学都设有物流专业,国家内部已经形成了较为成熟的物流教育和培训体系,包括新加坡国立大学和南洋理工大学这两所新加坡最为顶级学府的专业设置中,也均有物流硕士与博士学位点。新加坡国立大学的物流教育大致分为基础课程和专业导向类课程两大类。基础类课程以数学等学科为主;而专业导向类课程则主要包括物流管理理论、物流系统理论、国际物流理论、国际交通论、最适化法、信息系统论等课程。从新加坡大学物流专业设置的课程体系来看,既注重基础学科对于专业物流知识学习的促进作用,又保证专业课程的多样化,拓宽学生物流知识面,满足港口对于综合性物流人才的需要。同时,新加坡的大学还十分注重与国外大学的交流合作,例如,新加坡国立大学与以工业和制造工程著称的美国佐治亚州科技学院携手合作,成立亚太物流学院,培养国际化的物流人才(杜新、韦刚强,2011)。

(二)鼓励企业制定物流人才的长期培养计划

高素质的国际物流人才培养不是一蹴而就的,仅仅依靠高等院校在学生在校期间进行的短期培养是远远不够的。因而新加坡政府鼓励物流企业为企业员工制定中长期的培养方针和系统、全面的培养计划,出台相关政策规定物流企业员工每年必须接受 12 天的物流培训,培训费支出需要占到工资的 4~6%(吴厌,2013)。对发展规模较小、难以承担高额培养费用的中小型物流企业,政府还会给予适当的培训补助。企业会为每个部门员工制定个性化的物流培训方案,并且培训模式并不是固定不变的,而是随着港口经济发展和物流技术创新进程的推进而不断发生变化。当然,即使没有政府政策的强制规定,新加坡物流企业也会十分自觉地进行物流人才的培养,每年企业都会按期对员工进行系统的物流知识培训,有的企业甚至还设立了专门的培训部门来更好地为在职人员提供培训,保持企业内部物流知识与信息的不断更新。

除了以上两个人才培养特征之外,新加坡政府还会定期以讲座的形式向企业及社会公众介绍物流技术的最新发展情况(吴厌,2013),并与专业物流机构、协会或商会合作,定期举办国际物流研讨会,充分发挥物流协会连接政府与企业的桥梁作用。这类物流协会为国际物流行业制定了一套标准,并积极组织、提供相关培训,提高物流企业的管理水平以及从业人员的专业素质,并通过定期与会员企业进行沟通,及时地向政府部门反映企业正当的发展愿望与诉求。

第二节　德国汉堡港大宗商品物流业发展经验

汉堡自由港是在汉堡港的基础上建立起来的,由一条 20 多千米的"关界围墙"将其与其他港区相隔离,是世界上规模较大的经济自由区之一。汉堡自由港上设有 25 个陆上通道关卡和 12 个海路通道关卡,集装箱年吞吐量达到 1000 万个标箱。与此同时,汉堡港也是全欧洲与远东地区之间班轮航线最多的港口,每周大约有 27 条航线的班轮来往于两地之间,其中中国已经成为汉堡港最大的海运贸易伙伴,每天都有多班集装箱班轮从汉堡港出发驶向中国的 100 多个港口。在过去的十几年时间里,汉堡港集装箱运输增长量达到 170%,2019 年,港口集装箱吞吐量达 930 万标箱。迄今为止,汉堡港口拥有 200 多家船运公司和 100 多家国际贸易企业。临港工业体系成熟,拥有闻名全球的船舶制造中心和石油化工、食品、电子机械等的生产加工基地。

一、发达的集疏运网络体系

汉堡港拥有全球最发达的集疏运网络,无论是海路运输、内河运输、铁路运输还是公路运输都处于世界领先水平。各种运输方式之间能够做到快速高效的无缝衔接,减少物流损耗,降低在港运输物流成本。发达的集疏运网络体系拓宽了汉堡港口经济腹地范围,促进陆港物流共同发展。在汉堡港,各种类型的货物运输都可以根据自身的特点来灵活选择具体的运输方式。无论是海运、陆运、空运,还是结合各种方式的多式联运,汉堡港都能提供最满意的运输服务。可以这么说,发达的交通运输网络是决定汉堡港国际物流枢纽地位最重要的因素。

铁路运输与其他运输方式相比拥有速度快、安全环保等优势,所以承担了汉堡港口大部分远距离集装箱运输任务。早在 2001 年,汉堡港就建立了一条集装箱运输的专用铁路线,旨在加大港口集装箱运输总量。自那时起,每天经由汉堡港运输货物的集装箱列车最多的时候可以达到 320 辆车次,并且所有货物运输与装卸都可以由电脑自动化操控完成。现在,汉堡港正逐渐将铁路建设目标转向集装箱港口及铁路节点装卸速度的提升。汉堡港拥有北欧地区最先进的四个货物铁路编组站和一个总的调度中心,港上所有铁路运输都经由它们来调度完成。通过先进的 DAKOSY 数据通信系统,铁路编组站的信息可以和码头的信息实现实时交换,确保每辆火车都能够精准无误的将货物从各个内陆节点运送至汉堡港口。除此之外,汉堡港上还建有一个现代化的转运火车站来实现大宗物资统一中转。汉堡港积极采取与铁路公司合作的形式开辟通往腹地货物集散中心、贸易中心以及工业园区的列车路线,加强与腹地之间的经济联系。在港区内部,火车线路覆盖港口内的每一个集装箱码头。强大的铁路运输网络既节约了物资在途运送时间,提高了运输效率,也减轻了公路运输负担,强化了港口与内陆地区的联系。

内河航运是汉堡港承接内陆大宗商品运输的另一主要方式。汉堡港口强大的内河运输网络贯穿了北海、易北河、波罗的海的各航运要道,连接沿岸的各大港口城市,使汉堡港成为整个欧洲地区远洋货物和大宗物资输送的重要枢纽。与公路和铁路运输相比较,内河运输有着巨大的成本优势,可以有效地降低大宗物资国际运输费用,提高经济效益。支线船运输是汉堡港沿海货物运输最常采用的方式,通过散货船舶将大宗物资从国内外主要港口运往支线港,再经由支线港运往干线港,层层推进,港港相连,保证大宗商品国际运输的连续性。汉堡港有定期的支线航班往返于欧洲其他国家各大港口,支线定期班轮服务提升了港口运输的规范性,方便企业安排远期货物运输,提高内河运输利用率(姚勇,2012)。

除此之外,汉堡港码头还直接与5条内陆高速公路干线相连,整个公路网络总长度达到170千米,大大减少了交通拥堵造成的运输延滞,缩短了物资转运和配送时间。

二、一流的物流基础设施

发达的基础设施是汉堡港发展大宗商品国际物流业重要的前提条件。

汉堡港因其优越的河道条件,港口的吃水深度已经达15.1米,但是为了能够进一步优化船舶进出航道,汉堡政府不断投入大量资金用于拓深以及疏浚河道以便容纳更大吨位的集装箱船舶。用于加强港口基础设施建设的"港口扩建特别计划"还包括:增加大型船舶泊位和支线船舶泊位,提升集装箱装卸能力;扩建公路和铁路基础设施;开发新的作业场地等。

汉堡港务办从长远目标出发对港口未来发展进行规划,不断投入大量资金对港口物流基础设施进行现代化改建,以适应现代物流对于发展硬件提出的要求,大大促进了港口发展。

三、完备的高端仓储服务

港口仓储是大宗商品国际物流链中一个重要的环节,高质量、高效率的仓储服务不仅能加快大宗货物在港流转速度,还能做到大宗商品防碰撞、防损坏、防偷盗,保证货物在港安全,尤其是有色金属、粮食等具有重要战略地位的大宗商品,更是意义重大。与一般的仓储业务相比,汉堡港上的高端港口仓储管理服务不仅要进行货物盘存、移库和损益计算等常规作业,还要对各类货物进行港区再加工、再包装等增值业务,增加港口利润来源。具体来说,汉堡港口主要提供以下高端仓储物流服务。

(一)提供各类仓储货柜存放货物

这包括存储高价值商品的专用仓库、存放极易腐烂货物的冷库、存放危险化学物品的特殊仓库及现代化调温仓库和散货仓库等。尤其汉堡港上划有特殊区块来专门提供大宗物资在港仓储,具体包括各类仓房、油罐(池)、货场、晒场(堆场)、罩棚等。汉堡港上最大的运输私营企业仓储股份公司(HHLA)提供室内仓库 25 万平方米,盖顶仓库 9 万平方米,车场和堆场 8.5 万平方米,以及办公楼 8 千平方米。只要与该公司签订仓储合同,就可以享受从货物入港到最终配送过程中全方位的高端仓储服务。

(二)改建仓储设施扩充仓储体积

考虑到大宗商品国际物流业务的发展需要大片的堆场与之适应,但码头仓储资源毕竟有限。为解决这一问题,汉堡港口积极改造仓储设施以最大化利用有限的仓储空间。同时还在日常作业区后方建设大型的物流园区,整合散货仓库与集装箱堆场,提高仓储用地效率。

(三)现代仓储管理系统

面对仓储业务数据量大、信息繁杂、操作步骤多等限制因素,汉堡港上的仓储企业均利用计算机终端来控制仓储服务运作,开发了一个能快速处理大量货物存储信息的现代仓储管理系统。该系统可以分为入库管理、库存管理、出库管理、经营管理和系统管理五个子系统,通过子系统之间的协调,可以对各个库房具体存储环境、存储状况等做到实时监控,加强对仓储信息的管理,大幅提高仓库利用率和仓储质量,降低储存成本。同时,先进的条形码技术以及无线电通信技术的应用又进一步提升了货物的识别与取运效率,提高了仓储智能化水平。

(四)专业的工作人员

汉堡港上的每个仓库区内都配备了具有丰富物流专业知识的工作人员来操作先进的仓储设备,根据大宗货物的运输特点设计最合理的仓储模式与仓库区域内的货物装卸流程,并凭借多年的物流操作经验对仓储作业做出及时的调整与调度。

(五)交通便利的仓库选址

汉堡港仓库选址地点交通极为便利,库区内就设有供船舶停靠的码头和直接出仓的铁路站线,距离汉堡机场也不过半个小时的路程,离高速公路出口更是不足 500 米,从汉堡港区仓库发出的货物都能够保证以最快的速度运送至国际国内市场。

(六)极富吸引力的税收政策

在汉堡自由港区仓库内存储的货物可以进行任意加工且无需缴纳任何增值税。由于大宗商品并非直接进入零售环节,许多物资都需要进行再加工生产,所以保税仓储区域的划定,可以大大降低企业生产费用,进而吸引更多的企业选择产品的在港加工。

四、专业的集装箱运输系统

汉堡港务仓储公司(HHLA)为了降低物流系统运行过程中产生的各类成本,投入资金研发了集装箱跨运车优化运行系统,该系统最大的特点是在将集装箱的空载运行率降到最低的同时,对各类集装箱作业任务进行最大程度的优化。集装箱跨运车优化运行系统工作的主要原理是通过将不同工作区的作业进行集成处理,再通过计算机系统根据不同作业区的作业量来动态地调整各区集装箱跨运车的使用数量。

这一运行系统涵盖了集装箱货物运输的各种方式,具体可以划分为以下几个子系统(赵骧,2001)。

(一)集装箱跨运车作业优化系统

集装箱的移动大部分都是借由跨运车来完成的。该系统的采用可以保证汉堡港区内每天几千辆跨运车作业流程的顺畅进行。通过将各个跨运车运送集装箱进出堆场的行驶路线连接起来,选择最优的集装箱调度方案保证集装箱跨运车空载运行距离最小,从而使得港区内跨运车作业能够达到最高效率。

(二)集装箱卡车在作业区内行驶的优化系统

与集装箱跨运车相比,集装箱卡车在运送货物时,不需要中途更换车辆,也无需将货物从箱内取出再运送至仓库。卡车作业的优化系统范围不仅包括了港内的所有集装箱堆场,还包括了船舶、铁路车厢等作业接口区域。通过计算进出港的集装箱数量生成集装箱卡车的最优运输路径。

(三)铁路车场优化运行系统

铁路车场优化问题类似于集装箱卡车运输路线的优化,但是由于铁路运输具有更多的不确定性,所以需要有一个专门的优化系统提供特定的解决方案。在火车到达堆场前,所有关于车厢内集装箱货物的数据都已经提前发送到系统中,系统自动选择最佳作业区及集装箱的最优堆放位置。该系统通过计算进出口的集装箱对来确定最短的运送方案,再将各集装箱对的运输路径结合在一起构成运输序列。

由上述三个子系统集成的大系统根据各个时段各个堆场工作量的需求,自动调整各个作业区集装箱跨运车的数量以达到一个最优的动态平衡。这极大地提高了汉堡港区内部货物的运送效率,降低了港口物流成本,提高了经济效益。

五、先进的物流运作体制

在港口运作体制上,汉堡港上所有的作业基本上都依靠私人公司来进行商业运作,前文提到的汉堡港口仓储有限公司(HHLA)就是汉堡港上最大的港务企业。这些经营者通过向汉堡政府支付租金获得土地使用权,负责港上所有物流设施的投资。而政府则负责基础设施的建设与维修费用。这种政企分开的运作模式保证了汉堡港的竞争优势,而私营企业之间的相互竞争更是促进了港口物流业的进一步发展。在政府管理方面,汉堡港实行"港区合一",由专门的政府机构负责港上的一切事务以及政策的制定。传统的优惠政策包括在自由港内开辟海关管辖范围之外的特殊区域,允许国外船舶自由进出、自由装卸、自由转存,无需向海关结关。汉堡自由港最早是以发展转口贸易为主,后在政府各项有利的政策推动下,逐渐拓展到综合贸易功能,在港区内开展货物加工、船舶建造等业务。

汉堡港可以说做到了真正意义上的"自由港",港上除贸易自由之外,还有金融自由,如资金结算与进出自由、外汇兑换自由;投资自由,如经营政策的制定,投资资金的走向等(宋冰,2013)。高度的自由充分保证了大宗商品国际中转的自由度,尤其是金融自由,大大方便了与物流相关联的资金流动。与其他港口一样,汉堡港注重港口管理效率的提高和有限港口资源的合理利用,进而带动整个港口附属产业生产力的提高;汉堡港上柔性的港口物流服务满足了客户的个性化需求,为大宗商品大批量买卖以及物流链整合提供最优质的服务。

第三节　中国香港大宗商品物流业发展经验

香港地处珠江三角洲南部、珠江口东侧,是当今世界上重要的贸易中心、金融中心和国际物流中心。在海运方面,香港的维多利亚港连接着世界上500多个主要港口,有80多家国际集装箱航运公司入驻香港并提供400多条运输线路。香港港口还拥有世界级水平的货物装卸效率,停靠香港的货柜船平均每小时装及卸325个集装箱。香港全岛都是自由贸易区,船舶与货物进出港口十分便利,每艘船舶平均通关时间只需一分钟。除此之外,香港作为亚洲最大的贸易与金融中心,保险、中介、法律、金融等产业发展都相当完善,这对香港发展国际物流中心的建立起到了极大的促进作用。

一、优越的港口政策环境

香港港口物流业的迅速发展首先得益于其优越的政策环境与体制因素。香港特区政府一直以来都将发展物流产业和改善供应链管理质量放在港区建设的首要位置,并努力为港口集装箱和大宗散货运输提供一切有利条件,以更优惠的政策措施促进国际物流产业的向前发展。

首先,香港自由港的体制是其发展国际物流中心的基础。香港自由港政策主要包括(肖霞,1997):①贸易自由。特区政府一直支持贸易自由化,除烟酒等商品外,其余所有商品都可在香港自由进出,不需缴纳任何税收,且通关手续简单。这为中转贸易的发展提供了极大的便利。②投资自由。资本进出香港一般不会受到特区政府的干预,国内外资本都可以自由地在金融、航运、船舶、保险等行业进行投资,享受税收和管理上的平等,从而促进了产业内与产业间竞争,迫使企业不断提升业务水平,提高服务质量。③经营自由。香港港上的企业拥有很强的经营自主权。大部分港口企业都是私人经营,自主选择经营方向,自行筹措发展资金,自己制定发展规划。除去港口基础物流设施、机场、码头、高速公路、铁路等建设政府会出面管制之外,其余所有产业都处于完全自由竞争的环境之中。这种自由竞争式的港口发展模式使得香港可以在国际激烈的港口竞争中脱颖而出,一举成为世界大型国际物流中心。④融资与汇兑自由。特区政府自 20 世纪 70 年代以来就相继出台一系列金融自由化政策,依照国际化标准建立港口金融体系。外汇市场完全开放,各种货币都可以在香港进行自由兑换。港口融资渠道多样且便利,为国际物流业的发展提供了极大的金融支持。⑤人员流动自由。香港人口与劳动力流动也较为自由。劳动力可以自己选择在港就业,雇主企业也可以按照企业发展规划自由选择员工,自行决定工资水平。香港宽松的劳动力流动环境,吸引了一大批优秀物流人才来港就业,使香港物流产业的发展充满活力。

其次,特区政府对国际物流产业发展的重视是国际物流中心得以建立的重要保障。改善交通设施及环境、扩建集装箱作业区、强化与物流业相关配套产业的服务功能、提供金融、保险、中介及航运融资等一系列物流援助、建立发达的物流基础设施、健全法律制度以规范港口物流竞争等政策都是特区政府支持物流产业发展的重要体现(吴毅洲,2011)。同时,为打造国际一流的货物中转枢纽和大宗商品国际集散中心,特区政府成立了专门的物流发展监督委员会和物流发展局,用于专门发展港口集装箱业务和大宗散货运输业务。

最后,为推进港口物流业的可持续发展,特区政府还积极为港口物流发展制定长远规划,给予港区内部中小型企业长期的资金与政策支持,以增强行业活力。在《香港港口规划总纲 2020》中,特区政府就提出,要在不影响市场竞争的前提下,协助各货柜码头运营商解决因泊位分散导致的效率低下问题,制定切实可行的有效措施,重新调整码头分布,提升物流效率,推行港口整合。

二、发达的港口产业体系

传统物流业只专注于发展仓储、包装、运输、配送等基础物流服务,物流形式简单,物流功能单一。而现代物流业不仅从事仓储、运输等活动,还在此基础上开展交易、保险、金融、中介、信息咨询等多种高端物流服务,建立起专业的货物加工中心、仓储中心、信息中心、运输中心、配送中心和交易中心,形成完整物流供应链,为客户提供从原材料采购到产品销售过程中的一体化物流服务。香港作为一个国际性的物流中心,多年的政策积累与产业推动,已经成功发展起完善的港口现代产业体系,尤其是高端物流服务产业的发展,更是进一步带动了港口的跨越式发展。

香港港口现代物流产业发展主要有以下几个特点:①多功能化。为拓宽服务范围,完善港口功能,香港港鼓励港上的中小物流企业从传统的某一物流环节参与者的角色向提供综合服务的第三方物流服务运营商角色转变,不断进行创新,为客户提供更多个性化的服务。②系统化。提供集采购、包装、仓储、运输、配送等于一体的综合服务和增加产品附加值的高端物流服务。③信息化。用以互联网为核心的信息技术、高科技为支撑的物流平台将内地和国际上的大宗商品原料供应商、生产商、销售商连接为一体。④标准化。为提高港口运作效率,香港港要求在物流过程中的所有环节都要实现标准化,以便更好地融入全球的物流大系统中。

香港着力发展高端物流服务产业,加快促进港口物流产业体系由单一业种向多元化方向发展。目前,香港已经建立起发展成熟的航运交易市场、运输市场、租船市场、金融保险市场和航运信息市场。物流金融、航运保险、船舶交易与租赁、信息咨询等高端物流服务发展完善,港口物流增值明显。特区政府善于将信息技术的发展与现代物流产业体系的建立紧密结合起来,率先构建起亚洲最大的网上货运交易市场和综合物流服务交易市场,借由互联网技术发展起各种形式的物流中介服务与物流外包服务。尤其注重第三方物流模式在港口建设过程中的应用,借助第三方物流企业提供仓储、运输、流动加工、配送、信息咨询及供应链优化等多元化的港口物流服务。

三、广阔的港口经济腹地

任何一个港口的发展都需要有强大经济腹地的支撑。香港因背靠经济飞速发展的中国内地,又紧邻珠江三角洲经济圈,国内广阔的消费需求市场和巨大的国际贸易流量为香港国际物流业的发展提供了坚实的后盾。香港位于珠三角货物运输的重要出入口,优越的地理位置、内陆地区广阔的市场以及一系列促进粤港合作政策,使香港得以充分借助珠三角洲发达的制造业和现代服务业发展自身经济,不断拓宽内陆腹地,成功发展成为内地与世界之间的重要物流枢纽,同时内地蓬勃发展的大宗商品交易市场也为香港打造国际化的大宗商品交易中心提供了必要的前提条件。

为充分利用中国内地经济发展带来的好处,以珠江三角洲为桥梁打开内地市场,特区政府早在 1999 年就专为珠江内河货运设立屯门码头,集中处理香港与珠江三角洲一代港口间的集装箱船只和散货船舶的运输。每年经香港转运的货物中有 70% 就来自于中国内地。香港在中国内陆的腹地范围并不仅仅包括珠江三角洲地区,事实上,整个华南地区都是其极为重要的腹地范围。为方便内陆货物转运,同时加强香港在泛珠三角经济腹地的引导地位,稳定内陆集装箱和大宗散货市场,香港港务局在两地间开通了特殊的通关服务,设定专门区域方便内地货物在港上开展存储与加工活动。同时,依靠内地在土地以及劳动力资源上的优势,将部分采购、仓储、配送中心转移至珠江三角洲,既节省了港区内有限的土地资源,又进一步加强了与内陆地区的经济联系。

香港虽然是国际上规模最大、发展最为完善的国际物流中心,但是面临珠江三角洲地区各个港口的迅速崛起、货运量的大幅上升和相关物流产业的飞速发展,其港上原油的物流产业链还是受到了一定程度的冲击。为处理好与内陆地区的竞争关系,以便继续巩固经济腹地,特区政府鼓励众多物流企业投资于内地的物流产业,积极与内地政府交流,挖掘合作机会,发展高端物流服务市场,通过与内地的合作,进一步扩大金融业、保险业、船舶租赁业等行业的发展规模,并利用内陆的科技和人才资源加快港口物流业的转型升级。

四、多样的港口运输业务

香港港区内主要有三种类型的货物运输业务,分别是集装箱业务、货物的中转业务和内河泵船运输业务。

香港的集装箱码头布局不同于汉堡港,由于香港土地面积少,导致码头的空间布局较汉堡港更为密集。全港的集装箱码头采用纵向发展方式,利用吊机将集装箱多层堆放,通过精确计算将集装箱搬移次数降至最低。港上同时设有散件货物集散站,主要划分成出口和入口两大区域。货主在截止日期前将大宗散货送至出口区域,由船公司指示码头进行货物统一装船,可以大大减少搬运费用,提高效率。而进口货物可在入口区域卸下之后,免费存放在港区内的仓库或保税区内等待货主处理。

在香港港区内进行中转的货物主要有三大类。第一类是散装货物。港上设有专门的大宗散货码头来完成粮食、煤炭等货物的中转运输,方便快捷高效。第二类是集装箱货物。因为集装箱中转作业成本较低,只要货物特点能够满足集装箱运输条件,大多数企业都会采取该种形式来完成货物中转。第三类是件装货物。主要是指工业制成品等能以件数计量的货物在港区内部的中转运输(赵毅等,2006)。

内河货运业务主要是指香港与珠江三角洲地区及内陆华南地区之间的货运业务。内河运输业务为香港拓宽了运输服务范围,加强与内陆之间的市场与经济联系,借助中国内陆的交通运输网络,将物流触角延伸至各个角落。虽然内河货运速度较慢,但是因成本较低,并且符合集装箱运输条件,所以还是存在着广泛的业务需求(赵毅等,2006)。内河运输业务的开展,也间接增加了港口中转业务发生量,形成了良好的港口业务互助互促模式。

第四节　荷兰鹿特丹港大宗商品物流业发展经验

鹿特丹港地处莱茵河与马斯河交汇处,是当今欧洲最大的港口,同时也是全球最大的物流中心和大宗商品中转枢纽之一。鹿特丹港口的货物吞吐量在 2010 年就已达到 4.3 亿吨,其中液态大宗散货 2.1 亿吨,固态大宗散货 8459 吨,集装箱货物 1110 万标准箱,每年进港远洋轮船 3.4 万艘,内河船只 13.3 万艘。

一、注重物流园区建设

港口物流园区的建设是港口物流发展到一定阶段的必然选择。正如新加坡港一样,鹿特丹港也十分看重物流园区专业化运作带来的港口竞争优势,积极建设港口国际物流园区以充分发挥规模效应、整合效应、增值效应和辐射效应。

依托鹿特丹港发达的物流基础设施和多式联运网络,鹿特丹市政府在港上已经筹划建立起了三个大型物流园区,分别是 Eemhavern 物流园区,占地 50 万平方米,主要负责钢铁、木材等大宗商品的储运和配送;Botlek 物流园区,占地 87 万平方米,主要负责石油、化工产品等大宗商品的储运和配送;Msasvlakte 物流园区,占地 125 万平方米,主要负责集装箱货物的储运和配送。当前正在建设的更大规模的 Msasvlakte2 物流园区更是囊括了铁路和驳船服务中心、三角洲集装箱堆场、专用码头等多个功能部门。在 *Haven plan* 2010 中,鹿特丹市政府正式提出港内物流园区的建设目标,即"使中转货物在港区内开展增值服务,而不仅仅是快速转运离港"。依照上述目标,园区管理机构积极鼓励过港货物在货物配给中心和保税区内开展储运和各类加工活动,包括货物的拆装箱、再包装、组装、贴标签、修理等服务,以整合港口物流资源提高产品附加值,发展高端物流增值服务。这同时也为鹿特丹市提供了更多的就业岗位,间接地促进了城市中心的经济发展。

为更好地进行港区及物流园区管理,鹿特丹港成立了独立的港口管理机构——鹿特丹市港务管理局,协助进行港区、物流园区和临港工业区的开发建设。事实上,鹿特丹港务管理局在港口管理方面一直处于世界领先水平,具有高水平的港口管理能力和十分丰富港口管理经验。主要负责物流园区的日常经营事务,制定园区港口发展规划,带领和协助园区企业开展港口物流经营业务,保证园区的正常运转,并通过政策扶持,整合港口产业链与物流链,推动物流产业与临港工业的集群式发展。当前,为适应现代化港口的发展趋势,鹿特丹港务管理局在管理模式上不断创新,积极转型,成功从先前简单的港务管理功能向物流产业及供应链网络管理功能转变,更多地担当起企业合作伙伴的角色,通过信息化建设、人才培训等新型战略的实施,进一步巩固园区的港口地位,加速港区联动发展。

鹿特丹港国际物流园区内部设有国际大型银行、保险、信托公司、法律咨询等机构办事处,能够提供一整套完善的物流配套服务。园区企业之间采取既合作又竞争的经营发展模式,以客户需求为基本出发点,提供专业化、个性化、优质化的港口服务,有弹性地满足客户的物流需求。

鹿特丹港口物流园区建在港上的中心地带,由于紧邻码头使得运输极为便利,加上园区内建有大量现代化基础设施、信息及通信设施和港口设备,提供高质量和个性化的后勤服务,吸引众多的公司在园区内成立欧洲配给中心,世界各地的货物都经由该中心,通过包装、装配、加工等环节运送至欧洲各个国家。

二、联合临港工业发展

鹿特丹港大宗商品国际物流产业的发展极度依赖于临港工业体系的构建。一方面,港口工业产品(主要是大宗商品及其加工产品)生产和贸易量的扩大增加了港口国际货物运输流量,加速国际物流业发展,另一方面,国际物流服务体系形成有助于进一步吸引大型工业企业入驻,反向促进临港产业的发展。同时,为配合大宗商品临港产业建设,鹿特丹港还建造了大量新航道以满足货运增长量,配备新型运输设备,如散装货船,以适应煤、石油、粮食等大宗散货特殊的运输要求。

为方便大宗商品和部分工业品的运输,提高转口效率,鹿特丹港以新航道为主线,在主航道两侧按功能划分了多个专用码头,如集装箱码头、干散货、石油、化工原料等专用和综合码头等。并且不断加大港口泊位、港池以及货场投资,使港区具备更高的专业化水平,以至于它被同时冠以石油港、化工港、铁矿港、散货港和集装箱港等多个称号。

可以说,鹿特丹港已经不再是简单意义上的大宗商品转运港,而是一个以大宗商品相关产业为核心的工业联合体。工业区的发展吸引大量大宗商品运营商选择鹿特丹港作为货物中转与加工过程中的重要环节区,而大宗商品的大进大出又进一步推动工业区的蓬勃发展。临港工业区现已成为鹿特丹港口经济的重要组成部分,是推动港口及其周边区域经济发展的重要力量。

三、加快内河航运开发

鹿特丹市政府历来重视国内内河航运业务的开展。其中莱茵河是所有河道中航运量最大,接纳航运业务最多的内陆河流。莱茵河优越的河道条件和巨大的货物运输量催生出包括杜伊斯堡港在内的众多河港,以此形成了以莱茵河为中心的内陆物流运输体系。而鹿特丹港又恰巧地处莱茵河入口,这一独特地理优势使得鹿特丹港可以充分利用莱茵河地区经济发展优势推动港口物流产业建设。鹿特丹港与莱茵河几十年的联动发展提供了许多可以借鉴的经验,具体来讲,包含以下几点。

(一)完善内河基础设施

鹿特丹政府充分利用莱茵河的航道优势,建立长 33 千米,深 15 千米的深水航道以提升航道等级,从而容纳更多吃水较深、体积庞大的集装箱船舶进出鹿特丹港,扩大大宗商品运输量,提高港口运送效率。同时,为保证最大程度发挥莱茵河的航运功能及利用港航资源,鹿特丹政府制定长期的航道建设目标与整治计划,采用立法的形式进一步规范港口设施的建设。

(二)以内河航运促进大宗商品集散中心建设

鹿特丹港已经成为西欧地区最大的石油中转港和化工原料存储、加工和配送中心。以莱茵河为核心的内河航运网络建设,拓宽鹿特丹港在欧洲内陆的经济腹地,扩大鹿特丹港的港口优势,加快了鹿特丹港大宗商品中转枢纽和国际航运中心的建设。

(三)加快内河航运网络的信息化建设

当前用于鹿特丹港内河航运信息传输与共享的三大系统分别是 IVC90 信息跟踪系统、VOIR 信息编辑系统和 IRAS 航运信息综合特种分析系统(卢长利、周溪召,2006)。IVC90 信息跟踪系统主要用于监测船舶在途运输,尤其是对石油、有色金属等重要战略物资以及危险品等运送船舶的监控。它通过 GPS 定位等先进技术将货物品种、船舶运输等信息实时发回港口主系统，以便港口企业及时办理相关业务。VOIR信息编辑系统主要起到服务方面的作用。通过为船公司提供全面、安全的航运信息系，减少船舶运输事故，快速解决各类突发状况。IRAS航运信息综合特种分析系统对大量运输信息、数据等进行集中处理，通过专门的分析方法对数据进行统计分析，为港口管理部门及时做出航道改建、整治等建设提供依据，也为船公司合理设计航运路线、安排货物运量提供有力参考。

第五节　世界发达港口大宗商品国际物流发展启示

为满足舟山港口现代物流产业快速发展要求，尤其是大宗商品港口国际物流业务的开展，港口竞争力的高低已经不再简单取决于船舶进出及货物装卸的速度，而是越来越倚重于现代科学技术发展下的港口信息建设水平、物流增值服务质量与港口资源整合能力等新型条件要素。结合前文对发达国家港口的经验总结，得到舟山港口未来国际物流产业发展启示如下：

一是建立港口供应链网络，将其作为港口建设的重要战略前提，形成以供应链为基础的多式联运体系、物流信息系统和以物流企业或相关工业企业为核心的供应链上下游联动体系，促进港口联动式运作。

二是建立港口物流联盟，将其作为港口企业发展的重要战略模式。企业之间的联盟既能满足港口全球化的物流发展需要，又有利于企业规模经济效应的发挥。专注于单一物流环节，往往无法实现低成本高质量的物流服务提供，企业结盟的方式在节约企业运作资金，增强市场应对能力的同时，可以满足客户对于一站式物流服务的需求，扩大服务范围。

三是建立港口物流园区，将其作为支撑港口物流运作的重要战略依托。物流园区的港口运营有利于物流企业的港口集聚和物流资源的整合配置。通过园区发展带动舟山港口大宗商品国际物流业务开展与地区经济发展水平的快速提升。

　　四是发展第三方物流服务,将其作为整合港口物流资源的重要战略措施。物流外包业务是现代物流产业发展的重要趋势,第三方物流市场的发展潜力更是巨大。推动传统物流部门如仓储、运输、配送等部门向第三方物流企业转变,或形成企业联合来推进港口物流外包业务的发展。

　　五是建设多元化、特色化港口产业体系,将其作为推动港口物流建设的重要战略力量。所有成熟的港口发展模式最后都依赖于完整港口产业体系的建设,各种产业类型港口共存也是现代物流发展的必然趋势。要通过各产业之间的联动式发展及港口物流的上下游衍射来促进港口产业经营类型与业务形态多元化发展。同时,随着客户对于物流服务要求的提高,更要专注于提供具有港口特色的柔性化物流服务,加强与客户之间沟通,提升客户物流体系运作效率。

　　六是利用现代信息技术,将其作为提升整体港口物流运作水平的重要战略保障。无论是基础设施的完善还是集疏运系统与现代产业体系的构建,都需要充分融合先进的信息技术,建设覆盖全港的信息网络,打造产品信息平台,从而保证现代物流的高效运作。

第八章
舟山自由港大宗商品国际物流业的发展战略选择

舟山自由港大宗商品国际物流业发展,即指通过港口各项物流条件的改善,不断拓展大宗商品在港交易规模和国际物流服务范围,扩大港口货物流量,提升物流服务质量,最终提高港口国际竞争实力与经济发展水平。结合现代物流与新型供应链管理理念,舟山将构建以大宗商品物流园区为依托,以港口政策支持体系、港口物流资源配置体系、港口物流信息体系、港口集疏运网络体系、港口物流服务体系、港口物流人才体系建设为主要战略手段的舟山大宗商品国际物流发展模式,打造面向国际、国内两大大宗商品市场,同时兼具港口基础物流功能、高端物流服务功能与商贸功能的现代化大宗商品国际物流集散、加工和交易中心。

当前,国务院及浙江省政府对舟山港口海洋经济发展的大力支持,使舟山自由港处于发展大宗商品国际物流业务的绝佳时期。国务院于2011年出台的《浙江海洋经济发展示范区规划》中就明确指出,要积极构筑舟山港大宗商品交易平台,努力将舟山打造成为国际上重要的大宗商品国际物流基地。除了国家及地方政府提供优越的政策环境及土地、财税与融资等方面的政策支持以外,从国内以及周边地区大宗商品市场的发展情况来看,东北亚地区及国内不断攀升的大宗商品市场需求也为舟山自由港大宗商品国际物流岛的建设提供了发展契机。尤其是地处于舟山港口经济腹地范围以内的长三角地区,对石油、原煤及工业用煤、铁矿砂和钢铁等工业品需求常年居高不下,工业产能的持续增长不断带动大宗商品港口货物中转量的增加。并且,随着大陆与舟山港区之间集疏运网络建设进程的推进,舟山港口经济腹地在内陆地区的纵深拓展也将会带来更大规模的市场需求。不仅是煤炭、石油及铁矿砂等工业用途大宗商品的需求会不断攀升,粮油等农产品在腹地范围内的稳定供给也为国际物流岛的持续发展提供了坚实基础。

面对前所未有的历史发展机遇,舟山港要牢牢把握这一重要发展战略期,制定合理的港口发展战略规划与战略措施,在完善传统港口物流功能的同时,着重发展港口综合物流服务、散货加工等功能,提高港口在国内及东北亚,甚至国际地区的辐射范围,努力发展成为国际上具有重要影响力的大宗商品物流中心。

第一节　舟山自由港大宗商品国际物流业发展战略意义

舟山港作为我国沿海地区同时具备区位、资源、产业、市场等优势的重要港口,除了可以提供货物仓储、运输、装卸、配送等基础物流功能之外,还兼具发展港口信息产业、金融服务业、临港工业等高附加值产业的巨大潜力,是今后促进长三角地区经济发展的重要动力源泉。具体来说,发展舟山港大宗商品国际物流业,建设舟山国际物流岛具有以下重要的战略意义(罗宁,2012)。

一是发展舟山港大宗商品国际物流业是解决国家战略型物资短缺的迫切需要。我国在今后相当长的一段发展时间内,都要高度依赖从国外进口大量石油、铁矿石、有色金属等战略储备物资。舟山港口大型战略储运物资基地建设是扩大进口贸易量,解决国内大宗物资短缺,尤其是长三角周边地区物资短缺问题的重要战略举措。要加快铁矿石中转贸易、煤炭中转加工配送、油品中转贸易储存、粮食中转加工配送、化工品储运加工、集装箱中转运输六大基地建设,扩大舟山港口物资储备规模,维持我国战略物资供给的长期稳定。

二是发展舟山港大宗商品国际物流业是保障我国经济战略安全的有效途径。石油、铁矿石、煤炭、粮食以及化工原料等都是重要的战略物资,对一国经济发展起到重要的影响。舟山港大宗商品储运基地的建设,可以为提高战略型物资储备量,维护国家能源安全作出贡献。

三是发展舟山港大宗商品国际物流业是进一步发展长三角地区经济和顺应上海自由贸易区建立的必然选择。而石油、铁矿石、有色金属、化工产品以及粮食等大宗商品加工制造业的发展又是促进这些城市经济增长的重要助推力量。舟山港大宗商品国际物流基地的建设带来的物流量增长,不仅可以增加长三角地区利润创收,还可以借由集疏运系统建设,通过"水水中转"以及"水路中转"的形式,增强长三角与内陆腹地之间经济互动,扩大港口经济辐射范围,促进港口与城市经济的集结发展。同时,上海自贸区的建立也要求出现一批实力雄厚的港口群来帮助吸收不断增长的港口货物流量。舟山港作为上海港的出入门户,是最有条件的承接者之一,如果舟山港能够抓住此次机遇,形成与上海港协同合作的发展格局,必定能对港口以及周围腹地经济发展起到极大的推动作用。

四是发展舟山港大宗商品国际物流业是提升我国大宗商品国际话语权的有力助推。我国作为世界上大宗商品进口与采购大国,在大宗商品定价权上一直处于被动地位。例如,在铁矿石的采购上常年受制于国际大型的铁矿石跨国公司,定价权的缺失大大压低了国内钢铁企业的利润空间,阻碍这些企业的长期发展。而舟山虽然拥有连接国内外市场的优越区位条件和岸线优势,却一直充当着长三角地区大宗商品公共仓库的角色。积极推进大宗商品国际物流中心建立,充分发挥舟山港口一体化物流优势,不断发展壮大大宗商品交易市场,并以大型物流园区群为载体,构筑石油、铁矿石、煤炭、粮油等大宗商品期(现)货交易平台,形成大宗商品"舟山价格",是提升我国在国际大宗商品市场上话语权的重要措施。

第二节　舟山自由港大宗商品国际物流业发展战略思路

一、指导思想

以习近平新时代中国特色主义思想为重要指导思想,充分利用舟山港口地理区位、深水岸线、优惠政策和腹地货源等优势,以大宗商品物流园区群构建为主线,加快各大港区物流产业体系建设,统筹并引导港口物流、资金流以及信息流走向,通过提供综合性强、便捷程度高的港口物流服务,降低大宗物资在港中转运输成本与交易成本,实现舟山港口大宗商品吞吐量持续稳定地增长。在促进港口供应链形成与顺畅运作的同时,保证供应链各方共赢式发展。努力将舟山港打造成竞争优势明显、综合实力突出、管理机制创新、资源配置合理、服务于国内及东北亚地区的国际化大宗商品物流基地。

二、指导原则

(一)整体性原则

现代物流理论以系统为物流战略制定出发点,通过物流系统的整体优化来实现港口企业成本最小化与效率最大化。目前,港口作为多种运输方式和多方物流信息的主要汇集点,传统分散物流模式已经无法满足未来发展需要。所以,为应对这种转变,就要求舟山港口在制定战略措施的过程中,不再仅限于单一基本点,而应更多地着眼于物流系统的整体优化。通过对港口涉及的整个物流系统进行科学地分析与规划,全面完善港口物流功能,提升港口服务质量,增强港口物流业发展核心竞争力。

（二）多元化原则

未来港口的发展趋势要求港口不再仅限于传统单一的货物运输业务，而是以物流链为核心的多元化业务发展模式将主导港口走向。舟山港口应以战略规划为基础，积极拓展港口业务，充分挖掘供应链网络上信息流、技术流、资金流等的潜在价值，提供多元化的增值服务和延伸服务，寻找供应链增值突破口，满足客户个性化物流需求，促进港口柔性化发展。

（三）协同原则

未来舟山港口大宗商品国际物流的主要运作模式，必定是将供应链网络构建作为重要发展目标。港口供应链管理要求物流链各方能够以排头企业为核心，积极合作，服从统一调度安排，协调物流作业流程。要充分依靠港口已有的硬件优势和自身的软实力优势，在物流服务提供、物流项目策划、堆存区域与港口选择及运输路线优化等方面，通过彼此合作，最大程度地满足客户需要，最终实现集体共赢的大宗商品国际物流发展模式。在促进港口经济效益提升和物流产业发展的同时，也为企业自身发展争取到更多的机会。

（四）客户服务原则

既要转变传统港口经营观念，加快从成本理念和利润理念向物流服务理念过渡，也要改变以成本最小和利润最大为主的港口经营模式，转向以客户为中心提供柔性物流服务，以顾客满意度为物流发展改进方向。不仅要为顾客提供基本的货物中转、储运服务，还应结合他们的实际物流需求，提供一系列高效的物流增值服务，提升客户忠诚度，稳定港口货物来源。

（五）可持续原则

港口经济及相关物流业务的迅速发展，使得港口资源大幅度开发，对环境的影响也会日渐凸显。所以在开展舟山大宗商品国际物流基地的建设过程中，港区及物流园区的布局规划、港口功能的开发、仓库堆场的选择以及码头的建设等，要考虑到是否能够最大程度利用港口资源且尽可能小地减少环境污染对港口生态环境造成的影响。尤其是在发展石油加工、钢铁冶炼、化工制造等大型临港工业项目时,要充分考虑环境因素,降低港口生态破坏程度,从而实现港口经济可持续发展的良性循环。

（六）开放性原则

开放性原则主要是指港口物流信息的开放程度。未来舟山港口物流发展与大宗商品交易市场的形成都需要建立在信息高速流动的基础之上。构筑面向客户、面向港口物流经营者、面向国内外大宗商品交易市场的开放性物流信息平台,实现供应链网络高效率的信息传递与共享,不仅方便物流网络各方通过舟山港口及时掌握各类大宗商品商贸及物流资讯,也有助于港口自身利用外界信息优势提高自身的服务能力与管理水平,并同时实现港口信息网络与腹地及国际信息网络资源的高效整合,以期通过信息开放来促进舟山港口大宗商品吞吐量及物流服务质量的快速提升。

三、战略定位

舟山自由港是长三角地区重要枢纽港,是周边腹地城市产业规划、城市建设、区域经济发展的重要依托,也是沿海地区及东北亚地区重要的国际物流中心,是浙江省进一步实现对外开放的重要窗口。依据国务院及浙江省政府对港口发展制定的初步规划和长三角地区海洋经济实际发展需要,结合舟山港口未来物流量和港口竞争力分析,舟山港将发展大宗商品中转配送及杂货散货国际运输作为港口的基础业务,以打造大宗商品交易中心和国家重要战略物资储备中心为主要发展目标,加快建设石油、铁矿砂、煤炭、粮油、化工品及集装箱运输六大中转基地,建立以水路、铁路、公路及管道等多种运输方式相结合的港口多式联运体系和以大宗商品储备中心、加工中心、配送中心和交易中心为重要载体的港口物流服务体系。要逐步完善大宗商品仓储运输、装卸搬运、临港加工等物流服务业务,在侧重港口物流资源整合的同时,重视港口配套物流服务项目的拓展,实现低端物流向高端物流转变,加快以供应链为基础的高质量综合物流体系建设。紧紧依靠当前优越的政策环境,加快港口产业改革,促进港口内部各码头之间的联动机制建设,提高港口综合竞争实力。要将舟山港口大宗商品国际物流产业发展成为带动舟山整体经济发展的支柱产业,并利用产业联动优势,推进大宗商品加工制造业的发展。例如,以铁矿砂港口中转加工带动舟山及周边地区钢铁产业的发展,以煤炭运输带动港口及城区煤炭工业的产量增长。

以上物流发展定位要求管理部门在划定港口功能时不能仅仅局限于港口产品种类的简单拓展,更应该聚焦于港口服务功能的延伸,从而促进舟山港口多样化发展。具体来说,舟山港口要明确以下战略定位:

(一)港口角色定位

1.打造大宗商品国际物流中心

改革开放以来,舟山港抓住发展机遇,主动与长三角地区进行互动对接,成功将其纳入到港口经济腹地范围之内。之后,借助长三角地区经济的快速发展,舟山港逐渐形成了多元化的港口经营模式,并且中石化、中石油、宝钢等大宗货主入驻舟山港口,极大地推动了港口现代物流的发展,尤其是大宗商品国际物流产业的发展壮大。2011年6月,国务院正式批复设立浙江舟山群岛新区,在为舟山港口带来新的发展机遇同时,也推动着发展战略与战略规划的及时调整。

《浙江海洋经济发展示范区规划》明确给出舟山港口发展定位,即要立足舟山港口资源及区位优势,着重打造大宗商品交易平台、海陆联运集疏运网络和现代信息技术支撑的"三位一体"港航物流服务体系,将舟山港逐步发展成为全国乃至东北亚地区重要的国际物流枢纽港。舟山港虽然具备发展集装箱业务的基本条件,但是在宁波港和上海港的两面夹击下,继续主攻集装箱业务只会加剧港口之间的恶性竞争,减少港口创收。所以,要想实现国际物流岛的建设目标,就要采取与周边港口错位发展的竞争策略,以建设大宗商品国际物流中心为主要突破口,以长三角地区经济发展作为支撑,打造辐射东北亚的国际大宗商品物流枢纽。

如果说与宁波港和上海港的竞争压力是舟山港打造国际大宗商品

物流中心的外在动因,那么舟山港口的实际资源和区位优势与长江三角洲地区发达的腹地经济则是发展大宗商品国际业务的内在动力。中国作为国际上主要的大宗商品消费国,大宗商品年消费量随着经济发展不断增长。尤其是中国区域经济发展最为迅速的长江三角洲地区,制造业发展与消费需求的增长使得大宗商品国际贸易发展潜力巨大。要依靠舟山港口大宗商品国际贸易业务的开展,大力发展以基础物流服务为主营业务,以金融、保险、中介、信息及商贸等高端服务物流服务为发展目标的国际物流业务。同时,在港口大宗商品国际物流基地建成之后,要逐步将供应链向内陆地区延伸,打造国内原油、有色金属、煤炭、农产品、铁矿石、液体化工品等大宗商品国际运输的主要配送港口,形成以舟山港口为核心的地区大宗商品供应、中转与加工基地。

2. 打造大宗商品国际交易中心

大宗商品港口物流量的大幅增加,可以加快舟山港大宗商品交易市场的形成,为进一步建设国内外主要大宗商品交易中心创造环境。参考国外先进港口建设大宗商品交易中心的经验,结合舟山港口当前国际物流业务实际发展情况,本书认为舟山港应在巩固发展并不断壮大基础物流业务的基础上,加强大宗商品交易中心的建设,不断引进具有战略意义的期(现)货商品交易品种,构建国际上重要的大宗商品交易中心和我国主要战略性能源物资储备中心。同时,不断扩大港口交易量来促进"舟山价格"形成,通过国际市场定价权的争夺,进一步保证国家重要战略物资供给安全。

3. 打造国内自由港贸易先导区

舟山群岛资源丰富,并与内陆相对隔离,因而港区开发较晚,开发成本相对于上海这样的中心城市来说较低,并且更便于政府调控和监管。考量长三角地区周围自由贸易港实际发展情况可以发现,香港自由港的成功发展减小了华南地区设立自由港的可能性,上海构建自由港成本又较高,而青岛、大连等港口,因为身处内陆,周围腹地的经济发展水平较长三角地区来说更弱,也不适合构建自由港。而舟山,无论是考虑资源、地理等自然因素,还是考虑腹地与市场发展等经济因素,都十分适宜规划自由港建设。所以在构建舟山物流群岛的同时,要充分发挥沿海地区经济优势,将舟山打造成为我国自由贸易港的先导区和试验区。

(二)港口功能定位

舟山将依托港口各大体系建设,努力发展成为东北亚地区大型大宗物资国际物流枢纽。为满足腹地企业对大宗商品需求以及全方位物流服务的需要,舟山国际物流岛还应积极发展多功能的港口物流业务,以便更好地参与到现代化港口物流的全程经营管理中。要以舟山港传统港口物流功能为基础,加快增设新型物流项目,不断丰富港口功能,促进舟山港物流产业全方位发展。

1. 集散功能

即指对到达货物进行分拣、储存,将港口发出的货物进行集中,通过直接换装方式向外发运(单小麟,2005)。主要包括大宗商品在港仓储与装卸搬运两大业务。舟山港可以依托各港区大宗商品物流园区,设立专业化的仓库和大宗商品堆存区,一方面为码头前方堆场提供缓冲区域,另一方面为园区内部物流服务企业和加工企业配备仓储用地,提供生产作业上的支持。通过提供货物基本的分拣、堆存、拼装、装卸和搬运等物流服务,对货物进行一定的集中处理之后,借助各种大宗散货和集装箱运输工具,经由港口及周边地区的集疏运网络,将货物向外发运。

2. 口岸及保税功能

通过设置海关及检验检疫机构来提供基础的口岸功能,为长三角地区及周边腹地大宗商品生产和消费企业、产品供应商、批发商、销售商和贸易商等提供高效的口岸服务,降低大宗货物国际运输成本,缩短运输时间,提高产品通关效率。保税功能是建立在基础口岸功能之上,通过开辟综合保税港区,或者在物流园区内设立专门的保税仓库或堆场,由海关对其实施管理,实现大宗商品在港中转、分拨及转口贸易等物流业务的发展。以铁矿石为例,通过在港口物流园区内划分保税分拨堆场,帮助国内外矿主及供货商开展铁矿石在港保税仓储业务,构建铁矿上保税中转基地。保税功能的实现不仅可以为舟山港口吸引更多国际上的进出口及转口业务,还可以为长三角地区的钢铁企业提供一个弹性的原材料储运基地,吸引国内大陆地区更多城市的铁矿石需求商来舟山港口进行相关货物交易。

3.流通加工功能

以临港工业区的建立与发展为契机,通过石油、铁矿砂、煤炭、粮食产品等大宗商品在港加工项目的开展,增强港口货物流量,以工业促进物流产业发展,提升产品在港附加值,进而改变传统大宗商品纯中转运输的物流发展模式。

4.配送功能

是指通过园区内部物流配送中心建设为腹地大宗商品企业提供全方位、准确化的物资配送服务。港口物流配送是一种融合物流、资金流和商流的非单一港口业务模式,通过将储存于港口仓库或保税堆场的大宗物资通过港陆集疏运体系送达客户的运输代理,或直接送至物流终点——大宗商品需求企业的手中。港口配送功能与保税功能和流通加工功能的有效结合,可以大大提高港口物流效率,为客户提供一站式的物流服务。配送业务的开展,将港口供应链不断向内陆直接和间接腹地延伸,形成集商贸与物流为一体的港口经营体系。

5.交易功能

通过完善大宗商品港口集散、加工配送、保税等功能,形成面向国内外企业的大宗商品交易市场,改变港口传统纯中转贸易的经营方式。大宗商品交易市场的形成和港口货物交易流量的不断扩大,将加快舟山港国际知名大宗商品交易场所建设进程,聚集更多供货商、贸易商等供应链上下游企业,在港口开展大宗商品相关业务,实现以商流促物流。同时,港口交易的发展将加快舟山港口内部大宗商品交易中心的形成,并通过与信息技术的结合,为企业提供及时的交易和物流信息等。

6.物流服务功能

物流服务多样化能够使港口更好地适应市场竞争,实现柔性发展。在保证仓储、装卸、搬运、加工、配送等基础物流服务得到高效供给的同时,重点发展货物流通相关的金融、保险、中介、信息咨询及商贸等物流服务功能,实现物流服务业高端化发展。当然,未来港口供应链在沿海及内陆腹地不断延伸的发展趋势,也会促进港口物流服务功能的进一步强化,帮助形成具有舟山特色的综合物流配套服务体系,使港口服务的经营理念、组织方式、战略手段等都达到世界领先水平。

四、发展目标

舟山市政府应在对舟山港口国际物流发展的优势与劣势、发展机遇与挑战形成全面认识的基础上,对各岛屿进行统一规划与统一管理,分阶段、分层次地制定港口具体发展目标。通过政策争取和硬件环境优化,实现舟山港口大宗商品国际物流的实质性发展。制定具体长远发展目标。

不断完善港口基础设施建设,如航道拓展、深水码头建设、仓储扩容等。通过硬件水平的提高,为舟山港软件发展创造环境。当然,硬件发展不是港口未来物流发展的主要目标。要想发展大宗商品国际物流业,就要改变传统商品港口物流发展理念,提升物流发展软实力。要将舟山自由港打造成为大宗商品国际物流服务供应链重要节点,建立大宗商品"水陆中转"、"水水中转"为主体的新型多式联运模式,充分利用港口岸线、码头和区位等优势,提升港口物流量,建立以港口为核心的陆岛联动物流基地。促进港口物流多样化经营,由以往单一的中转贸易向口岸贸易、转口贸易和中转贸易并行的格局转变,提升以大宗商品国际物流为核心的港口综合服务功能。其中要以发展大宗货物加工贸易为重要目标,依托港口物流园区和临港工业区,进一步提高物流附加值,增加港口货物流量。完善舟山港口以及周围腹地的集疏运网络,建设立体式海陆空交通运输网络,形成以舟山港口为核心的陆岛连通基地,扩大经济腹地范围及港口影响力。加快大宗商品信息化平台和交易平台建设,提高大宗商品国际物流一体化程度,在巩固舟山港货物中转功能的同时加快大宗商品交易中心和重要战略物资储备基地的建设。港口物流配套服务水平大幅提升,"三位一体"港航物流服务体系建设完成。不仅仓储、运输、配送、加工、包装等基础物流服务产业得到快速发展,金融、保险、中介咨询等高端配套服务也得以进一步发展。物流人才培养体系建设不断推进,港口科技创新含量不断提高,涌现出一大批高素质物流操作与管理人才。

在保证纯中转运输业务发展的同时,确立舟山港国际大宗散货中心港地位,全面优化港口物流功能,实现大宗散货及集装箱运输跨越式发展。把现代物流发展纳入国际物流岛建设规划,实现港口由单一中转运输功能向综合物流功能升级。通过对供应链企业物流资源进行有机整合,优化配置模式,充分培养舟山港国际物流业的核心竞争力,促进港口物流产业及配套服务产业不断发展。加快各码头大宗商品物流建设,全方位开展网络化港口物流业务。建成国际重要大宗商品交易平台,夺取大宗商品国际话语权。最终使舟山港成为面向国内外两大市场,能够提供全方位物流服务、信息化水平较高、物流基础设施先进、具有国际竞争力的大总商品物流基地。

国际大宗商品主要配送港口、大宗商品交易与定价中心以及我国重要战略性能源物资储备中心的战略定位为舟山港大宗商品国际物流业终极发展目标指明了方向。总的来说,就是要以舟山港口为核心,以大宗商品物流园区为依托的大宗商品储运加工贸易基地,完善集装箱干线建设,提升港口整体功能。最终将舟山港建设成为我国重要的大宗商品国际物流中心,为我国战略物资储备提供必要保障。

五、空间布局

以发展舟山自由港大宗商品国际物流业为目标,依据国家及浙江省政府"三位一体"的港口战略定位,综合考虑舟山港当前实际发展情况,结合各港区地理分布、自然优势、市场需求、港口交通、信息网络与物流园区建设等实际要素条件,本书认为舟山港口国际物流岛布局可以采取以下方案。

(一)打造舟山港"六大"物资储运中转基地

合理利用舟山港口深水岸线条件和区位政策等要素优势,以舟山本岛、衢山岛、六横岛、金塘岛、岱山岛等主要岛屿为基础,以建设专业化深水码头为核心,进一步提升舟山港口大宗商品储运中转能力。重点关注"宁波—舟山港"衢山港区鼠浪湖矿石中转码头项目建设,以完善港口铁矿石进出口运输系统;加快港口综合保税区内大型冷链仓储物流中心以及物流仓储项目的招商引资进度以落实项目建设;完善刚刚建成的光汇外钓油品码头和大浦口集装码头,积极引进专业物流设备增强港口基础设施建设。

通过港口深水码头建设以及港区合理规划布局,逐步形成以下六大港口大宗商品储运基地:①石油及加工品中转储运基地。以西蟹峙、册子岛、岙山岛和六横岛等石油储运码头为基础,发展原油及中品油中转、石油制品加工及储运基地,建设舟山石油港区群。②煤炭加工中转储运基地。以普陀区六横镇小北港上的煤炭中转码头为核心作业区,协同衢山港区的蛇移门和黄泽作业区为长三角地区煤炭加工企业提供专业化物流服务,建成沿海地区及全国重要的煤炭加工配送和中转储备基地。③铁矿石加工中转储运基地。以已经建成的嵊泗绿化山海上散货减载平台、泗礁港区马迹山作业区、六横凉潭岛矿石中转码头等为依托,加快衢山港区鼠浪湖矿石中转码头建设,为港区经济腹地钢厂提供服务,建成舟山铁矿石加工储运基地。④农产品加工中转储运基地。以定海老塘山港区内老塘山作业区、野鸭山锚地以及临港粮食加工园区为依托,发展粮油食品仓储、加工、运输、配送及贸易等物流服务,建立以长三角周边沿海地区及东北亚地区为主要服务对象的大型粮油集散中心。⑤化工产品中转储运基地。以马岙港区金鸡山作业区和钓浪作业区、六横涨起港作业区及石化工业园区为依托,同样提供服务于周边腹地化工企业的化工品储运、加工、中转、配送等服务,建设舟山港化工品战略储运中转基地。⑥集装箱物流中转基地。以大小洋山作业港区、六横港双塘作业区、金塘岛港口作业区及佛渡岛港口作业区的集装箱泊位为发展基础,建设以临港集装箱运输业务和国际集装箱中转业务为经营核心的大型集装箱中转基地(史景华等,2012)。

(二)打造舟山群岛大宗商品物流园区集群

港口物流园区的主要建设目的是方便港口组织管理、提高港口物流整体经济效益和服务水平以及降低物流成本,从而能够更好地适应市场变化,达到港口物流经营活动的高效协调。舟山港应该本着实事求是的发展原则,结合港口实际发展情况,建设适合大宗商品国际物流业务开展的物流园区与物流基地。

在港口供应链管理环境下,完善包括衢山港区综合物流交易园区、六横港区综合物流园区、金塘港区综合物流园区、老塘山国际粮油储运加工物流园区、舟山本岛西北部临港产业物流园区、舟山本岛西北部油品贸易物流园区、岱山木材建材加工物流园区、洋山港综合物流园区在内的八个大型大宗商品物流园区建设,吸引国内外大型大宗商品供应商、贸易商和优秀的港口物流企业入驻园区,充分利用园区物流基础设施,降低园区闲置率。规划大批石油、煤炭、化工产品、粮油产品等国际物流项目,开辟园区内部大宗商品特殊加工作业区。改变传统园区运作模式,提升园区管理水平,建设为临港产业及国际物流业配套服务的综合性港口物流园区。除此之外,要继续推进普陀陆港物流中心、定海物流园区及以油气运输为主的高亭物流园区等园区项目建设,开创舟山群岛大宗商品物流园区发展新格局。

(三)打造舟山港口大宗商品保税园区

自 2012 年 10 月舟山自由港获批建立综合保税区以来,国务院及浙江省政府已经出台了一系列优惠政策支持港口保税区建设。舟山港综合保税区主要由本岛分区和衢山分区组成。前者侧重于发展海洋装备制造业、海洋生物产业及电子信息产业等先进制造业,后者则侧重于发展石油、铁矿石、煤炭、粮油等大宗商品国际贸易和国际物流产业。当前本岛分区保税港区的建设已经取得不错的进展,基本实现商品保税贸易、保税物流等多种保税区基础功能。依据当前国家及地方政府对舟山自由港大宗商品国际物流岛的建设规划,今后,舟山港口综合保税区的建设重点要从本岛分区部分转移至衢山分区大宗商品保税区的建设上来,要加快发展石油、煤炭、粮食、铁矿石及化工品等大宗商品在港中转保税业务,依托衢山港区码头、保税物流区、出口加工区等的建设,充分拓展大宗商品港口中转、国际配送、保税加工等业务,以此吸引国内外企业集聚港口,扩大港口货物流量,以此实现大宗商品临港工业和国际物流业的齐头发展。

第三节　舟山港大宗商品国际物流业发展战略举措

近年来,国务院及浙江省政府十分重视舟山海洋经济发展,相继出台一系列决策部署以加快舟山自由港建设。国家发展与改革委员会在2011年3月份的《浙江海洋经济发展示范区规划》中提出了包括打造现代海洋产业体系、构建"三位一体"港口物流服务体系、完善沿海基础设施网络、建设舟山海洋综合开发试验区等重要举措,而具体措施可见本书第九章第一节。

一、港口政策支持体系建设

(一)做好港口宏观政策调控

舟山政府及港口管理委员会应该在港口物流建设过程中充当好决策者、调控者、管理者和扶持者的角色,从宏观角度出发,加强对大宗商品国际物流业的发展指导。在综合考量港口实际发展条件与物流业发展现状、充分了解港口物流资源整体供应情况的基础上,因地制宜规划港口发展,逐步拓展港口功能,丰富港口物流业务。结合舟山主城区经济发展目标,将未来舟山自由港发展纳入城区的规划建设中去,以港城互动带动舟山经济发展。制定与港口金融、信息服务、中介咨询等高端物流增值产业发展相配套的港口政策,促进港口产业多样化、集群式发展。

舟山港口大宗商品国际物流运作过程同时涉及多个行业领域和相关产业部门,是融合仓储、装卸、运输、包装、加工、配送、信息传送等多个物流环节于一体的综合功能体系,各部门之间的高效衔接是保证物流供应链畅通的必要条件。所以,舟山港口管理部门要充分发挥宏观调控作用,加强各部门之间的有效互动,改变传统物流运作流程下各港区、各部门各自为政的港口管理模式,建立起专门的统筹机构或大宗商品港务集团,加强对港口资源的配给调控。

从港口实际发展水平出发,积极落实国家及省政府出台的相关政策建议,制定配套措施,从基础设施建设、融资支持、信息咨询等多方面出发扶持港口物流企业,创造优越的制度环境以最大化国家对于发展舟山海洋经济的政策效应,进而增强舟山港口在国际港口竞争中的核心能力。

(二)做全港口物流政策扶持

当前,政府政策应该倾向于建立集团化、大型化、综合化、现代化的港口物流体系,以保证港口经济效益实现持续增长。综合物流体系构建需要以大量物流企业作为参与主体,支撑港口物流系统运作。而一个健康优越的发展软环境是大量企业集聚的重要前提。舟山市政府各部门要积极协调配合,为大宗商品物流项目的开展与实施出台各项有利的激励措施,提供全方位的优惠政策和资金补助,在完善相关物流企业港口准入机制的同时,吸引更多优质企业集聚港口。

在土地政策上,对暂时处于经营困难,无法一次性支付港区及园区租金的企业,允许分期支付。而对于能够及时缴纳港区租金的大型物流企业,则可以考虑给予一定的低价优惠。对于大宗商品物流项目的用地需求,只要符合舟山市整体的用地布局规划,就应该优先考虑安排,并在土地价格上给予适当减免。在财税与融资政策上,可以通过财政补贴等方式,对企业在资本及劳动力耗费上予以资金支持,减少物流企业服务提供成本,降低港口物流服务价格,增加港口物流需求。而物流成本的下降,会通过产业关联效应,带动大宗商品港口贸易量的不断增加,增强舟山与附近港口竞争过程中的软实力。税收优惠即是指政府对区域内特定企业开展某种经济活动后应纳的税收予以减少或免除,目的是对已落户的企业在生产投资运营等方面给予长期的财政支持(吴天佑,2012)。例如,对自主进行大宗商品物流项目开发与信息平台开发的企业实行税收减免,既鼓励了港口创新又降低了企业的营运成本。除此以外,港口还要为企业物流项目的实施提供融资便利,积极开发并拓展融资渠道以增强企业积极性。在港口管理政策上,成立专门的港区及物流园区管理委员会,解决港口日常运营事务,对港口大宗商品业务进行统一规划、统一申报及统一处理,并为入驻企业提供高质量的港口服务。在港口组织结构管理上,鼓励港区内物流龙头企业进行改造重组或进行横向联合,为他们提供奖励性的政策支持,例如适当减免港口服务费用,以帮助这些企业更好地起到港口带头作用,整合港口供应链运作环节,引导舟山港口大宗商品国际物流走向。考虑到舟山港口现有的物流发展模式,第三方物流的引入将是大宗商品国际物流业务发展的主要走向,舟山市政府可以给予这些企业费用方面的优惠和政策上的便利,来协助其整合港口资源,发挥港口物流群体的国际竞争优势。

（三）做强港口物流园区运作

加快转变港口各个大宗商品物流园区运作模式,对园区建设给予充分的政策支持,引进并培育大批优秀的物流企业,鼓励企业自发的完善仓储、运输、配送等基础物流服务,并在此基础上开展增值性物流业务,创新业务项目,拓宽服务范围,争取在港区物流园区内部建立起既适应国内大宗商品国际物流业发展要求,又能与国际物流园区水平接轨的物流服务运作体系。尤其是对于港口周边经营较为困难的小型物流企业,通过财政支持鼓励他们入驻物流园区,利用园区完善的基础设施和高质量的物流服务帮助企业培养核心物流优势,加快建立物流联盟,激发并保持园区发展活力。考虑各港区码头实际发展情况,舟山政府还需要从不同角度出发制定港口物流发展政策,明确各码头及园区发展定位,出台针对港区建设的相关政策,在统筹整个港口发展的基础上,支持各园区个性化发展。

（四）创新港口国际物流体制

要改变传统的物流体制,积极创新,突破港口发展在政策上面临的限制。特别是对于舟山综合保税港区内以石油、铁矿石、煤炭等大宗物资储运配送业务为发展重点的衢山分区,要在关税减免政策、货币自由兑换政策、企业自主投资政策等方面做出实质性的政策突破。要积极争取国家及浙江地方政府的政策倾斜,改善港口创新环境,允许舟山群岛在发展大宗商品国际物流业时,自主探索新型经济、贸易、金融、管理、税收、产业体制和口岸系统监管方式,积极创新自由港建设发展模式,淘汰运行效益低下的港口管理机制,提高港口政策效率。

在物流市场竞争体制的改革上,政府要清理干预市场竞争的各项阻碍因素,为港口物流企业的竞争创造一个公平自由的环境。但要注意辨别鼓励物流联盟建立与创建自由竞争环境之间的关系,前者的形成并不会限制物流企业之间竞争,反而可以促进企业更加专注于发展自身的核心优势,构建核心竞争力,提高物流服务质量。

二、港口资源整合配置建设

港口资源整合就是核心企业或部门通过组织协调,将系统内部相互联系但为了各自发展而彼此分离的物流活动及物流资源,或者系统外部有共同利益诉求却又相对独立的合作伙伴的经营活动及其资源,重新连结为一体,依据相关原则进行资源再分配,从而保证各项物流活动资源能够得到最合理最优化的配置,充分发挥港口物流规模化优势。目前,仓储、运输、装卸、加工配送等都是舟山港口物流服务供应链涉及的基本物流活动,但是由于分散的经营管理,导致物流活动集中度不高,不利于形成港口物流一体化运作。因此,对各个港区以及物流园区内部物流企业进行高效的资源整合与优化再配置,既利于形成港口大物流概念,又可以选择最优的资源配置港口服务体系,避免资源的重复使用与闲置浪费。

(一)港区资源整合

舟山港口由于物流发展起步较晚、港口物流企业经营规模小、岛屿数量众多等因素导致港区物流活动分散且经营效率不高,无法实现港口整体竞争水平提高,也无法适应现代化港口物流发展对于港口高效资源整合能力的需要。所以,舟山港口在大宗商品国际物流的发展过程中,首先要照顾好各个岛屿已有的港区功能划分,形成有分工、有层次的港口体系。例如,衢山岛以石油及其制成品、铁矿砂、煤炭等大宗商品的储运与加工配送为重点,而六横岛则主要发展临港能源与临港石化等临港产业,金塘岛则专注发展集装箱业务的港口中转与储运,泗礁岛、虾峙岛等也将被逐步发展成为大宗商品重要加工储运基地。同时,舟山政府要加大对各岛屿、各码头以及港口各物流企业的资源整合力度,以具体物流任务与物流项目为核心,将物流环节上松散的物流活动和各企业的核心资源集中整合,通过排头企业的有力引导,实现物流资源高效率集中调配,提升港口整体物流运作水平与服务质量。而且,要促进物流企业转型升级,例如鼓励传统的港口运输企业向运输能力较强的综合型多式联运企业发展,或鼓励实力雄厚、资金丰裕和管理手段先进的物流企业向专业型第三方物流企业发展。最终,通过港区合作与资源组合实现港口物流产业的持续发展。

(二)岛屿及码头资源整合

通过实地走访发现,舟山各岛屿资源分散,相对独立的码头经营模式导致港口物流业发展进程缓慢,不利于舟山整体优势的构建。因而在进行码头资源整合时,各码头要根据自身的发展定位,善于利用新区建设的机遇,加强码头分工基础上的资源协作,不仅共享深水泊位、散货船只、装卸设备等资源优势,以实现优势共享和资源互补,也可以通过航线及先进技术等资源共享来解决码头自身发展局限,提升舟山群岛国际竞争力水平。具体可以以舟山本岛港区为核心,通过与六横岛、岱山岛、金塘岛等大型岛屿港区联合,整合并实现港区间资源共享与优化配置,进而提高码头运作效率,实现港区"共赢"的发展模式,形成分工明确,整体协作的大宗商品港口物流发展体系。

除此以外,结合岛屿自身不同的资源特点与实际发展情况,已经初步形成大宗商品在舟山各岛屿之间的功能分区。要继续细分各岛屿分工定位,实行错位发展模式,减少大宗商品港口物流发展过程中造成的码头资源浪费,充分发挥岛屿及码头自身的比较优势。但同时,也要加强岛屿码头之间物流互动,尤其是具有相似功能划分的岛屿,要实现彼此码头资源共享和物流协作。比如:以衢山岛石油中转基地为核心,联合册子岛、小洋山岛、六横岛等布局国际石油物流网络;以泗礁岛马迹山港区为核心,联合六横港区六横凉潭岛、衢山港区鼠浪湖岛等布局国际铁矿砂中转网络;以粮食重要中转基地——舟山本岛北部老塘山港区为核心,联合附近岛屿构建国际粮油物流网络;以普陀区六横岛为核心构建国际煤炭物流网络。

(三)企业资源整合

舟山港口物流企业资源整合的关键步骤就是挖掘并培养同时具备创新物流理念和综合物流实力的核心港口企业,通过它来联合港口供应链各方物流参与主体,整合企业核心物流资源,并根据具体大宗商品物流活动特点及客户需要,以物流环节为基础,合理分配资源客体。处于盟主地位的企业在进行统筹规划时应通过实地走访调查,摸清港区内部及周边腹地能够提供仓储、运输、装卸、搬运、加工配送等物流服务活动企业的资源构成、企业规模、物流基础设施条件和港口竞争优势,全面了解物流资源港口分布情况,做到核心资源的高效整合和优化配置。通过将各物流环节上各企业资源网络整合,提高整条港口供应链的运作效率,密切物流产业内部企业之间的合作。舟山政府可以根据企业对于资源整合的具体发展需要,有计划地进行港口配套设备和物流基础设施建设,既提高了物流资源的利用效率,也节省了企业的运营成本,以吸引更多优质物流供应商入驻港口。

(四)管理资源整合

在现代物流发展趋势下,物流资源整合的概念还包含了从管理层面出发考量的资源整合。国内许多港口物流管理模式都是按照具体运输方式的不同来划分主管部门,运输方式的间断性决定了管理部门权力的分割,多头领导的管理模式导致港口物流运作无效率,阻碍港口物流业务发展。所以,舟山港在实现港口企业资源与岛屿码头资源整合的基础上,可以成立专门的港口事务管理局,整合分散的组织资源,使各管理机构既能分管部门事务又能够通过彼此之间的协调,顺畅办事流程,提升港口管理效率。港口运作事务的统一管理,还能够避免重复税收,减少相关行政收费,降低港口企业的物流运作成本。

（五）园区资源整合

在实行高效的港口及园区管理基础上，如果能够更进一步推动港口内部各物流园区的结构调整和资源整合，就可以在更大程度上提升港口的整体竞争实力。通过对现有大宗商品物流园区的走访调查，依据各园区实际发展水平与资源利用情况对园区进行粗略分类，遵循资源梯度，促进物流资源跨园区流动，提高园区物流资源港口利用率。同时，发展相对缓慢的园区要积极采取物流设施改建和技术水平改造，科学规划园区内部作业流程。要鼓励企业跨园区使用物流设施与服务，提高港口公共资源利用率。

三、港口物流信息系统建设

港口是国际物流活动的重要节点，也是大量货物储运、交易、配送和船舶预定、通关等物流信息的聚集点。一项简单的港口物流作业流程就能产生数十条的数据信息，一个港区码头一天内需要处理的信息记录就多达数万条（张锟，2008）。要实现这些数据信息的集中管理，就需要借用现代化的信息手段，通过各类型信息系统建设和信息平台搭建，实现港口信息的高效管理。传统港口物流产业的发展模式已经无法适应现代港口的发展需要，国际物流业的发展只有与信息技术实现充分的融合，才能不断提高作业效率，丰富物流业务范围，激发港口物流潜力。同时，今后港口供应链管理环境下各物流环节的有效联结，直至物流网络的建立，也都极大地依赖于港口物流信息资源的有效利用。可以说，信息系统建设将是现代港口未来物业产业发展过程中取得核心竞争优势的必要前提，是实现港口资源整合的核心要素，也是今后衡量港口实际发展水平的重要指标。当前舟山港口自身及港口企业的信息系统发展水平落后于世界发达港口，已建成的粗糙的信息网络系统也无法适应现代港口物流对于信息集中处理的需要。所以，舟山港口管理部门在加大对港口软硬件设施建设投入同时，要将港口建设的重点更多地放在信息系统的构建上，保证企业所需商贸与物流信息的实时供给和港口物流信息的集中收集与处理，使国际物流业在信息流的串联下取得快速发展。

从当前国际知名港口信息系统的建设过程中发现,完备的港口信息系统构建是一个涉及多要素、多环节的复杂系统工程。因而在舟山港口信息建设过程中,要充分借鉴国际发达港口经验,有序推进,稳步构建。主要可以从以下三个层次出发建设港口信息系统,第一个层次是设立在舟山本岛的信息控制总部,第二个层次是分布在各岛屿码头及物流园区内部的信息处理与执行分部,第三个层次则是港口物流项目实际服务对象,分散在周边腹地及世界范围内的客户信息平台。基于以上三个层次构想,结合实地调研分析,舟山港可以从以下几个方面着手建设港口物流信息中心。

(一)企业信息系统建设

企业作为港口物流活动中的最小单元,其物流信息化运作的实现是港口信息系统构建的基础。要加快舟山港口管理部门和仓储、运输、加工配送等物流环节企业信息系统建设,鼓励企业自发进行信息管理系统和操作系统改造与扩容,以企业自主信息化建设带动港口信息系统建设进程。同时,要加快引进先进的供应链管理系统(SCM)、企业资源计划系统(ERP)、电子订货系统(EOS)、电子数据交换系统(EDI)等来改善传统企业信息配置(蔡丽丽,2012),在优化电子物流作业流程,帮助企业实现物流作业24小时全程信息跟踪管理的同时,实现企业内部信息资源整合和供应链上企业之间的信息共享,协调港口物流运作,提升整体物流服务水平。

(二)港口信息平台搭建

要加快大宗商品物流信息平台建设,建立与国际接轨的标准化物流信息体系。主要完成港口公共信息平台、港口物流信息平台及物流企业信息平台的构建(董丹,2008),具体措施如下:(1)港口公共信息平台。在完善传统物流信息平台的基础上,融合先进的现代物流信息技术,建设覆盖整个港区的物流信息数据实时交换平台。可以借鉴国外发达港口的建设模式,以企业为信息平台运营主体,通过政府协调海关、商检、保险、金融等各个港口部门及代理公司、报关企业等中介机构等,借助计算机网络技术、通信技术、无线电技术和物流技术等构建信息交换平台，实现多方信息系统互联与物流资源整合，从而为港口大宗商品国际物流业务开展提供全面的、一条龙式的港口信息服务。（2）港口物流信息平台。物流信息平台主要服务对象是各类货物运输企业。这些企业通过该信息平台获取即时的交通运输、航线变更、码头建设等公共服务信息。或利用专业的费用统计系统和调配系统，合理安排物流线路，减少集装箱船舶、散货船舶以及内陆车辆运输的回程空载率，使水路运输、铁路运输、公路运输、航空运输和集装箱运输等多种运输方式实现高效衔接，提高物流运输效率。（3）物流企业信息平台。以港口各物流企业为服务对象，通过快速便捷的口岸信息查询与操作系统、大宗商品仓储管理系统及货物运输信息查询系统等，提供具体的排班情况、航线信息、货物流转信息和报关信息等，实现数据快速统计分析与更新，保证腹地大宗商品企业与物流企业也能够实时获取产品最新物流信息。港口物流信息平台属于专业信息平台，而物流企业信息平台则更偏重于实体操作类型的平台。

上述三个信息子平台的集合就构成了完全意义上的舟山港口公共物流信息平台，它主要涵括了以下几个物流功能模块：（1）数据传送模块。包括上下游加工企业之间、物流企业与工业企业之间电子单证、货物报关与报检、资金结算等信息的传输、转换与接收，以及管理中心对数据的收集与统计，以供目标用户使用。（2）信息服务模块。集中于基础物流信息服务，如运输信息、货种信息、市场信息、行业信息等的集中与发布，并在整合港口物流信息的基础上，利用信息仓库对货种、运力等各方信息进行分析，为客户提供高附加值的信息增值服务。（3）物流作业模块。利用电子化手段实现船舶预定、货物定位、船只进出、车辆与集装箱调度等普通物流作业服务。采用先进货物定位与跟踪系统，实时监控货物流转，实现高效运输调度。（4）辅助决策模块。在信息服务模块基础之上，利用数据统计技术，通过开发先进的物流分析系统，从运力、运价、货种、货运量、货源、市场等方面分析数据信息，从而对企业面临的物流运输市场和业务量等进行有效的预测，为企业管理人员提供准确有用的物流信息(闫凤良,2006)。(5)商贸应用模块。提供线上虚拟商贸市场,供需双方可以在港口信息平台上达成货物交易,并做好货物订舱、装箱、配送、保险、结汇等贸易工作。(6)管理服务模块。即供园区物流管理部门发布物流动态信息、实现港口企业信息管理管理、数据存档备份等的信息系统,并通过设定访问权限等手段,维护整个港口物流信息系统的安全。

需要注意的是,面向大宗商品国际物流业务的物流信息平台构建,是一项长期的基础性工程,投入大,难度系数高,覆盖面广。舟山自由港在此构建过程中,要处理好政府部门、物流园区管理部门、港口物流企业、港口金融机构及客户企业之间的关系,实现跨产业、跨部门、跨环节的信息传输与共享,以统一化的信息技术为基础,实现大宗商品国际物流业的长足发展。

(三)港口信息标准制定

构建港口物流信息标准体系需要从三个方面入手。第一是社会层面。舟山港口物流信息标准体系的建立应首先遵照国际、国家以及地方所制定的信息化法律规范和已经采取的信息化制度与标准。第二是港区层面。要形成港区之间协调一致的物流信息技术标准及企业与港口管理部门之间的标准化信息交流协定,引导港口物流信息传输向统一化的方向发展。其中,新标准的建立应该以已被采用的信息标准为基础,保障新旧体系的顺畅衔接。并且,港区已有业务流程标准,如信息传输标准、物流交易流程规范等,将为新标准的建立提供有用的经验参照。第三是实际作业层面。就是将书面化构建的港口物流信息标准应用到物流信息系统的操作流程中去,在港口物流信息传递和处理过程中采用这一系列标准体系,在实践中检验信息标准体系的合理性,通过各港区信息子系统及信息平台的反馈,对社会层面及港区层面的信息体系进行完善(郑强,2009)。

(四)物流信息产业开发

要推进信息技术产业与物流产业的有机结合。加强关键物流信息技术的开发,实现信息技术在港口物流领域的有效应用,优化大宗商品物流作业流程,提升港口企业整体的信息化水平和国际竞争力。舟山市政府可以设立专门的大宗商品国际物流发展专项基金,鼓励周边高校及物流科研院所积极研发物流信息管理系统,并给予自主创新的物流企业以适当的资金补助,支持企业的物流信息技术研发。

四、港口集疏运网络体系建设

港口集疏运系统是指与港口相互衔接、主要为满足港口货物集中与疏散需要的交通运输体系(刘铭,2010)。其一般以港口为核心,由水路、铁路、公路、管道等运输方式组成,是港口与腹地发生经济联系的重要通道。通常来说,港口腹地范围大小与经济发展水平与港口集疏运网络的发达程度密切相关。两者之间的集疏运体系越发达,则港口腹地范围就越广,经济发展水平也就越高。同时,对于任何现代港口的发展,要想在同类港口竞争中脱颖而出,成为综合交通运输网络中的主要枢纽,也需要加快陆港集疏运体系建设,改善传统的港陆运输条件,因地制宜建设多通道、多方向、多方式的运输网络。

开发之前的舟山群岛,由于地理位置较偏,与腹地经济联系并不紧密。但自2009年连接舟山与内陆的跨海大桥建成以来,舟山港口的边际效应得到一定程度的释放,与周边腹地的经济互动有所增加。同时,伴随着港口商贸活动的增长与港口经济的发展,港口物流水平也得到较大的提升。但是,少数陆港线路的建设并不能够完全改变舟山港口的交通"瓶颈"限制,港口对于内陆地区的吸引力以及港口物流量依然有待提升。考虑到舟山港口长远的物流发展需要与大宗商品国际物流中心的建设目标,解决港口物流企业"吃不饱"的问题,就必须将舟山港口腹地向舟山内陆纵深拓展,建设覆盖广、维度宽的陆港运输网络,提高港口与内陆地区大宗商品发展的关联程度,争取将腹地物流尽可能多地引至舟山港口。而腹地大宗商品贸易的发展需要也要求加快内陆与港口地区之间的集疏运网络建设,以改善运输条件,降低运输成本。

由于各种交通运输方式对于具体货物品种的适应性不同,也就意味着港口在选择运输建设重点时,应考虑港口主要运输货种及其运量的影响。舟山港口致力于发展大宗商品国际物流业务,因而要充分考虑大宗商品运输时的特点与具体运输需求,有侧重地发展适宜的运输方式与组合。例如,对于以开展石油为主营业务品种的六横港区,就应加快石油管道的铺设,同时加快公路建设,以承载更多的油罐车运送;而对于以开展煤炭国际物流为主的港区,则应加快进港铁路建设,以此提高煤炭运量。总的来说,舟山港口要加快建设适宜自身国际物流发展的集疏运网络体系,以提高各类集疏运方式港口适应性。

要采取跨越式发展模式来加快舟山基础运输设施建设。在依靠国家与地方政府投资的同时,鼓励实力雄厚的港口企业进行跨行业投资,合力打造分工层次明确、格局清晰、多种运输方式高效衔接的综合集疏运网络系统,逐步建成以水路、公路、铁路、航空和管道等多种运输方式集合而成的现代港口集疏运网络体系。加快推进海底隧道、跨海大桥、铁路上岛、海陆联运等项目的规划实施,将港口运输线路充分融入长江三角洲及周边地区的高速公路及货运铁路网络中去,扩大经济辐射范围,拓展港口功能;推进各岛屿深水港建设及码头基础设施建设,引进大吨位特种集装箱船舶与散货运输船只,优化船舶港口运力结构,提高码头货物运输能力;依托现有交通运输资源,积极推动港口仓储基地、物流中心及配送中心等的建立,在其基础上实现各种交通运输方式的无缝衔接和集疏运网络的高效运作。正如《浙江海洋经济发展示范区规划》中所述,要积极完善综合交通网络体系,促进各种运输方式之间的配套衔接,合理规划物流园区,实现港口交通运输网络和物流园区的对接联通。

(一)加快陆岛集疏运网络建设

陆岛集疏运网络建设关键就是要协调好水路、公路与铁路三种运输方式比例(张雨琴,2011)。通过适当配比和合理布置发挥各种运输方式优势,布局最适宜的舟山港口集疏运网络体系。

运输能力低下是制约舟山港口集疏运系统进一步发展的瓶颈。因而在建设过程中,要着重解决以下问题:水路运输能力的开发、公路运输能力的优化、铁路运力与港口运输之间的矛盾缓冲。主要可以从以下方面着手。

1. 水路及管道建设

要充分利用舟山港口的岸线优势,鼓励各港区水路支线建设,提升海运比重,以增强内河运力缓解公路运输成本上升带来的运输能力限制。全面规划舟山本岛、金塘、六横、独山、衢山等岛屿港口建设,支持发展专业化的集装箱中转码头,扩建码头深水航道,加强水路运输能力。要加快提高内河运输等级以便与国际航道接轨,使舟山成为国际及国内生产要素聚集与产品扩散重要港口。

管道建设主要服务于石油及液体化工产品的港口运输,配合舟山港区石油临港工业及大型炼油项目的发展,规划并铺设覆盖全港的运输管线,加快舟山港口大范围管网铺设。

2. 公路建设

为应对未来港口货物吞吐量不断增加带来的需求激增和不断上升的公路运输成本造成的优势弱化,尤其是那些对公路运输依赖较大的大宗散货物流运营港区,一方面要加快建设直通港区码头与物流园区的高架疏港专用通道,提升道路运输等级,增加主干路双向车道,并加快远距离快速疏港道路、近距离疏港道路和紧急疏港道路的建设。另一方面,要改变传统的公路运输合作模式,选择与实力雄厚且规模较大的知名运输企业建立合作伙伴关系,利用他们的规模经济优势来强化港口公路运输优势,同时,这些大企业在内陆地区强大的物流运输网络可以进一步加强港口集疏运网络体系的建设。公路运输的建设要配合港区铁路建设进程,可以采取以铁路为部分大宗商品运输主干线,辅助以短程公路支线的运输方式,充分吸纳内陆地区大宗商品市场需求,扩大腹地范围。要继续完善公路体系建设,包括六横疏港公路接线工程,舟沪通道(舟山岛—岱山岛—上海)、甬舟第2通道、六横—宁波疏港公路、洋山港至岱山港陆海大桥等工程建设,加强舟山群岛与长三角地区城市与产业聚集区之间高速公路的有机衔接。

3. 铁路建设

要尽快编制且落实铁路规划,推进舟山对外铁路通道建设。要完善

"宁波—舟山"铁路客货运海底隧道,加快六横岛疏港铁路、舟山本岛至宁波大榭港、穿山港、梅山保税港区、台州头门港区、乐清湾等铁路支线建设,发展大宗商品港口水铁中转,提升水陆运输便捷程度。通过构建以"宁波—舟山"跨海铁路为核心的海铁联运网络,将舟山港的铁路系统与全国铁路系统相连,以充分利用内陆地区铁路干线发达,覆盖范围广的优势,延长港口大宗商品国际物流服务区间。同时,要加快舟山附近杭州、宁波等地区铁路枢纽建设,主动联系附近铁路口岸及重要大宗物资中转站,构筑以舟山港口为核心的腹地铁路通道网络。要积极出台相关优惠政策,鼓励实力雄厚的铁路运输企业加大对舟山港口集疏运业务的投入力度,积极发展港口铁路运输。

4.内陆运输中心建设

可以借鉴内陆港口的腹地发展模式,选择大宗商品货物流量较大的城市建立货物集散中心或物流中心,即类似于某些地区内陆干港的开发模式(靳长青,2010)。通过对内陆物流基地进行合理的规划布局,加强仓储、运输、装卸等基础物流功能建设,争取更多内陆的大宗物资货源。陆港物流中心的联合互动,可以消除规模不经济带来的效率低下。通过城区大宗商品集散中心,铁路或公路物流中心的建设,就可以在一定程度上解决规模不经济性带来的问题。同时也促进陆港铁路货运专线与公路快速运输通道的点对点建设,实现港口与内陆地区大宗商品物流系统融合,吸引更多有物流需要的内陆大宗物资企业选择舟山港口开展物流业务。

(二)加快岛内集疏运网络建设

要兼顾舟山群岛之间疏港通道建设,主要有岱山至舟山本岛疏港公路后期建设,舟山本岛快速通道包括 329 国道舟山段改建和富翅门大桥两个项目,舟山本岛、六横、岱山、衢山、金塘等主要岛屿环岛快速公路建设,舟山本岛南部大通道工程,舟山北向疏港公路展茂至东港段工程、定海至马岙公路改建等项目。除此以外,在交通运输设施建设上,要推进洋山、长峙、蟆蛄峙、三江、普陀山、高亭等岛屿港口码头和货运站设施的升级改造,及条帚门、蛇移门、樱连门和双屿门等港口高级航道和公共锚地的建设。在岛内航空运输方面，引进低空水上飞机发展岛际交通。

（三）加快运输专用信息平台建设

要充分结合现代信息技术，开发服务于舟山港口及周围腹地物流运输的专用信息平台，最大程度利用国际国内物流运输市场信息，实现动态控制港口物流运输。具体来说，由舟山综合物流信息公用平台与各港区物流园区、腹地公路以及铁路枢纽中心联合开发码头、公路、铁路子物流运输信息平台，通过这些专用信息平台的建设，将港口及腹地分散的物流运输信息管理向集成化管理方向演变，各种运输方式产生的信息也可以通过子物流运输系统一并纳入港口统一的运输信息管理平台。

当然，除去国内集疏运网络建设之外，舟山港口还需要进一步加快国际物流通道的开发与建设，提高舟山港口及内陆地区大宗商品交易市场与国际市场的紧密程度，缩短时空距离。最终通过国际商贸活动的开展，增加港口货物吞吐量，促进国际物流业务在舟山港口的快速发展。同时，也便于引进国际上先进的交通运输标准，加快舟山港口与全球运输系统同步发展的步伐。最后，通过港口相关法规的建设，规范运输企业之间的竞争，实现港口运输产业结构优化。

五、港口临港工业体系建设

临港工业就是指临近港口发展起来的工业产业体系，它的建立是港区经济发展的重要体现。纵观发达国家的港口发展经验，运作高效、实力强大的临港工业体系在有效带动港口产业与腹地经济发展的同时，也通过自身对货物运输的旺盛需求带动了港口物流的发展，在港口货源开发、扩大并稳定港口货物流量、提升港口物流价值方面做出了不小的贡献。当然，港口物流业的快速发展又会反向促进临港工业的进一步发展。没有高效、便捷、流畅的港口物流体系作为临港工业的有力支撑，也就无法实现港口工业企业经济效益的长期增长。所以，加快大宗商品临港工业与港口物流业的协同发展，将会是促进舟山大宗商品国际物流岛建设和舟山港城经济发展的有力助推。

舟山港口以货物中转提供暂时仓储用地的国际物流运作传统模式，

已经无法激发舟山港口实际物流潜力,极易造成港口货物进出量较大、港口经济繁荣发展的假象。所以,舟山自由港一定要改变传统以大宗商品中转为主要经营业务的国际物流运作模式,注重临港工业的发展,承接腹地产业转移,改变传统中转仓库的角色定位,充分利用自身优势,完善大宗商品港口供应链,增强港口产业吸纳能力,形成具有舟山特色的港口产业和港口物流核心竞争力。临港工业发展还有助于在减少除港口物流环节以外其他供应链环节上大宗商品的运输消耗,最大程度地降低物流成本。

(一)大宗商品临港工业发展模式定位

在临港工业的发展过程中,较为常见的临港产业主要有两类,一类是依赖于港口深水岸线条件发展起来的服务于海洋运输的产业,例如船舶制造、船舶维修、船舶报废回收等;另一类是利用海洋运输低成本的优势,以运输大批量同质化的工业基础原料或者工业制成品发展起来的港口产业群。造船、修船业是舟山港口的传统港口产业,但是在附近港口船舶制造业发展的夹击下,舟山港在该类型产业发展上已遇到瓶颈,急需开拓并引进新型产业来带动港口经济发展。因而,舟山自由港在今后的发展中,应着重注重采用第二种临港工业的发展模式来定位产业发展方向。

在确定港口工业发展模式之后,就要综合考量港口物流发展走向和腹地经济发展状况,选定临港工业类型。若港口腹地经济以发展农业和重工业为主,那么临港工业发展模式的选择就会集中于石油、化工、钢铁、粮油等大宗商品工业发展上,若港口腹地经济是以发展轻工业为主,那么临港工业的发展模式就会选择集中在机电制造等高技术密集型产业。显然,无论从舟山港打造大宗商品国际物流枢纽的战略定位还是从舟山港口腹地经济的实际发展情况来看,发展以大宗商品加工业为主的临港工业都将是舟山港口产业体系建设的主要模式。

(二)大宗商品临港工业发展战略选择

首先,港口管理部门应积极与港口工业企业合作,共同开发建造钢铁、石油、粮食、化工产品等主要大宗商品货种专业码头和存放堆场,加快临港产业带、大宗商品加工中心和港口保税园区建设,提供优越的工业发展硬环境。在此基础上再通过招商引资、政策优惠、港企合作等形式,吸引大型大宗商品工业企业,如石油加工企业、化工产品加工企业、粮食供应企业等进港办厂。

其次,在临港工业带的港口区位选择问题上,本书认为对已经建立起专业化程度较高、运作机制成熟的物流园区的港区,例如舟山本岛、金塘岛、六横岛、老塘山等地区,可以考虑将临港工业带设立在物流园区内部,这样既利于港口中小型工业企业和物流企业的集群式发展,通过彼此合作来开发大型物流项目,又便于整合大宗商品国际物流链,反向促进如六横山、"小干—马峙岛"等重点地区临港产业在园区内的进一步发展。

再次,要注重临港工业产业价值链的形成。要出台相关产业扶持措施和发展优惠政策,推动港口企业集群式发展,通过产业集聚效应推动港口经济以及物流产业的发展。积极引进技术含量高、港口环境适宜、工业附加值高的大型港口工业产业项目来提升产业链价值。要加快拓展并延长港口工业产业链,借由上游产业经济规模的扩张来带动下游配套产业项目的开发与引进,实现产业链上企业的集体发展与港口工业规模的持续壮大,最终通过产业升级与集聚,带动港口物流业的快速发展。临港工业发展进程中,要适时淘汰工业产业链上发展相对滞缓的中小企业,形成港口工业企业竞争机制,集中力量巩固并发展优质工业企业,以其为依托发展粮油加工、钢铁加工、石化加工、冶金加工等一大批港口产业项目,促进大宗商品临港产业价值链的多方拓展。

最后,大宗商品临港工业的发展还需要考虑如何与舟山已有的工业经济模式相协调,例如舟山的修造船业,修造船业的发展需要用到大量的船用钢板,这就为临港钢铁产业的发展提供了契机。通过与腹地钢铁企业开展回程配载业务,即港口物流服务企业将铁矿砂运送至内陆腹地的钢厂进行船用钢板生产,回程时再将船用钢板运回港口,供造船企业使用(潘国尧,2011)。这样做既提高了物流效率,降低港口物流成本,同时又将修造船业、钢铁产业与铁矿砂在港口的仓储、运输、加工配送等物流业务整合在一起,使舟山港大宗商品国际物流的发展与港口修造船业的发展相互促进,在发展新型临港工业体系的同时也有效推动了港口传统产业的转型升级。

(三)大宗商品"工业—物流"互动模式构建

正如前文所述,临港工业与港口物流业的发展是一个双向互动的过程,一方面,临港工业的快速发展可以为物流业提供源源不断的业务来源,另一方面,港口物流业务量的持续扩大也会加快临港工业的建设,吸引更多的工业企业入驻港口开展经营业务。

要实现港口工业与物流业之间的有效互动,一方面,要积极引导大宗商品港口产业链与物流链的形成与整合,鼓励港口工业企业与物流企业进行产业互动,通过港口跨产业联盟或港口企业自发带动上下游合作工业企业与物流企业入驻,构建覆盖全港的工业物流网络。例如,随着近几年中石油、中石化等大型石油巨头开始入驻舟山港口物流园区,舟山港就可以借此机会,与这些企业巨头合作规划大型炼油、石油产品加工等项目实施方案,建立港口石油物流链。通过对煤炭、粮油、化工产品、有色金属等大宗商品开展积极的港口物流业务,吸引大批大宗商品上下游供应企业、物流服务企业和销售企业入驻舟山港口,建立港口粮油物流链、煤炭物流链及化工品物流链等。从国内外发达港口的临港产业发展经验来看,将大型大宗商品工业企业和仓储、运输、加工配送及贸易等企业同时引入港区,促成他们之间的有效整合,确实有助于构建完整的大宗商品港口供应网络,促进大宗商品港口工业和物流业的长期发展。另一方面,要充分发挥双向模式中港口物流对临港工业发展的促进作用。依托设施完善的港口物流园区和港口腹地工业经济发展优势,通过便捷港口物流服务的提供,提高工业企业自身经营效率,带动临港工业群建设。加快岸线建设与港口资源开发,吸引更多大宗货物运输船舶停靠舟山港口,满足临港工业发展对于物流运输服务的需要。

譬如说,在泗礁港区发展港口钢铁工业时,就可以采取港口工业与物流产业的协调发展模式。在港区信息系统的控制下,从散货船舶上卸下的铁矿石可以通过皮带传输机运送至后方物流园区内部工业企业的专用堆场,或者直接输送至炼钢炉。而经过加工的钢铁制成品又可以通过相关指令的发送,借由专业港区的装卸搬运工具,直接运送至码头装船出口(杨岩,2009)。这种物流服务与工业加工相结合的生产模式,实现了从原材料进口到产成品出口的协同管理,实现了港口钢铁工业与相关物流企业共赢的发展模式。作为港区临港工业产业链链主的工业企业来说,依托港区内部高效的物流规划与统一协调的物流服务实现了企业产业链整体效率的提升。而舟山港口物流企业作为重要节点参与到产业链的运作过程中去,不仅增加了整个供应链体系的经济效益,同时也通过工业企业稳定的货物来源,保证了物流业务的稳步发展,最终实现港口工业与港口物流的良性循环发展。

六、港口物流服务体系建设

随着现代港口竞争焦点从成本竞争逐步向港口服务的差异化竞争和服务质量竞争过渡,以客户满意度为发展核心的高端物流服务体系建设将会是今后舟山港口大宗商品国际物流产业发展的有利助推器。港口物流是一种服务类型的商品,它不同于实物商品的发展模式,硬件设施的建设与完善并不能够满足客户对于港口功能的全部预期,因而舟山港口在发展国际物流业的过程中,更应该注重服务软环境的建设,以港口物流服务为基点,向供应链两端延伸拓展服务功能,改变舟山自由港传统物流运作模式及单一贸易中转服务的提供模式,不将物流服务经营范围仅限于仓储、运输、装运搬卸及加工配送等传统物流环节,而是要积极拓展以供应链为基础的物流服务领域,提供金融、保险、中介、信息咨询、风险规避、物流知识培训等高端物流服务业务,进行多元化经营,充分挖掘港口第三利润源泉,最终形成具有舟山特色的、多样化、个性化、柔性化综合物流服务体系。

(一)完善港口基础物流服务

但在可以预见的几年中,舟山港口基础性服务提供仍然会是港口物流业务中最大的利润来源。基础性物流服务水平的高低也是衡量港口物流业务水平的重要标准之一。借鉴国外发达港口的发展经验,未来舟山港口基础物流服务的开展,要始终坚持将顾客需求放在首位,灵活应对客户要求,改变传统机械化的基础物流服务提供模式,更多地将顾客需要融合到物流业务中去,培育供应链管理环境下的柔性港口服务体系。要转变传统国际物流运输模式下的单程运输方式,开展符合区域交通运输条件的特色多式联运模式,打造国内大宗商品江海联运的重要枢纽港口。要将传统港口物流业务优势与现代港口发展需求相结合,创新基础物流服务提供模式与种类,提高舟山港口基础物流服务水准,拓展港口物流服务增值空间。

(二)发展港口高端物流服务

"高端物流服务"建设即指构建以供应链为基础,以物流方案策划、物流中介咨询、物流环节整合与物流信息服务等高附加值服务为核心的一体化物流服务体系。高端物流服务不同于基础物流服务的功能定位,它的服务目标是整个物流产业的高端领域,服务要求更多,但服务的质量更高,服务增值空间也更大。以高端物流服务体系的建设来带动舟山港口物流产业的发展,不仅仅是港口供应链构建与国际物流岛建设的需要,也是促进港口其他相关产业发展的途径所在。港口未来物流业务的发展必定是不断向供应链上下游两端拓展,链条延伸越长,就越需要高端物流服务商参与到港口资源整合与港口物流产业的发展中来,与基础服务一起提升物流效率与物流服务质量。同时,高端物流服务的出现,也保证了第三方物流服务在舟山港口的发展。第三方物流服务可以有效整合港口各方物流资源,引导港口物流走向,提高供应链运作效率。因此,要积极出台相关政策,革新传统物流理念,大力发展除基础物流服务以外的高端物流服务产业,构筑以大宗商品港口供应链为基础的物流服务新架构。以舟山港口为核心,提供能够满足供应链上分散物流需求的各类服务,实现高质量物流活动的高效运作。

从总体战略选择上来说,舟山港要转变传统物流观念,以先进的物流基础设施和信息技术为支撑,着力扶持高端服务供应商和第三方物流企业,积极探索提高港口综合服务能力的有效途径,打造具有舟山特色的大宗商品物流服务市场与港口综合服务体系。

多数高端物流服务企业发展都存在着规模经济效应,因此当一个港口高端物流服务需求量越大时,就越容易吸引高端物流服务企业入驻港口。从香港港口物流业的发展经验来看,要建设高质量高效率的物流服务平台,就必须有大量的客户群体和基础物流业务量,进而引致产生对金融、保险、信息咨询和中介等各种供应链内外部高端物流服务的需求,促进这些类型的产业在港口的落户与发展。所以,借鉴香港的港口建设经验,舟山港在发展高端物流业务时,首先,需要保证拥有充足的港口大宗商品吞吐量和一定基础物流业务流量。通过货物流量的增加带动客户对于基础物流服务和高端物流服务需求,为吸引物流服务商集聚和高端服务产业发展提供了重要的先决条件。其次,要不断完善港口基础设施建设,通过提供优越的政策条件,吸引大宗商品需求企业、仓储运输企业、装卸搬运企业、物流配送企业等基础服务供应商入驻物流园区,为港口高端物流服务发展引入关键性资源,提升港口服务国际竞争力。一方面,产业集聚形成的集群效应会持续吸引这类企业向舟山港区集中,另一方面,集群过程中产生的对于金融、保险、信息咨询及特殊物流服务等的大量需求,可以成为促进其余高端物流产业在港口集聚并发展的有效动力源泉。

要以建设大宗商品国际物流岛为港口服务产业发展契机,创建连结基础物流企业、金融保险业、信息服务业、中介咨询业之间的沟通渠道,形成一体化的港口物流服务体系。加快引进或培育大批实力雄厚的第三方物流企业,为物流服务市场提供大宗商品价格走向、市场预测等及时信息,制定最优的物流服务方案,组织协调港口物流活动,实现企业物流经营效率和服务质量的双重提升。

舟山港口股份有限公司和中国远洋物流有限公司在 2011 年成功合资组建舟山中远物流有限公司,就是舟山港口引进大型第三方物流企业的成功案例。通过将舟山群岛的区位、资源优势与中远物流的资金、技术、管理和品牌优势的有机结合,形成以基础物流服务业务为核心,多产业延伸的综合港口物流服务体系。中国远洋物流有限公司作为国内较大的第三方物流企业,通过公司成熟的运作体系,引导并协调港口物流、资金流与信息流走向,在很大程度上影响了舟山港口物流产业的发展。

(三)打造港口特色物流金融

现代港口物流的发展需要有强大的融资体系和保险中介、信息咨询等现代物流服务作为支撑。为了响应国家政府提出的"三位一体"港口服务体系建设中发展"金融和信息支撑系统"这一举措,舟山港口要加快在金融服务方面的建设进度,完善港口金融结构,促进港口物流金融业务发展。首先,要通过各种途径引入如银行、保险、信托、投资、期货等行业的大型金融企业在舟山港区或物流园区内设立分支机构,壮大港口金融实体,完善物流金融体系,形成港口金融产业集群式发展。其次,要积极引导金融行业与港口物流业相互渗透,发展专项物流金融服务。通过给予一定的政策优惠,鼓励金融企业与港区物流企业、生产型企业开展战略合作,共同开发更多满足大宗商品港口物流发展特殊需求的新型港口物流金融项目和金融物流服务,例如,物流结算、物流融资、物流信贷以及港航物流金融等业务,积极运用各类金融工具实现物流价值链增值。最后,在畅通已有港口融资渠道的同时,创新融资方式,开发出具有物流产业特色的资金筹集途径,例如有实力的大型港口企业可以发行企业债券进行公开融资,政府也可以鼓励民间资本进入舟山港口物流融资体系,共同参与港口物流建设。可以在港口尝试设立物流金融创新示范区,突破传统政策限制,大胆采取新型港口金融制度,加快具有舟山特色的港口金融创新。要重点创新中小物流企业的融资方式,完善中小港口物流企业信用担保体系,支持中小企业融资担保和再担保机构面向港口物流企业业务的发展(王滨慧,2013)。当然,舟山港口现有的小型金融机构也可以通过横向联合组建大型的港口金融联盟,共同筹集发展资金,集体参与港口物流融资活动。

(四)培育港口稳定服务需求

近几年随着舟山港口大宗商品物流业务的稳步开展,已经逐步培养起一批稳定的客户来源。但是今后要实现港口规模的扩展需要有不断增长的大宗商品国际物流需求来加以保证，所以舟山港口要改变传统的物流市场经营模式，在供应链管理环境下，不断挖掘未知市场，建立起新型客户管理体系，开发多元化物流业务，从而不断扩大港口物流客户流量和业务流量。具体来说，有以下方面：

1. 大宗商品物流客户培育

港口客户的开发要从提升港口国际影响力入手，通过打造具有"舟山特色"的港口品牌，开发潜在客户市场，一方面要将周围港口如上海港、宁波港等企业吸引至舟山港口开展大宗商品国际业务。另一方面要加大新地域客户开发力度，通过腹地内陆开发，拓展国内市场客户，通过国际新航线开辟，挖掘国外市场客户，吸引亚洲改成东北亚及东南亚的大型企业来港开展大宗物资中转加工活动，建立新的客户群体。

在新型客户管理模式下，还要注重与客户建立起长期的合作关系，不要仅仅着眼于单次的物流项目合作，更要与有长期合作价值的客户、供应商、物流服务企业建立伙伴关系，形成一种新型营销模式，稳定需求市场（孙玉峰，2007）。在现代物流理念下，要注重港口与供应链各方之间的双向交流和信息反馈，同时提高双方的协作效率与服务水平。要开发新型港口物流项目，不断为大宗商品客户创造价值服务，这是建立供应链环境下，可持续发展的港口柔性服务体系的基础。

要充分利用港口先进的装卸设备来提升物流服务质量，更要用信息技术等手段为客户资源管理提供方便，设立专门的客户信息数据库记录客户信息，一方面，便于提供更具个性化的物流服务，另一方面，也方便港口筛选出优质客户，开展长期的物流合作。要建设港口与客户的双向交流平台，及时处理客户的反馈意见，为客户提供各类资讯服务，完善港口物流服务市场建设，提升港口服务质量。

2. 大宗商品物流业务开发

要结合舟山港口特点和实际发展需要，针对顾客的个性化要求开发新型物流服务项目，或者引进新的港口物流理念、物流技术和物流服务产业来增加港口业务种类。对舟山港口来说，现代物流服务的开展不仅需要有政策、资源、基础设施和产业发展等作支撑,更需要有广阔的需求市场来保证物流服务的运营。对港口上的所有企业来说,市场存在着太多不确定的因素,但新业务的开发和新项目的规划却在企业的可控范围内,港口企业可以通过新的尝试,来扩展港口业务量,进而促进港口服务发展。

七、港口物流人才体系建设

许多国际大型港口物流发展都依赖于大批高素质物流人才的引进和培养,早在 20 世纪 60 年代许多发达国家就将物流专业纳入高校教育系统中,并不断完善和加强物流专业体系建设。我国现代物流理念引入较晚,直至 90 年代末,各大院校才陆续设立起物流专业学科。这也就意味着我国港口发展普遍缺少专业型物流人才支撑,港口物流潜力发挥及物流效率提高受到较大程度的限制。未来港口竞争重点同样涉及人才的竞争,物流管理型人才和应用型人才是港口物流业发展的关键所在,而信息技术的发展更是对港口物流操作人员的综合水平提出了较高的要求。适应于港口物流运作的人才除了需要具备基本的运输、仓储、商贸、金融等方面的知识,同时还要系统地掌握和使用现代电子信息技术,能够对港口内外部的物流资源进行有效整合和优化配置,能对具体物流项目制定高质量且个性化的规划方案,能够对供应链下的物流运作流程进行科学管理,除此之外,拥有丰富的实践经验和应对突发问题的能力也是必备技能。

舟山港口国际物流发展尚处于起步阶段,物流人才供需差距较大,尤其是对于综合型港口建设需要的复合型物流人才来说,缺口更为巨大。因此,舟山港在进行人才体系建设的过程中,要及时掌握港口物流人才的实际供需状况,采用柔性用人机制,注重港口物流服务的实际发展需要,有针对性地招揽各类集丰富物流知识、专业技能和操作经验于一体的技术型物流人才,全方位优化人才结构。要处理好人才引进与人才培养之间的关系,一方面,要通过大力引进优秀的物流人才,通过以老带新的方式,加速舟山港口物流人才培养体系的构建。另一方面,形成人才培养互动机制,通过人际关系网络进一步吸引更多的人才来港发展。

可以从以下几方面着手:①强化院校合作,鼓励长三角经济腹地及周边地区的专业院校加快开设相关物流专业,通过与这些院校签订定向委培合同,或采取订单班、冠名班等合作形式,由学校负责专业知识教授,由港口提供实习机会,将人才培训从港口延伸至学校,使学校成为港口企业人才的培养和储备基地(张晓燕,2012)。当然,各类专业院校也要充分了解舟山港物流业发展过程中对人才的具体要求,以服务舟山国际物流岛建立为宗旨,有针对性地培养物流人才,鼓励该专业学生主动熟悉国际物流业务运作流程以及大宗商品物流的特殊性,尽可能地为他们创造有利的学习空间和宽松的发展环境,最大程度满足港口对于各个层次水平物流人才的需要。这样,在提高他们实践操作技能的同时,也可以起到减少人才外流的效果。②考虑到舟山港未来物流发展走向,对高水平的专业性管理人才需求一定会不断加大。区域性人才培养无法满足港口对于高水平物流人才的需要。因此,舟山港口要不断加大人才引进力度,尤其是能力突出、具有扎实专业基础和丰富实践操作经验的物流人才,增强企业人才储备,快速提高港口物流知识化程度。③要对港口及物流园区内企业内部的高层管理人员以及一线操作工人分别进行专业知识再教育,通过提供具有针对性的、知识结构体系不同的培训内容,以提升他们的知识水平、服务质量和工作效率。尤其是管理层干部,他们是保证企业物流业务经营质量的关键,所以港口管理机构要定时对这些管理人员开展先进物流知识培训,提高他们对物流信息化熟悉程度,提高他们的物流管理能力,实现对大宗商品国际物流运作流程的整体把控和环节协调。第三方物流在未来舟山港口国际物流运作中的作用会不断凸现,这对高级管理人才所应具备的物流知识应用能力和组织协调能力又提出了更高的要求。为助推第三方物流在舟山港口的发展,港口管理部门或者企业自身可以考虑从各企业内部去挖掘和挑选具有扎实专业基础和丰富实践经验的物流人才进行重点观察和培养,进一步提高他们的物流知识应用能力和组织协调能力,加快第三方物流业建设。④要实现与发达国家港口人才的有效对接,加强国际交流与合作。通过将人才输送至国外学习,或邀请国外优秀技术人员来港口教授,将国外先进的管理理念和物流技术,转化为港口物流的发展动力。

需要注意的是,尽管港口对于复合型物流人才需求缺口较大,但不能因此而降低对于港口物流从业人员的资格审查标准。要推广普及资格认证制度,严格把关从业人员质量,做到宁缺毋滥。同时,舟山也应该积极与现代港口物流发展较好的国家与地区实行互动,加强相互联系与交流。各物流服务供应商也要与国外大型物流企业实现对接,及时了解物流行业最新走向,学习最新物流知识以加快对物流人才的培养。

除物流人才的专业化培养以外,为适应港口物流金融的发展需要,解决舟山港口高端金融人才缺乏和人才结构固化等问题,要特别加大港口物流金融人才的培养力度。要根据《浙江舟山群岛新区发展规划》中提到的"三位一体"支撑体系,有针对性地制定物流金融人才发展策略,建立专门的金融人才评估机制;大宗商品国际物流发展急需金融产业的建设予以配套,这为港区内外金融人才提供充分的职业发展空间,加快了港口金融分支机构与其他市内金融机构之间的人才流动,并进而带动信息及知识的流动;强化金融人才培养模式,同样,通过定向委培等校企合作模式,开展物流金融的理论和实践培训。

八、港口物流园区建设

与传统港口开发以物流基础设施建设为主要战略选择不同,舟山物流岛的开发建设有一定的特殊性。事实上,舟山港口目前已建成的能够容纳几十万吨级的油轮和十万吨级以上的铁矿砂、粮食和煤炭等大宗散货船舶,万吨级以上泊位的深水港码头约 50 个。作为沿海地区主要的货物枢纽港,舟山港在大宗散货码头与仓储用地建设、物流基础设施建设上也已经具备了国际大型大宗商品物流中心所需的基本硬件条件。几百家港口企业基本不用担心物流基础设施的供给问题,相反,却经常面临着港口货物流量不足导致的基础设施闲置等问题。所以港口物流基础设施的建设并不是发展舟山自由港大宗商品国际物流业的必要战略选择。另外,从物流企业入驻港口的考虑因素来看,相比港口的基础硬件设施,企业经营者更关注于港口物流服务的提供质量与服务水平(潘国尧,2011)。所以,舟山港口在建设规划过程中,应当更多地关注如何将这些基础设施建设与各种发展软环境建设有效地结合起来,这是未来打造舟山港口大宗商品国际物流岛的关键所在。

当然,这并不是意味着完全忽略港区基础设施的完善与改进,只是在未来基础设施建设的战略规划中,要转变关注重点,而将各岛屿大宗商品物流园区基础设施的建设与改善提上规划议程。物流园区是今后舟山港口开展大宗商品国际物流业务的主要承载体,无论是实现港口企业与物流资源的协调组织,还是加快大宗商品交易平台的打造,都需要园区来提供必要的物流设备和服务。港口管理部门要以便捷的管理模式、高效的物流运作和灵活的市场应对为主要发展目标,结合港口实际发展水平和物流走向,建设适合舟山发展的港口物流园区。具体措施如下:

(一)逐步完善物流园区战略规划

根据港口、码头及园区实际发展需要,明确园区建设方针,制定园区长期发展计划。目前,舟山港已经建立起十几个大宗商品物流园区,园区战略定位的准确性和科学性是关系到建成园区能否产生经济效益的重要影响因素。本书认为舟山港口大宗商品物流园区未来发展规划可以做以下选择,即以第三方物流为核心,以物流联盟为主要方式的国际物流运作模式,协助建设具有舟山发展特色大宗商品国际物流运作体系。

(二)基础设施扩建与整合

要加快园区周围道路网络的改造与建设,并将未来园区发展重点落在现有物流基础设施整合上。园区管理部门应当积极与企业合作对园区已有物流基础设施进行升级改造,使其适应于现代物流模式的运作与大宗商品国际物流运作特点等。

(三)园区产品"品种"选择合理

要充分结合园区所在岛屿最初战略定位和码头实际建造情况,选择一个特定的品种开展相关物流作业,然后根据该品种的特点,有针对性地发展供应链物流。例如石油产品的国际物流,从原油的进口到裂解,从石油制成品的粗加工到精加工,产业链可以在园区内实现拉伸,同时,随着港口加工技术含量的提高,在港口园区内的生产成本和物流成本也会不断降低(潘国尧,2011)。

(四)采购专业化的物流运输设备

要充分考虑舟山港口大宗商品物流种类多样性及物流设备专业化的特点。在建设不同港区物流园区的过程中,要基于园区规划与园区发展品种选择,购置专业化的物流设备,做精园区大宗商品产业发展。例如,积极引进先进产品加工设备,完善仓库和堆场建设,方便园区内加工生产企业将产品转移至就近库区,在免除他们自身建立和配备仓储运输设施的花费的同时,也满足了他们对大宗商品原料及其中间品和制成品的存储需要。最终建成专业化程度较高的大宗商品港口物流园区。

(五)加强园区内部及周边地区交通运输网络建设

要善于利用优良的港口岸线优势,增强港口通航能力。要将园区附近水路、公路、铁路等建设与园区紧密结合,并借此大力发展多式联运,通过港口集疏运网络优势来巩固园区发展,使入驻企业与客户的物流成本尽量降到最低水平。

(六)拓展园区功能,完善园区布局

舟山港口物流园区在建成初期,应主要集中于基础物流功能的建设,一般包括口岸物流和保税仓储两类功能。这也是当前舟山港区已建成园区的主要运作业务。而在舟山港口物流园区的功能规划中,要集中拓展特色物流和加工增值服务,并在此基础上,继续发展拥有较高附加值的高端物流增值功能,创新园区物流服务模式,多多开展物流方案设计与咨询、大宗商品展销与交易等附加值较高的园区物流活动。

功能的拓展意味着园区布局应采取功能区式的布局模式,可以根据功能定位,将物流园区大致划分成为保税物流区、非保税物流区和管理服务区三大板块。保税物流区包含大宗商品进出口中转区、保税仓库等

主要区块,用于满足口岸物流和保税仓储两大基础物流功能和国际配送等高端物流服务功能。非保税物流区主要包括普通散杂货堆场或仓库等区块,用于满足日常仓储需要与加工增值等功能。管理服务区主要包括大宗商品交易中心、园区管理办公区域及特色物流服务区块等,用于满足大宗商品港口交易、信息系统管理、物流项目规划与管理等主要高端物流服务功能。

（七）构筑园区服务平台

舟山港口物流服务平台应该涵盖包括信息服务平台、商贸服务平台、口岸服务平台、生产服务平台及生活服务平台等多个方面(樊新艺等,2008)。要借助现代信息技术打造联合舟山各港口物流园区的区域性服务网络。通过信息系统、全球定位系统和无线电系统等的整合实现企业物流作业信息、客户信息、交通信息、船舶信息和口岸信息等的及时传输与共享,充分利用信息化时代的大数据优势与周围港口形成差异化发展。借由信息系统的开发打造园区专业化信息平台,为园区内部入驻物流企业提供例如货物跟踪、车辆定位等便捷服务,为企业之间物流信息的交换与共享提供技术支持。园区信息系统初期功能包括物流信息的处理与发布、库存信息的统计与管理等。后期随园区发展,信息系统功能逐步向统计与分析增值服务等高级功能过渡。

（八）改变传统物流园区运作模式

港口物流园区建设所需资金投入多、经济效益回笼慢,对单一投资主体容易造成较大的投资风险。因此,舟山港口在建设并完善物流园区的过程中,要从多方主体吸纳资金,转变传统投资模式,例如接受国外投资或者是园区入驻企业的资金投入等。鼓励他们参与到园区的管理过程中来,园区运营实际参与者的身份可以使他们更好地管理园区日常运作,了解实际物流服务需求。同时,考虑到物流园区的发展一般有其特有的周期规律,在做园区规划时,也要遵循这一成长机制,选择恰当的运作模式。

（九）坚持港区间错位发展

舟山港口岛屿码头众多,依据大宗商品国际物流岛的定位建成的物流园区大多处于同一梯度集团,极易造成园区功能雷同与物流资源浪费的现象。所以,无论是对已经建成还是正处于规划阶段的物流园区,要特别注意园区功能的重新定位与划分,针对某一具体的商品种类,提供专业化、精细化、全方位的物流服务。

（十）实现园区发展动态监管

在挑选国内外优秀物流服务企业与工业企业入驻园区的基础上,定期对园区发展状况、服务能力、企业经营效益进行考评,确保园区长期发展质量,通过竞争机制引入,激发企业潜力,发挥集群效应,全面提升园区产出效益与服务质量。

第九章
舟山自由港大宗商品国际物流运作模式设计

第一节　相关概念介绍

一、国际物流系统及其运作简介

国际物流是指不同国家和地区之间的物流活动。它是国内物流的进一步延伸和扩展,伴随国际贸易和国际生产而发展起来的、跨越国界的现代新型物流方式。与国内物流相比,国际物流具有国际性、复杂性和风险性的特点(散襄军,2002)。国际物流的实质是依据国际分工的原则,遵循国际惯例,利用国际化的物流网络、物流设施和物流技术,实现货物在国际间的流动与交换,从而促进世界经济发展与资源的优化配置,最终达到为国际贸易和跨国经营服务的目的(张铎等,1999)。

国际物流系统是指在一定的时间与空间内(国家间,地区间等)进行的物流活动,由物流人员、运输物资、物流设备和物流信息等要素构成的具有特定功能的复杂的开放的系统(散襄军,2002)。它可以产生于国际贸易与国际生产这两个相互关联的大系统。由国际贸易产生的国际物流系统主要是由商品的包装、装卸、仓储、运输、检验、流通加工、国际配送、物流信息这八大子系统组成,同时还涉及一些特殊的物流问题,如商检、通关和跨国支付等。在八大子系统中,运输和仓储子系统最为重要。国际货物运输是国际物流的核心,它克服了商品在空间上的距离,提升了货物的空间效益,而仓储则是克服了商品在时间上的差异,通过对商品的存储和报关来提升商品的时间效益。当然,新型的国际物流系统还包括了商检、通关和国际支付这一类不同于一般子系统的特殊子系统,在一定程度上增加了国际物流系统运作的复杂性(王捷,2001)。图 9.1就给出了由国际贸易产生的传统国际物流系统构成。而新兴的由国际生产系统产生的国际物流活动则主要包括原材料的国际采购、国际研发和全球化战略等环节,所以相比前者而言更为复杂,更具有战略意义,它往往可以促成全球一体化物流供应量的形成。国际物流系统作为一个总体的系统,并不是子系统之间的简单拼凑,而是它们之间相互协调,通过彼此的联系和制约,共同发挥总功能的物流系统。同时,该系统可以结合实际情况,充分利用社会物流设施及服务,发现系统自身的问题并进行改进,最终形成最优化的国际物流运作系统。

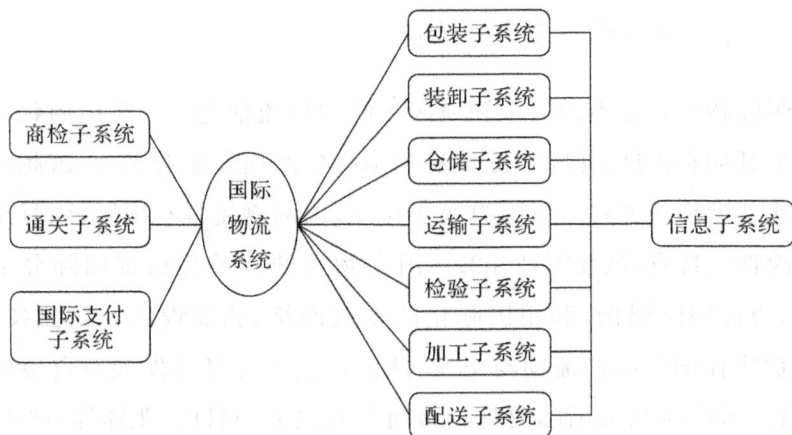

图 9.1 国际物流系统示意图

对国际物流系统进行分析和管理等一系列过程就是国际物流系统运作。它是继集装箱运输后国际物流业出现的第二次重大变化。它以其先进的管理手段,现代化的信息技术、高质量的服务水平和良好的合作伙伴关系成为国际物流业中重要发展领域。国际物流系统运作的两大目标分别是效率化与最优化。所谓效率化就是要将物流的各个环节、各个功能通过统一的组织管理紧密地联系在一起。所谓最优化就是通过物流方案的规划和成本分析,使得物流系统运作和管理过程以最低的成本实现。总的来说,要实现国际物流系统的良性循环,需要上述子系统之间的默契配合,找出系统运行规律,并通过物流设施保障、物流制度保障和外界及时的信息反馈对系统进行有效的改善,从而避免不可控因素对系统造成的破坏性影响。图 9.2 就是以出口为例的国际物流系统运行模式。

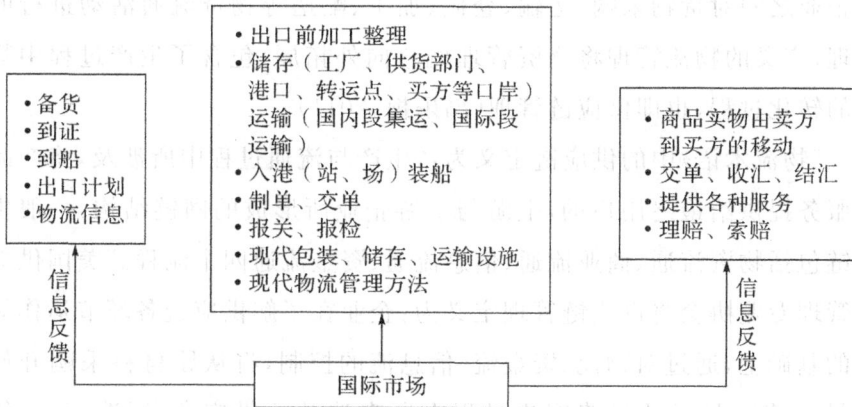

图 9.2　国际物流系统运行模式(出口)

由于国际物流服务于国际贸易和跨国经营,这就要求国际物流系统运作要以较低的费用来保持较高的服务水平。为达到这一要求,就需要建立起完整的供应链系统和完善的国际物流系统网络,从而实现国际物流运作的高度一体化与集成化。

国际物流系统网络主要是由多个收发货"节点"和他们之间的"连线"所构成的抽象物流网和与之相伴而生的信息流网络的有机整体。这里的"节点"在物流网中是指货物运送过程中的各类仓库、配送中心,如出口商仓库、中间商仓库、保税区仓库等,在信息网中则是指代各种物流信息集中处理点,如公司员工处理各类单据等。而"连线"在物流网中是指各节点之间的运输,如海陆航线、陆路航向等,在信息网中可以是指某些电子媒介,如电话、邮件、电报等(张铎等,1999)。

二、物流管理与供应链管理简介

2006 年国家修订出版的《物流术语》中将物流管理定义为:为以合适的物流成本达到用户满意的服务水平,对正向的和反向的物流过程及相关信息进行的计划、组织、协调和控制。通俗点说,物流管理是指应用科学的管理方法,把适当的产品通过适当的方式在恰当的时间送达顾客指定的适当地点,从而实现较高的物流效率与经济效益。而现代物流管理的定义则更为宽泛,主要有狭义和广义之分。狭义的物流管理仅仅指代企业之间对货物采购、运输、仓储、加工、配送等物资流通活动进行的管理;广义的物流管理将物资管理概念向外拓展,包含了生产过程中物资的转化过程,也即供应链管理(冯乐梅,2011)。

《物流术语》中的供应链定义为:"生产与流通过程中所涉及,将产品或服务提供给最终用户的,上游与下游企业所形成的网链结构,一般供应链包括物资流通、商业流通、信息流通、资金流通四个流程。"美国供应链管理专业协会将供应链管理定义为:企业在了解供应链各环节运作规律的基础上,通过对物流、资金流、信息流的控制,将从原材料采购开始到最后将产品送达最终客户过程中所有涉及的供应商、制造商、分销商、零售商和客户连成一个整体的网络结构,对其实施高度组织化和集成化的管理模式,保证货物能够在正确的时间配送至正确的地点,并在物流过程实现商品的进一步增值。简单点讲,就是将整条供应链上每一环节的企业看成是一个虚拟企业联盟,对这个虚拟企业联盟实施的战略性统一管理就是供应链管理。其目的是在提高用户服务水平的基础上,将物流系统的整体运作成本与市场风险都降至最低水平。供应链管理的三大保障是先进的通信网络技术、最优的组织架构和良好的贸易伙伴关系。总之,供应链不仅仅是一条连接产品生产过程各个环节的物资链、资金链和信息链,更是一条可以实现产品价值提升的增值链。

物流管理和供应链管理之间的关系大致表现为以下两个方面:一

方面,供应链管理是物流管理的延伸。传统的物流管理将产品从原材料到最终产成品之间的物流活动人为地分割开来,忽略了整体物流活动能够带来的经济效益。而供应链管理就将其进行集成和优化,通过协调销售伙伴之间的关系来寻求生产效率的提高和竞争能力的提升。它不仅需要考虑企业自身的供应商,而且要考虑供应商的供应商;不仅要考虑自己的客户,还要考虑客户的客户。供应链管理使执行各环节物流活动的企业走向共生,不仅致力于降低某个环节的物流成本,更重要的是使整体供应链的成本达到最小化,与此同时,也使各企业更有效地控制物流、资金流和信息流。所以说供应链管理来源于物流管理,但它又不仅仅是其简单的延伸,它优化了传统的物流体系,扩展了物流支链,使物流管理向着更高一级发展。另一方面,物流管理是供应链管理发挥作用的必要保障。就像前文提到的一样,供应管理更注重物流活动的整体性,而物流是供应链中最核心也是最基本的组成部分,它贯穿于整个供应链,是连接各个环节的纽带。在供应链管理的环境下,要求物资能够以最低的成本实现最快速准确的配送,所有物流活动要实现"无缝链接"的高度协调,并且基于先进的通信技术同时实现信息的及时反馈与共享。所以供应链管理是否有效取决于物流链上货物运输、配送等环节是否运行顺畅。可见,物流管理是供应链管理的重要基础与前提(冯乐梅,2011)。

传统的物流管理已经无法适应当前更为复杂的竞争环境,尤其是产品销售范围已经拓宽至全球各个角落。而随之发展的现代供应链管理却是一种全新的物流运作模式,它是物流管理发展的必然,所以深刻理解供应链管理环境下的物流活动特点,对有效制定新环境下货物的国际物流运作模式大有裨益。现代供应链管理环境下的物流活动特点如下:一是信息共享。在供应链管理下,由于各个环节的企业是合作关系,具有共同的利益诉求,因此他们之间的信息交流就可以打破原先的限制,使得整个供应链上企业实现信息共享。而及时准确的信息传递又使得整个物流网络的运作效率大大增强。二是物流外包。供应链管理下的企业能够充分利用货运代理、第三方物流,甚至是第四方物流实现货物

的运输与交接,从而充分利用外界的优势实现最优的物流管理。三是
响应迅速。因为供应链管理极大地采用了现代的物流管理计算机系
统,为提高企业物流作业流程的执行能力,实现精细化操作提供了保
障。四是实时控制。在传统的物流管理中,因为没有信息共享,许多
企业尤其是最终的客户都没有能力跟踪自己企业范围之外的物流过
程,而信息追踪能力的提高,使得物流作业过程更为透明,也为顾客实
时掌控产品运输提供了必要的条件。五是无缝连接。无缝连接体现
了供应链管理对于整体性的本质要求。没有整个物流系统内部的有
效连接,物资在生产、加工和配送过程中的有形和无形成本就会大大
增加,并进而导致供应链价值增值能力大打折扣。

三、第三方物流简介

第三方物流(Third-Party logistics,3PL,即 3PL 或者 TPL)是现代
物流发展下产生的一种新型物流形式,它随着企业"归核化"战略应运而
生,即企业应将人力、财力、物力更多地投向其核心业务来应对加剧的市
场竞争,而将其大量的非核心业务从生产经营活动中剥离出去外包给专
业的物流服务商,充分利用外部优势资源,通过建立联盟来巩固自身的
核心能力。由此便产生了对专业化物流服务的迫切需求,而第三方物
流就是伴随着这种需求而创造性地发展起来的。高效的专业化物流
服务被称之为除节约原材料的"第一利润源"和提高劳动生产率的"第
二利润源"之外的"第三利润源"(梁竹田,2006)。第三方物流最先起
源于制造业,但随着其发展的不断成熟,第三方物流已被认为是今后
物流业发展的有效运作模式,尤其是在西方国家,已经发展出一大批
专业的物流服务商来为国内销售和国际贸易提供服务。虽然在中国,
这种物流方式还没有像在西方国家那样成熟,但是国内不断提高的物
流管理水平和供应链管理思想的不断普及已经为第三方物流的发展
提供了良好的基础。第三方物流将是未来我国发展国内和国际物流
业的必然趋势。

2006 年版的《物流术语》中将第三方物流定义为："供方与需方之外的物流企业提供物流服务的业务模式。"具体而言，就是指由一家外部专业的物流公司为第一方生产企业和第二方消费企业提供从单一的物流节点的功能服务到更大范围内的一体化服务。这里所讲的服务既包括如货物配送等的基础服务，也包括在运输管理、存货管理和信息管理三者基础上发展起来的如物流方案设计等的增值物流服务。通常，生产经营企业会通过与专业物流公司签订合同，并通过信息系统与物流公司保持联系，从而对全程物流活动实施管理与监控。第三方物流公司虽然是不包含在供应链中的中间商，却又通过提供物流服务来服务于整条供应链。

从上述定义中可以发现，第三方物流企业与传统企业内部的物流部门或者常规的货运代理不同，具有如下特点：一是信息化。信息技术是第三方物流得以发展的基础，它保证了信息共享的实现，提高了物流服务的效率。二是合同化。合同的签订一方面保证物流服务提供者有权管理所提供的物流服务活动，另一方面也明确了物流联盟中各方之间的关系。三是专业化。正如上文所述，第三方物流公司提供的是专业化的物流服务，无论是物流设施还是物流活动操作流程都是最标准、规范与专业的。四是个性化。因为不同的物流服务消费者有不同需求，所以就要求第三方物流服务经营者能够根据消费者的要求设计出不同的、具有针对性的个性物流增值服务。随着经济全球化趋势的不断深入和国际贸易发展的不断前进，国际物流的发展趋势也越发强劲。同时也有越来越多的人相信，区别于传统的国际货运代理的第三方物流将逐步成为未来国际物流的发展主流（李诚丁，2009）。图 9.3 与表 9.1 分别给出了现代第三方物流企业能够提供的物流服务范围及第三方物流服务运营商与传统货运代理之间的区别比较。

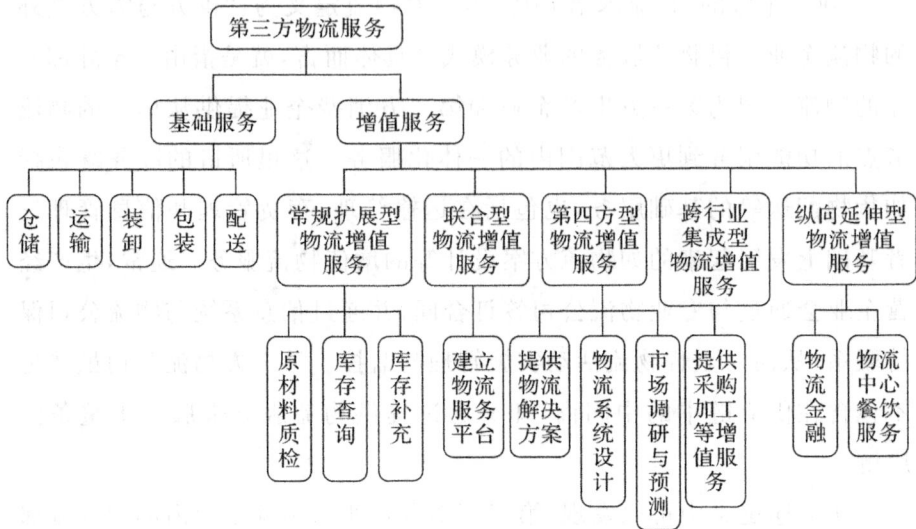

图 9.3 第三方物流服务范围

表 9.1 国际货运代理与第三方物流经营者对比

主要内容	国际货运代理人	第三方物流经营者
与托运人的关系	委托方与被委托方	委托人与经营人
与收货人的关系	不存在任何关系	根据是否订立合同或是否签发有关单证
法律地位	委托方代理	经营人
有关费用计算	佣金	根据服务动态收费
提单拥有	不拥有自己的提单	根据经营的业务和法律地位确定
服务动态	软件服务	软件或硬件或软硬件
信息系统	比较独立	综合网络系统
业务范围	进出口货运相关业务	根据客户要求所能承担的服务确定
买卖合同	不订立买卖合同,本人不拥有货物	不订立买卖合同,本人不拥有货物
运输合同	代表委托方订立	根据是否承担运输责任确定
业务行为	服务动态	服务动态
法规使用	货运法规	根据所从事的业务使用相关法规
法律关系	委托关系	多重身份

第三方物流企业主要有以下优势：一是帮助企业实施"归核化"战略。第三方物流服务的出现可以使生产经营企业能够将有限的资源集中到主营业务上，从而更好地应对全球市场的竞争。二是利用规模效应降低成本。第三方物流企业提供的大量专业化物流服务使其通过规模生产获得了成本优势，通过各环节高效的资源利用率实现费用节省，使得有物流需求的客户能够从中获益。三是减少库存。企业单靠自身的力量是无法承担原材料和产成品库存的无限增长的，库存过多会挤占资金，库存过少又会对供应链造成破坏。而第三方物流则可以通过对库存容量和物流程序的细心规划，最大限度地减少企业库存，提高企业资金周转率。四是提升企业形象。第三方物流提供者通过信息网络实现供应链透明化管理，满足最终消费者对产品实时流转信息的需求，并通过及时的信息反馈和有效的控制，大大缩短配送时间，帮助客户树立良好形象（梁昭，2000）。

四、物流园区简介

物流园区是一个综合性的概念，针对不同的视角通常会有不同的界定，所以到目前为止学术界并没有比较统一的看法。本书选取了几个比较有代表性的视角来对物流园区进行定义。

（一）基于区位条件的视角

2006版国家标准《物流术语》给出的定义就是从物流园区产生的区位条件出发得到的，即：物流园区（Logistics Park）也称为物流基地，是多种物流设施和不同类型物流企业在空间上集中分布的场所，是具有一定规模和综合服务功能的特定区域。这是对物流园区最传统也是最本质的界定。在这一视角下的物流园区是各个物流节点的空间集中区域，园区内布局了大量专业的物流组织和物流设备，是起到综合、指挥和基础作用的大型物流中心，也是降低物流成本，提高物流运作效率和改善企业服务的经济功能区（王之泰，2000；梁世翔等，2007；贾洪兴，2007）。

（二）基于产业集群视角

从这一角度出发定义的物流园区被看成是一种特殊的产业集群形

式(章建新等,2005;杨光玉,2007;宣春霞等,2007),是物流产业进行规模化、集约化、专业化、一体化发展的物流组织区域(梁世翔等,2007)。这种定义方式是从物流产业的自身发展角度来定义物流园区功能的,它将建设物流园区看成是发展物流产业的前提,或者说是有效促进物流产业发展的战略性措施。

(三)基于信息网络的视角

这是一种在现代信息技术高速发展背景下出现的一种定义形式,它脱离了传统集中型物流园区的运作形式,将其定义为非集中型物流园区(李鹏林,2004),即多个分散园区通过信息网络的方式联结起来形成的联合体。这一角度下的物流园区是建立在较高的管理水平和信息通信技术基础上的,它突破了地理上的限制,功能定位较单一园区也更为丰富。

(四)综合视角

将以上定义做归纳总结,就可以得到一个较为全面的物流园区概念,它具有四层含义:首先,物流园区是一个集各项物流功能于一体的开放性区域;其次,物流园区内包含有运输企业等众多物流经营者;再次,物流园区是两种及以上交通运输方式的衔接点,例如铁路与海运;最后,物流园区是推动物流产业发展,促进区域经济增长的战略性建设地区(夏文汇等,2006)。

物流园区内的业务种类繁多,根据园区经营者自身的功能定位,大致可以区分以如下几种类别:一是货运型物流园区。这种类型的物流园区内主要集聚各类运输企业,提供货物装卸、货运代理、专线运输等业务。二是生产型物流园区。主要是为生产企业提供服务的物流园区,提供货物分拣、组装、再加工等业务,实现产品增值。三是商贸型物流园区。主要服务对象为商贸企业,园区内以现货市场交易为主,设有大量的物流设施。与其他类型的物流园区的最大区别就是内含交易摊位,运营较好的则设立了交易中心,从事现货销售、结算、货物暂存、管理等业务。四是综合型物流园区。即上述三种类型物流园区的混合形态。各类物流相关企业都集聚于此,通过合理的规划布局,统一协调,提高园区运行效率(姜超峰,2010;丁斌,2004)。

港口物流园区是比较具有代表性的一种园区类型。它是在港口附近建立的,由多个专业化物流组织构成的物流运行区域,目的是降低港口运作成本,提高港口的物流运作效率。具体来说,具有如下优势:一是港口物流园区的建立可以吸引更多国内外物流,加快港口物流功能的实现,提高港口的整体竞争力。二是港口物流园区可以增加国内外各类商品的流通渠道,促进国际贸易发展,进而带动港口周围经济腹地的发展。三是发展临港工业。由于港口是各类物资流动最为频繁的区域之一,也是各类生产要素、原材料及大宗商品的最佳集合点,诸多原材料加工企业例如钢铁厂大多建在临港地区,有利于工业及部分大宗货物加工业的发展。四是物流园区的建立可以大大加快港口货物的流转速度,并且不断创新的现代化管理手段可以尽可能减少货物库存,大大降低物流成本(杨家其等,2003)。

参照国内外发展较为完善的港口物流园区功能划分,大致可以分为以下几种:一是中转功能。这里所说的中转包括国际中转、国内中转、保税中转、非保税中转等。对港口物流园区来说,国际国内的各类货物都可以在园区内进行装卸、仓储、加工,甚至是交易后再转送至境内外各个地区。二是配送功能。港口物流园区的配送功能是指园区内的物流服务企业为生产企业提供后勤服务,例如配送零部件及生产原料、设计配送方案等。三是贸易功能。即指在园区内进行国际转口贸易,召开贸易洽谈会,发布商品信息等。四是增值加工功能。这一功能是现代港口物流园区大都具备的新型物流功能。是指国内外商品在港口园区内进行流通中转时,为了更加有效地利用物资在途时间,提高物流效率,在园区内对产品进行的简单初加工或再加工。这不仅使货物在流通过程中获得了附加价值,也使得物流过程本身实现了价值增值。五是保税功能。港口物流园区一般都具有保税功能。国际货物在区内进行中转或者再加工时原则上不再征收货物增值税,园区内的企业之间可以自由进行彼此货物的买卖与转让(韩雪,2010)。

　　传统港口物流园区布局遵循适应性原则、近距离原则、系统性原则、布置优化原则和动态原则,通过物流经营主体各自提供的物流服务的不同,将整个园区划分成为几块功能不同的子区,保证港口物流园区以最高的效率运营。典型的港口物流园区布局模式如图 9.4 所示(杨传波,2011)。

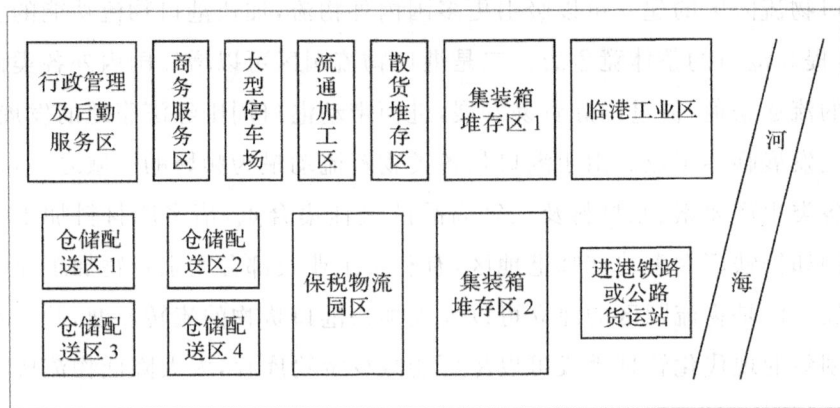

图 9.4　传统港口物流园区布局

第二节　舟山港传统大宗商品国际物流运作模式

一、简单大宗商品国际物流运作模式

　　正如前文所提到的一样,国际物流是伴随着国际贸易的扩张逐步发展起来的,而国际物流同时又是国际贸易得以持续发展的保障,如果没有国际物流,那么商品也就无法实现在国家之间的移动,国际贸易也就无法完成。因此,国际贸易与国际物流之间是一种双向的反馈关系。传统港口国际贸易涉及报价、订货、备货、报关、检验、保险、提单、收货、结汇等多个步骤,具体的流程如图 9.5 所示。图 9.6 则给出了与传统国际贸易流程相适应的传统国际物流运作模式。

```
┌─────────────────────┐
│  双方磋商，签订合同  │
└─────────────────────┘
          ↓
┌─────────────────────┐
│    卖方订货、备货    │
└─────────────────────┘
          ↓
┌─────────────────────┐
│      租船订舱        │
└─────────────────────┘
          ↓
┌─────────────────────────────┐
│ 卖方办理报关、保险、商检等手续 │
└─────────────────────────────┘
          ↓
┌─────────────────────┐
│    货物装船出口      │
└─────────────────────┘
          ↓
┌───────────────────────────────┐
│ 买方办理进口报关、商检等手续，  │
│        凭提单提货              │
└───────────────────────────────┘
          ↓
┌───────────────────────────────────┐
│ 买方组织货物储存、分销，并结算货款 │
└───────────────────────────────────┘
```

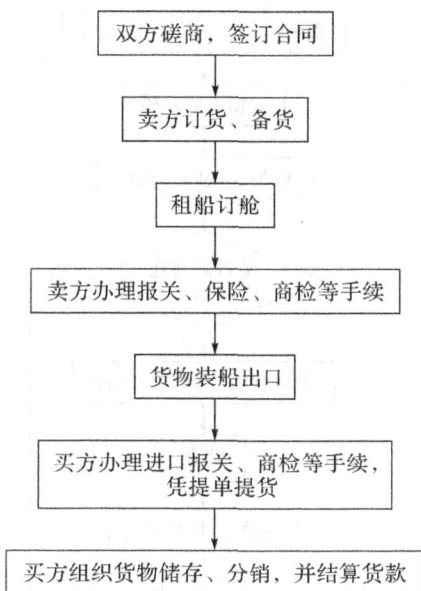

图 9.5　传统出口贸易流程

二、传统环境下舟山自由港大宗商品国际物流运作模式

作者考察了目前舟山港大宗商品国际物流的实际运作模式，即以专门的大宗商品物流园区为依托，以多式联运为主要运输手段的常规物流运作模式。具体如下。

（一）基于物流园区的大宗商品国际物流运作模式

目前国内无论是港口物流园区还是城市内陆的物流园区，其运作模式大多借鉴了国外物流园区发展较好的国家如日本和德国。当前舟山港已经在建或初具规模的物流园区包括舟山本岛西北部石油化工交易物流园区、六横山大宗商品物流园区、老塘山国际粮油中转储运与加工贸易物流园区、衢山港大宗商品综合物流园区和舟山本岛背部临港产业物流园区等。但由于这些物流园区刚刚建成不久，园区运营还处于调试阶段，基于国际物流园区的大宗商品物流运作模式与国外物流产业发达地区相比并不是十分成熟。在描述基于物流园区的物流运作模式时，一般主要从园区的开发模式、经营管理模式和盈利模式三方面进行探讨，

```
        ┌──────────────────────┐
        │  卖方组织货源、备齐货物  │
        └──────────┬───────────┘
                   │
        ┌──────────▼───────────┐
        │     货物内陆运输       │
        └──────────┬───────────┘
                   │
        ┌──────────▼───────────┐
        │   报关、保险、商检     │
        └──────────┬───────────┘
                   │
              ◇─────────◇        否
             ╱是否需要在 ╲───────────┐
             ╲港口储存?  ╱           │
              ◇────┬────◇            │
                   │是               │
        ┌──────────▼───────────┐     │
        │   港口验收、卸货、入库  │    │
        └──────────┬───────────┘     │
                   │                 │
              ┌────▼────┐            │
              │  储存    │           │
              └────┬────┘            │
                   │                 │
        ┌──────────▼───────────┐     │
        │    拣货、出库检查      │     │
        └──────────┬───────────┘     │
                   │                 │
              ┌────▼────┐            │
              │  出库    │           │
              └────┬────┘            │
                   │                 │
     否       ◇─────────◇            │
  ┌──────────╱是否需要集 ╲           │
  │          ╲装箱运输?  ╱           │
  │           ◇────┬────◇            │
  │                │是               │
  │      ┌─────────▼─────────┐       │
  │      │     装、拼箱        │      │
  │      └─────────┬─────────┘       │
  │                │                 │
  │      ┌─────────▼─────────┐       │
  └──────►     装船          ◄───────┘
         └─────────┬─────────┘
                   │
         ┌─────────▼─────────┐
         │    货物国际运输     │
         └───────────────────┘
```

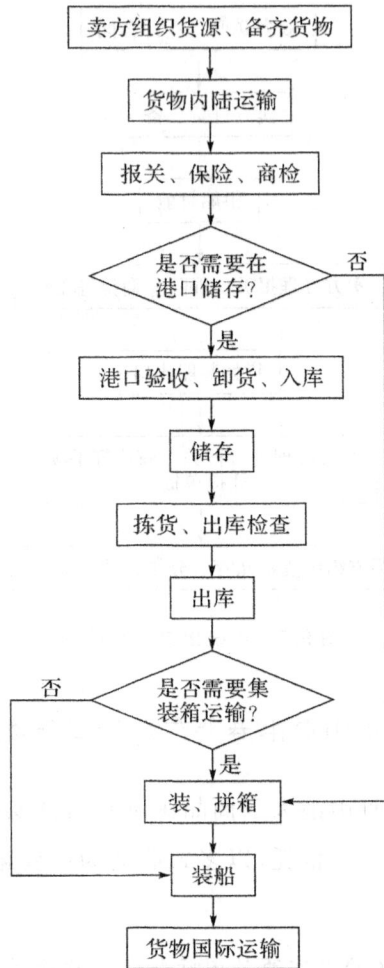

图 9.6　传统国际物流运作模式（出口）

本书在借鉴已有相关研究成果的基础上，综合考虑舟山港物流园区的发展战略目标、功能定位、实际经济发展水平和港口物流体系的发育程度来系统介绍这一模式在舟山的运行方式。

1. 开发模式

在讨论港口物流园区的开发模式时，较多地是从开发主体和具体的开发方式两个方面入手。就当前国内外采用较多的园区开发模式上来看，根据实际物流产业的发展需要，目前在物流园区的开发建设中主要存在四种模式，即政府主导型开发模式、大型物流企业主导型开发模式、物流(或工业)地产商开发模式和综合运作模式(娄万里等,2009;韩兰兰,2010)。

政府主导型开发模式是由政府出资规划和建设物流园区,并由政府成立专门的园区开发机构,以各种优惠措施吸引投资商来为园区的建成后的发展进行融资。这种形式的开发模式比较类似于政府对高新技术开发区、经济开发区等项目的开发建设。在国内物流园区发展初期,大多采用这种开发模式。

大型物流企业主导模式,是指由政府提出建立物流园区,然后由市场上在物流技术开发和在物流服务运营上具有优势的大型企业率先对园区进行开发投资,或通过招商引资等方式联合几家企业共同开发,园区建成后由这些企业率先入驻园区并开展经营活动,待园区逐步运营起来之后,再通过这些企业引导和带动其他物流企业在园区内集聚,并鼓励他们一同参与到园区后续的开发建设中去。简单来说,这种模式就是以大型物流主导企业为核心开发主体,通过集聚市场上的流动资金和物流资源来进行物流园区的投资开发工作。

物流(或工业)地产商开发模式就是让物流(工业)地产商作为园区的开发主体,而政府则通过给予地产商适当的土地或税收优惠政策,由地产商出资开发物流园区、配备相关物流设备和建设物流基础设施等,园区建成后,地产商就可以通过出租、转让或合作经营等方式来管理物流园区。在这种模式下,物流园区的开发建设就相当于是地产项目,地产商独立负责园区运营管理,但并不参与园区内具体的物流业务。

综合运作模式又指政企联合开发模式,是指在政府缺乏足够建设资金的情况下,通过公私联合的方式与企业共同出资开发物流园区,园区的规划和具体项目投资也由双方协商决定。依据国外经验,当一国或地区物流园区发展比较成熟的时候,就可以通过这种模式进行开发。事实上,许多最初采用政府主导型开发模式的物流园区,在建设中出现融资困难的时候会想办法吸收市场上的私人资本为开发融资,这就使得开发模式最终向综合运作模式过渡,即由政府和企业共同开发物流园区。

目前舟山港上的大宗商品物流园区都处于开发初期,主要采用的是政府主导型的开发模式,即是由政府出资建立,并负责园区的选址和规划工作。舟山市政府根据港口的发展需要,结合当地的自然环境、交通、基础设施等特点,确定最佳的物流园区位置,并划定园区的主要物流功能,对园区的布局、物流平台和信息平台的建设等进行统一规划。随着园区开发地不断推进,舟山市政府渐渐发挥出引导者的作用,通过不断招揽社会上大型物流企业或投资商进行共同开发,为园区建设融资。随着投资者的增加,物流园区的开发模式也会逐渐向物流企业主导型开发模式或综合运作模式转变。

但是需要注意的是,物流园区的开发往往投资巨大,且建设周期长,资金回收慢,仅仅由政府或是几家企业承担出资任务,风险就会比较大。很容易因为资金链的暂时断裂等原因造成园区发展停滞、入驻企业减少等现象,不利于舟山整个港口物流竞争力的形成。

2.经营管理模式

物流园区的管理模式是指物流园区在开发建成之后为实现最初拟定的战略目标和功能定位而采取的运营管理方式,园区管理者有义务协调好园区内各方的利益关系,实现园区有序运营,并获得长期的经营收入。根据园区管理机构的组成方式和其在园区中角色定位的不同,通常物流园区采取的经营管理模式有四种,即管理委员会制、业主委员会制、协会制和股份公司制(丁斌,2004)。

管理委员会制对应于政府主导型的园区开发模式,由政府组建物流园区管理委员会来负责园区的招商引资和日常营运事务,协调和帮助物流企业开展相关物流服务,如帮助企业进行入驻登记、提供物流设施租赁及收取相关费用等。业主委员会制则是由参与园区投资开发建设的物流企业共同组建园区决策机构和管理部门来负责园区的各项运营。协会制是指由参与园区开发外的第三方,即物流行业协会,来负责园区的经营管理工作。这种管理模式与业主委员会制的区别在于物流协会虽以组织者的身份参与到园区的管理中来,但他前期并没有对园区进行任何的直接投资。股份公司制的管理模式就跟一般股份企业的管理方式类似,通过设立董事会和总经理的相关职务来对负责园区管理。一般在物流企业主导型的开发模式下采用得比较多。

管理模式的具体选择需要综合考虑园区的开发模式、政府和投资企业预期的职能定位及物流园区的规模和功能等因素。尤其是港口物流园区的建设,还需要考虑港口实际的物流情况、原有的物流运行体系、海运网络的建设程度等因素。一般情况下,物流园区管理模式的选取主要还是取决于开发主体。政府主导型开发模式和综合运作模式通常会采取管理委员会制,大型物流企业主导型开发模式则较多采用业主委员会制的管理模式,物流(或工业)地产商开发模式则会选择协会制或股份公司制。

对于舟山港上在建或已建成的物流园区,由于刚刚处于创立初期,大多采用的是政府主导型的开发模式,因而对应采取的管理模式为管理委员会制,即由政府成立"物流园区管理委员会"来负责园区内的一切管理事宜,制定并落实好园区的建设规划,负责招揽更多的物流企业进驻物流园区。但需要注意到的是,舟山港上的物流园区主要是为大宗商品国际物流服务,专业性强,这就不仅要求园区管理者对国际物流过程有相当的了解,还需要对大宗商品物流运作的特殊性有所涉猎,这就对原本就缺少专业物流人才的园区管理委员会的独立管理提出了更高的要求,也降低了这种模式在港上的适用性。

同时,在实际的运营过程中,舟山港上采取的这种管理模式使得物流发展规划、招商政策、项目开发、物流设备引进等关键环节掌握在政府手中,园区内的物流企业缺乏自主权,积极性不高。但在当今供应链管理和第三方物流服务理念盛行的大环境下,这种管理模式是很难适应发展需要的,所以舟山港上的大宗商品物流园区需要根据大宗商品客户的实际物流需求和港上的实际情况积极改变和创立管理模式,努力帮助舟山港成为大宗商品国际中转枢纽。

3.盈利模式

物流园区的盈利模式主要指的是园区通过何种方式来获得经济利益。同样,我们可以从两个方面来看待园区的盈利收入,园区投资方的经济收入和入驻物流企业的盈利收入（戴航,2010）。后者作为园区服务的实际展开者,显然是通过为物流服务需求方提供不同的相关服务获得利润收入,不同发展类型和不同功能定位的物流园区在不同的发展阶段所提供的主要服务类型也是不同的。对于像舟山已经建成的港口物流园区来说,主要是为打造大宗商品国际物流中转枢纽这一目的服务的,所以港上的物流园区提供的主要服务包括大宗商品的特殊仓储服务、运输服务和流通加工等增值服务等。而对于园区投资方来说,他们的盈利收入是建立在园区内入驻企业的利润基础上的,也是规划和建设物流园区的最终目的。具体来说,他们的收入主要来自于出租收入、服务费用、项目投资收益、土地增值和其他收益五个方面（兰丕武等,2009）,根据园区自身的定位,不同园区的收入侧重点不同,所以相应地存在转运型物流园区盈利模式、仓储配送型物流园区盈利模式、流通加工型物流园区盈利模式和综合型物流园区盈利模式这四种盈利模式（戴航,2010）。

（1）出租收入

出租收入是物流园区整体盈利收入中最主要的一部分。主要有:仓库租赁收入。物流园区的经营者会将园区内已经修建好的仓库及设备出租给相关的物流服务企业,并从中收取租金;物流设施租赁费用。将园区内的运输、装卸搬运、流通加工等设备出租给园区内的各类企业使用,例如运输型企业、生产型企业等,从而收取资金;房屋租赁费用。将园区中的一些办公场所租赁给物流企业用于建立管理部门;其他租赁收费。例如对入驻的大量物流企业,尤其是运输企业,园区提供大型停车场供其提放运输车辆,同时收取一定的停车费。

（2）服务费用收入

信息服务费用。物流园区内通常集结了大量的物流服务企业,除了他们之间的物流信息共享外,由园区统一提供的相关物流信息也是他们重要的信息来源之一。首先园区会提供运输车辆和港口船舶的实时配载信息,帮助企业了解运输情况,提高交通运输工具的配载率,降低他们的运输成本。其次是提供商品交易信息。通过为园区用户,尤其是生产加工型企业提供及时的商品市场信息,了解市场动态。并收取一定比例的费用。发展比较好的物流园区还会通过物流信息平台的建立来向企业收取中介费用。一方面,通过介绍新的投资者的进入,为园区进行融资,从中收取一定的融资中介费。另一方面,为商品的需求方和园区内用户进行牵线,完成商品销售,从中收取一定的销售中介费;其他服务费用。包括为物流人才进行培训而收取的培训费、技术服务费等。

(3)项目投资收益

即是指园区运营者可以对自己看好的园区用户的物流项目进行投资,如加工配送等各类业务,并从中获取收益。

(4)土地增值

对于园区运营者来说,尤其是上文提到过的以主导企业为主的物流园区运营模式,他们可以从园区所占土地增值中获取较大一部分的收益。因为当港口及园区基础设施建成,物流设备不断完善,入驻企业不断增多之后,园区地价就会升值。地价升值就会给物流园区运营商带来各类费用如入驻费、仓储费、房屋出租费等一定的提升空间,进而增加收入。

(5)其他收益

例如通过上市、增发股份等方式来获取收益。

根据国内外运营较好的物流园区的发展经验来看,物流园区这一新型的物流发展模式需要前期大量的资金投入,且投资回报收益时间较长,但对于舟山港来说,由于国家和地方政府的高度重视和财政支持,同时港上原有仓储设备和物流设施大多可以二次利用,从理论上说,舟山港物流园区有着很好的盈利前景。

由于舟山港口物流园区建立时间比较晚,其大部分的收入主要还是来自于出租仓库、堆场、相关物流设备和办公楼等得到的租赁收入、物业管理费等方面,而在信息服务、培训和项目投资上的收入较少,而土地增值能够带来的收益也因为需要以低价吸引新的物流企业的入驻而大打折扣。园区主要定位于为大宗商品的国际物流提供服务,但园区及港口内其他相关基础设施的相对落后,欠发达的交通枢纽网络、传统的管理理念和信息平台及交易中心的缓慢发展进一步阻碍了园区盈利收入的增加。同时,入驻园区内的物流企业提供最多的仍然是运输和仓储服务等基础性物流服务,服务内容单一,增值空间较小,且其因为没有强大高效的物流网络的支撑,车辆、船舶的装载率也不是很理想,盈利能力无法达到预期水平。

再从具体的盈利模式来看,根据舟山市政府对舟山港上大宗商品物流园区的功能定位和其主要盈利来源,所有在建或建成的物流园区均符合转运型物流园区的盈利模式和仓储配送型物流园区的盈利模式,这些园区中大部分的收入来自于大宗商品在港口中转时所发生的仓储费用、设备租赁费等其他服务费用。但同时舟山本岛西北部石油化工交易物流园区和老塘山国际粮油中转储运与加工贸易物流园区都允许并提供场所供大宗货物进一步再加工,从而实现产品增值,这些园区的收入又包括了流通加工中心加工项目的投资收益、场地出租费等。而衢山港大宗商品综合物流园区和舟山本岛背部临港产业物流园区初期的发展定位是打造集所有物流功能为一体的综合型大宗商品国际物流园区,所以这两个园区内物流服务产业发展相对较为发达,盈利来源也较广,包括土地增值收入、项目投资收益、服务费用等。

但是,由于信息技术未能在上述几个园区内实现广泛应用,使得园区内部以及园区之间无法实现及时的信息共享,使得第三方物流服务因为不能满足顾客对于信息及时性、准确性的要求而发展缓慢,入驻的第三方物流企业因此减少,导致大量客户群体流失。在当今供应链管理的物流理念不断发展下,需要为大宗商品运输提供相关服务的物流企业也能够不断向供应链的上下游开拓,增加利润空间。但是,由于第三方物流服务发展的落后,使得许多本可以专注于从事生产流通再加工的企业需花费精力从事仓储、运输和配送的物流环节。此外,信息技术的薄弱和园区单一的发展模式使得企业也只能从事基础物流环节,这就使得其与附近港口(例如宁波港、上海港等)发生激烈的价格竞争,降低利润水平,而盈利能力较高的增值服务却难以实现。

在上述模式的国际物流园区运作基础上,舟山港通过采用多式联运为主要运输方式,来实现港上大宗商品国际物流的顺利运作。

(二)基于多式联运的大宗商品国际物流运作模式

分段运输是国际货物运输中比较传统的一种运输形式。它是指采用两种及以上运输方式分别将货物从起始地运至目的地。每一运段的承运人分别履行各自签订的运输合同,即多家运输企业分别完成货物的海洋、内陆沿海、铁路、公路等的装卸、搬运、运输等业务。这种运输方式既不利于国际物流过程的统一管理,也不利于提高国际物流的综合服务质量,不能适应综合物流的要求,所以在当前大宗商品的国际运输中已被逐渐淘汰。物流企业横向联合的出现,使得基于多式联运的国际物流运作方式渐渐兴起,能够独立经营多式联运的企业的不断增多更是进一步推动了这种物流运作模式的发展。当前,大宗商品运输集装箱化的趋势使得舟山港上大宗物资的运输逐渐开始采用这样一种国际物流的运作模式。

1980 年通过的《联合国国际多式联运公约》对多式联运定义如下:国际多式联运是指按照国际多式联运合同,以至少两种不同的运输方式,由多式联运经营人将货物从一国境内接管货物的地点运至另一国境内指定交货地点。简单点说,就是指由两种及以上的交通工具相互衔接、交替运输而共同完成的一种混合运输方式。在多式联运的运输方式下,经营人负责货物从起送点到目的地的全程运输,他可以根据最优化原则来选择任意两个物流节点之间的运输方式从而以最短的运输时间,最低的运输成本来提供最好的服务质量。如今大多国际物流服务提供商多以多式联运为基础通过他们在全球密集的物流网络来组织各类货物的运输。而在多式联运的过程中,集装箱作为基本的运输单元在其发展中占有举足轻重的地位。

港口多式联运的运输组织形式主要包括海海联运、海河联运、海铁联运、海公联运、路桥运输和海空联运或更多种运输方式的综合。根据舟山港实际发展情况,港上大宗货物运输主要采用的是海海联运、海河联运和海公联运这三种形式。

基于多式联运的国际物流运作涉及多种不同的交通运输方式,因而各个环节相关负责人之间的法律关系也比较复杂。要弄清这层关系,首先需要明确多式联运中最为关键的国际多式联运经营人。他是整个运输过程的核心,起到筹划、组织和协调各方的作用。在通常情况下,多式联运经营人并不独自承担全部运输业务,他在接受发货方的托运申请后,会与其他承运人签订运输合同,将部分或者全部的运输业务交给他们完成。但是分段承运人与发货方之间并没有直接的利害关系,他们只对多式联运的经营人负责,而多式联运的经营人则需要对发货方承担主要责任。图 9.7 给出了国际多式联运的物流模式中各方的具体关系。

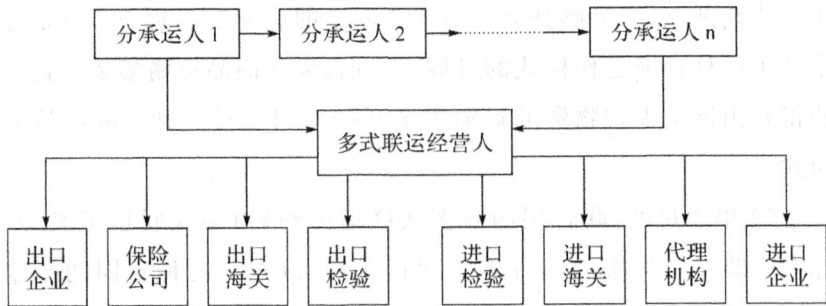

图 9.7　国际多式联运物流运作模式下各方关系

舟山港基于多式联运的大宗商品国际物流运作模式主要可以分为如下几个阶段:①配送阶段。即卖方在多式联运经营商签订合同之后将大宗货物送至其指定的配送中心(分拨中心、物流中心)实现货物集中(物流中心内可进行货物再加工等增值服务)。②仓储阶段。即对送至配送中心的货物进行合理的分类及储存工作。③报关阶段。报关、商检等手续一般是由卖方自行办理,但也可委托多式联运的运营商代为办理。④国内运输阶段。即将货物运送至港口,并完成装箱装船等工作,签发多式联运提单。⑤国际运输阶段。即实现大宗货物在国与国之间的运输。⑥国外运输阶段。由运营商在国外的分支机构或代理人完成货物报关、检验、配送等工作,即通过运营商的国际物流网络将大宗货物运至指定的堆场或物流中心(物流中心内可进行货物再加工等增值服务）。⑦国外配送阶段。由运营商的海外服务网络将货物配送至买方指定地点,国际物流活动结束(王国才,2003)。当然,基于多式联运的国际物流整个过程中,都能够保证信息的实时反馈与更新。图9.8和表9.2分别给出了舟山港基于多式联运的大宗商品国际物流运作模式流程图和多式联运各个物流环节物流服务商提供的主要功能。

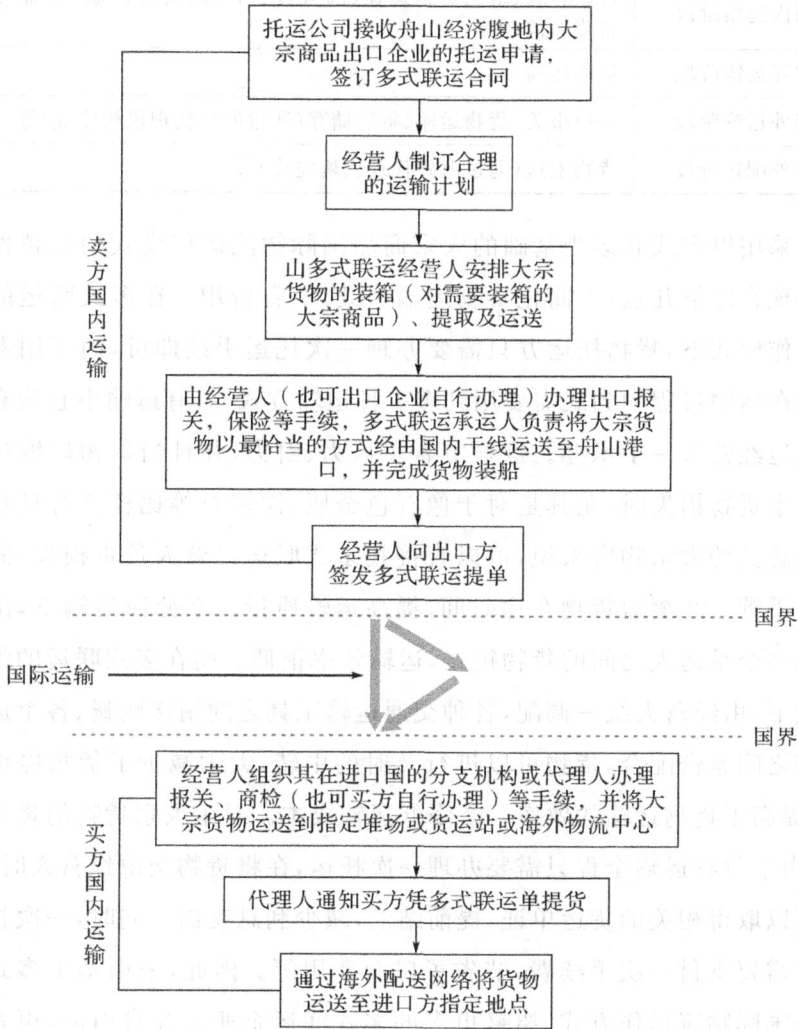

```
              ┌─────────────────────────┐
              │ 托运公司接收舟山经济腹地内大   │
              │ 宗商品出口企业的托运申请,      │
              │ 签订多式联运合同             │
              └─────────────────────────┘
                          │
              ┌─────────────────────────┐
              │ 经营人制订合理             │
              │ 的运输计划                │
              └─────────────────────────┘
                          │
              ┌─────────────────────────┐
              │ 山多式联运经营人安排大宗       │
   卖         │ 货物的装箱(对需要装箱的       │
   方         │ 大宗商品)、提取及运送        │
   国         └─────────────────────────┘
   内                     │
   运         ┌─────────────────────────┐
   输         │ 由经营人(也可出口企业自行办理)办理出口报 │
              │ 关,保险等手续,多式联运承运人负责将大宗货 │
              │ 物以最恰当的方式经由国内干线运送至舟山港  │
              │ 口,并完成货物装船             │
              └─────────────────────────┘
                          │
              ┌─────────────────────────┐
              │ 经营人向出口方             │
              │ 签发多式联运提单           │
              └─────────────────────────┘
```

-- 国界

国际运输 ──────────────▷

-- 国界

```
              ┌───────────────────────────────┐
              │ 经营人组织其在进口国的分支机构或代理人办理     │
   买         │ 报关、商检(也可买方自行办理)等手续,并将大  │
   方         │ 宗货物运送到指定堆场或货运站或海外物流中心     │
   国         └───────────────────────────────┘
   内                     │
   运         ┌───────────────────────────────┐
   输         │ 代理人通知买方凭多式联运单提货            │
              └───────────────────────────────┘
                          │
              ┌───────────────────────────────┐
              │ 通过海外配送网络将货物                │
              │ 运送至进口方指定地点                │
              └───────────────────────────────┘
```

图 9.8　基于多式联运的国际物流运作流程

表 9.2　基于多式联运的国际物流各阶段主要功能

运输阶段	主要功能
配送阶段	接受订单、制订运输计划、收货、集货、车辆调度、货物跟踪等
仓储阶段	货物出入库管理、库存查询、库存管理、货物跟踪等
报关阶段	海关报关、检验、办理保险、关税征收等
国内运输阶段	订(船)舱、组织货物运输、港口货物管理、货物拆盘(装盘)、发布货物信息等
国际运输阶段	货物运输
国外运输阶段	进口报关、货物运输、货物储存(通过海外代理机构完成)等
国外配送阶段	货物配送(通过海外代理机构完成)等

采用以多式联运为基础的大宗商品国际物流运作模式的优越性主要体现在以下几点:①简化货物运输手续,节省费用。在多式联运的物流运作模式下,货物托运方只需要办理一次托运手续即可,而不用考虑货物在运输过程中到底需要用到多少种运输方式,所有运输事宜均有多式联运经营人一手承办。这样节省了人力、财力,并且当货物运输过程中发生货物损失时,尤其是对于像有色金属、铁矿石等比较稀有且具有战略意义的大宗物资来说,可以直接找多式联运经营人负责损失,简化赔偿手续。②缩短货物在途时间,提高运输质量。在分段运输下,由于涉及多个承运人之间的货物衔接,运输效率很低。而在多式联运的物流方式下,由经营人统一调配,各种交通运输工具之间衔接顺畅、各个运输环节之间紧密配合,货物可以进行及时的中转,大大减少了货物停留时间,提高了货物运输的效率。③降低运输成本。对于大宗货物的货主来说,由于货物运输全程只需要办理一次托运,在将货物交由经营人时,他便可以取得相关的货运单证,提前结汇,减少利息支出。同时,一次托运就只需要支付一次手续费,节省了磋商费用等。因此,采用基于多式联运的国际物流运作方式,招募更多的多式联运企业入驻舟山港,更容易吸引大宗商品交易商来此办理国际运输业务。④使运输过程更为合理化。较分段运输来说,在多式联运的运输方式下,经营人可以扩展其经营范围,最大限度地使用物流设施,制定出最优的运输方案,提高整个港

口的货物运输效率(胡杨,2010)。

　　舟山港以多式联运为基础的大宗商品国际物流运作模式的局限性则在于大宗商品中有一部分货物如煤矿、粮食作物等是需要散装运输的,所以在集装箱运输基础上发展起来的多式联运并不能充分发挥它的运作优势。并且舟山港上的多式联运仍采用了直接的职能制组织结构,这就使得各种运输方式的各个部门之间缺乏沟通、组织和协调,缺乏专业的联运组织来统一计划,因而全程的运输任务就会耗费更长的时间,且物流效率不高。当然,随着政府政策的扶持,港上也渐渐出现了专业的多式联运企业,采用业务流程管理方式,设置专门的运营部来统一筹划各种方式的分段运输,使港上大宗物资的运输效率大大提高。

　　其次,舟山港上多式联运采用较多的方式为海海联运或海河联运,在内陆运输衔接方面,由于舟山市铁路发展比较缓慢,所以海公联运是其在大宗物资内陆运输时所采用的主要方式。虽然公路运输有着灵活性大的特点,但是随着港口吞吐量的逐年增长,公路运输运量小、运距短、运输成本高、环境污染严重等问题不断显现,且货物运输主要积压在公路上,也使得港口的交通出现混乱,阻碍港口功能的进一步发挥,这都对舟山港以海公联运为主的内陆运输体系造成较大的冲击。海铁联运是运送包括煤炭、粮食作物等在内大宗商品物流的最佳方式,因此,在舟山铁路集疏运网络建成之前,大宗商品多式联运的国际物流运作模式在舟山港上的发展还是极为有限的。换句话说,仅仅依靠多式联运,并不能使舟山港大宗商品的国际物流运输潜能发挥到最大程度。

　　再次,对于上文提到部分大宗商品只能利用散货船只运输这一论点,许多人会认为当前大宗货物已经逐步开始采用集装箱运输,多式联运的潜能因而也会被不断激发出来。但是一方面集装箱运输是一种较散货运输资本密集度更高的物流服务,这会导致货主物流成本的增加。另一方面集装箱运输对基础设施如码头、泊位和堆场、公路、集装箱分拨中心、物流园区、信息平台等的建设提出了较高的要求,舟山港当前的基础设施建设虽已取得极大改善,但仍然无法适应专业化集装箱运输模式,能够提供的相关集装箱物流服务也往往供应不足,这也是多式联运经营者不能充分开展业务的主要阻碍因素之一。同时,集装箱运输是需要有专业的物流人才对各环节进行精确地操作,人才缺乏也是舟山港上发展大宗货物集装箱运输的一大限制因素。

最后,多式联运虽然通过专门的经营人将各个独立的运输区段结合起来,但是仍然涉及众多的关系方,各个关系之间也必然会牵扯到复杂的业务流程和信息传递,传统港口滞后的信息环境无力协调这一复杂关系网络,仅仅基于多式联运的国际物流运作模式并不能够满足舟山港口对于国际物流枢纽港的发展需求,若不加以改进就无法充分发挥舟山港口大宗商品的国际物流潜力,以物流促经济的战略举措也就大打折扣。

三、供应链管理环境下舟山自由港大宗商品国际物流运作模式

国际贸易方式的转变与现代信息技术的不断发展推动着港口国际物流运作模式的转变。供应链管理概念的出现,为新型物流运作模式的构建提出了可行的发展方向。所以说,构建供应链管理环境下舟山自由港大宗商品新型物流运作模式不仅是满足港口的实际发展的需要,也是顺应国际趋势,提升港口全球竞争力的必然选择。

(一)构建大宗商品国际供应链模型

港口作为连接全球生产和消费市场、国际贸易和各类物流活动的核心节点,已不再仅仅是物流服务的承担者,更是全球供应链中重要的生产和服务供应源,在供应链体系中占据着十分重要的地位(施丽容,2007)。它通过发达的交通网络将世界各地的生产商和消费者连接为一体,并同时融合了供应商、陆运公司、船公司、货代等各方国际物流参与者的物流信息,成为整个国际贸易过程中商品和信息的汇集中心。正是由于港口所具有的这一特性,使得它成为参与全球供应链的最佳物流节点。

港口供应链是指在港口选择一个合适的供应链平台,经由某种机制将产品上下游所有参与者,例如生产商、供应商、销售商、服务商(包括提供仓储、运输、配送等的物流服务商、金融服务商、商业服务商等)、国内

外客户等链接成一个有机整体,通过这个有机体将产品以最低成本精准、高效地配送到客户手中。而这种以港口为基础,集合多种运输方式与物流服务形态的,由多方参与形成的运作体系即为港口供应链网络。一般的港口供应链都具备以下三种共性:首先,在港口物流供应链体系中,必定存在着核心港口物流集成商来主导一系列物流活动。其次,港口物流供应链是一种服务性的供应链,由服务性企业提供一体化的综合物流服务。最后,港口物流供应体系是一个具有柔性化特征的有机体,通过联盟的形式整合各方核心资源来达到物流目标。

　　大宗商品港口供应链是供应链基于具体商品种类的一种特殊形式,通常是指由大宗商品供应商、批发商、加工制造商、分销商和物流服务经销商、客户等各个环节构成的以港口为核心的网络结构。成功的大宗商品供应链一般都需要核心企业组织并管理各个物流环节,依据大宗商品生产与运输特点,实现商品生产、供应、销售一条龙与信息流、资金流和物流在港口的顺畅流动。

　　典型的港口供应链中,包括了各类供应链实体,某种特定类型的货物流(依据港口具体定位决定),以及数量巨大的资金流和复杂的信息流。简单的港口供应链模型如图 9.9 所示。

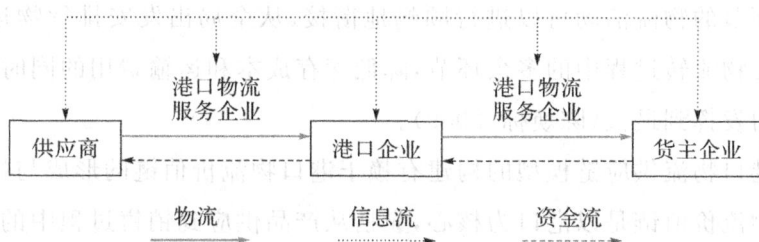

图 9.9　简单港口供应链模型

　　港口供应链要求港口不再将物流活动局限于产品供应链中的某一个环节,而是要将处于供应链源头的供货商到供应链尾端的用户全部纳入到港口物流企业实施物流管理的范围内,通过与他们建立良好的合作关系来提高自身竞争力。具体来说,港口供应链模型包含以下几个特点:①整合性。即港口供应链上的所有参与者联合起来形成一个协调一致、紧密配合的系统,实现共同目标。②动态性。由于港口的发展是与港口的规划密切相关的,通过供应链形成的战略合作关系会随着港口战略目标和服务方向的改变而改变,长期处于不断的动态调整过程中。③复杂性。因为港口供应链融合了产品生产及销售环节的各方,并且合作伙伴处于不同的国家与行业,物流设施的配备、物流技术水平和物流管理能力等存在着一定的差异,这就使得供应链操作更为困难,表现出一定的复杂性。④虚拟性。港口供应链上的各个企业之间是没有明确约束关系的,他们之间的协作是建立在相互信任和信息共享的基础之上的。所以通过港口供应链形成的企业物流联盟就像一个虚拟的团体,在彼此之间的协调合作中得以发展(陈焕标,2009)。

港口供应链模型如若构建可以带来如下优势:①实现信息共享。通过港口建立的信息平台,处于供应链上的企业可以及时了解产品的物流信息,同时各个合作伙伴之间还可以实现管理信息等的共享。②整合相关资源。即通过将合作伙伴的资源集中起来之后进行合理的再配置,寻求满足客户需求下的最优配置决策,从而增强港口供应链的竞争优势,提高物流服务水平。一般的资源整合方式有产品联合、技术联合和功能联合。③提高物流效率。港口供应链将各个局部环节结合在一起,使得每个环节的物流活动可以进行顺畅地衔接,从全局出发安排货物运输,省去货物流转过程中的多余环节,降低库存成本和运输费用的同时使物流潜力发挥到最大(陈焕标,2009)。

港口物流供应链模型的构建有赖于港口物流价值链的形成与构建。港口物流价值链是以港口为核心,囊括从产品供应到销售过程中的所有物流增值活动,在产品时间转换、空间转换、功能转换和所有者转换过程中实现物流价值增值的链条体系(李建丽等,2009)。港口物流价值链上的增值活动主要表现为一系列以港口为基础并贯穿供应链始终的物流服务,例如商品的仓储、搬运、装卸、运输、流通加工、配送、报关等基础物流服务、金融服务和信息服务。这些物流服务在保证货物顺利流转的同时,结合现代信息技术实现对供应链上信息流及资金流的有效控制,进一步实现物流服务价值增值的目的。可以发现,港口物流价值链是港口贸易活动的衍生品,是港口供应链体系中一个极其重要的组成部分。港口供应链包含了港口物流价值链上的所有环节及功能,只是比它更多地强调对供需双方物流需求变化的反应,更加注重与两端客户的联系(李建丽等,2009)。在实际运作过程中,同时对港口物流价值链以及供应链上的其他部分进行有序地协调与整合。图 9.10 反映了港口物流价值链与港口供应链之间的关系。

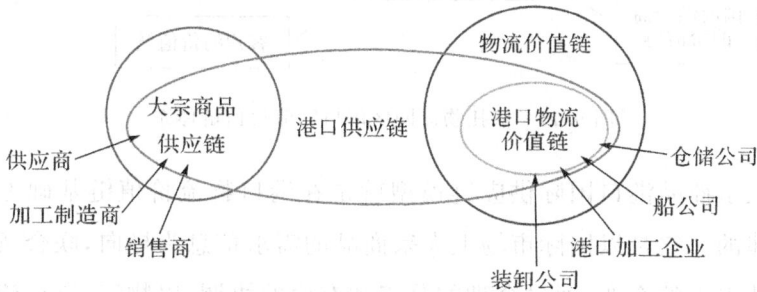

图 9.10　港口物流价值链与港口供应链

舟山港在遵循"大宗商品港口物流价值链—大宗商品港口供应链"的网络构建过程中需要注意以下两点:一是合理选择物流服务供应商。无论是对于供应链上的任意参与方还是供应链整体来说,他们都希望挑选合作的伙伴具有较强的柔性服务提供能力,能够更好地满足大宗商品运输的多样化要求。所以在选择供应商时最好能够建立起一套科学标准的评估体系,运用多种决策方法,根据大宗商品的实际物流需求,结合园区的实际发展情况和供应链上其他参与者的相关建议,合理地选择条件最优的物流服务供应商。二是科学分配物流任务。在供应商与货主等将物流任务委托物流服务供应链时,港口物流园区内的某一核心企业会根据大宗商品的具体特性,将有特殊运输要求的大宗商品港口物流项目拆分成若干个子任务分配给与其拥有合作关系的物流服务供应商,典型的子任务包括仓储、搬运、流通加工、运输、配送等基础物流服务。通过挑选最能够满足客户个性化物流需求(比如以供应商和货主仓库距离的远近、是否拥有特殊的物流设备等)的企业,以最低的成本实现最高质量的服务供给,提升客户满意度,增强他们的长期合作愿望,稳定港口货物来源,保证供应链能够长期、稳固地发展下去(成灶平,2012)。图 9.11 构建了舟山港大宗商品国际供应链模型所依照的港口物流价值链体系。

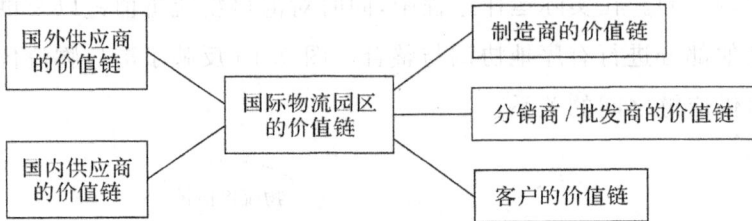

图 9.11　依托物流园区港口物流价值链体系

　　大宗商品港口国际供应链模型就是在港口物流价值链基础上进一步构建的。它是以国际市场上大宗商品的需求信息为导向,联合所有供应链节点上的企业,通过合理的分工和有序的协调,以物流、资金流和信息流为媒介实现大宗商品供应链不断增值的这样一种运作模型。具体来说,舟山港大宗商品港口供应链的设计应包含以下四个方面的内容:一是结构设计。即指对基于大宗商品国际物流园区的港口供应链整体功能的设计,细化供应链各个环节,明确功能组成,将大宗商品库存管理、信息管理、物流管理、加工流通管理等环节都纳入到港口供应链的规划中,从而形成一个完整的运作体系。二是组织设计。组织设计就是在保证港口供应链实现网络化、柔性化等的前提之下,为将港口供应链下涉及的各个组织和各个部分联结成一个能够发挥各自优势的物流作业团队,通过对港口物流业务流程以及供应链管理的研究来完成组织之间的任务分配与分工协作。三是合作伙伴选择。供应链的有效运作极其依赖于成员之间的互动协作,这一部分是供应链设计的核心环节。在舟山港口大宗商品供应链构建过程中,需要明确影响供应链各方合作的重要因素,并在此基础上找寻恰当的合作方式,更重要的是要结合大宗商品运输的特殊需求来进行合作伙伴选择,以满足客户对服务个性化、柔性化的要求。四是具体实施规划。港口供应链的实施规划就是指实际物流过程中的协调与操作问题,运作效率直接体现了港口竞争力。所以在实施过程中,除了要做好成员之间具体的协调工作,还要保证信息管理系统设计、生产管理设计等辅助性功能的提前规划(谢凌锋等,2006)。

在构建的舟山自由港的国际供应链模型中,本书选取大宗商品国际物流园区作为核心物流节点,即上文提到过的供应链平台。舟山自由港需要改变传统环境下物流园区单一的运行方式,通过将园区打造成国际供应链平台来发展综合物流服务。可以围绕大宗商品物流园区,借助集疏运网络,在周边腹地乃至内陆地区,逐步建立并发展大量的小型物流节点,或者称之为大宗商品供应基地。通过供应点承揽腹地大宗商品物流业务,构建覆盖范围广泛的供应链网络,将舟山港口物流园区打造成为全国大宗商品物流网络中的永久核心节点。引进大型第三方物流企业入驻园区作为核心企业,借助园区框定形成企业物流联盟,改变原本园区内部对传统物流业务的恶性竞争,通过合作的形式参与到全球供应链的竞争中去。同时,由第三方物流企业为核心的物流服务企业联盟提供的完善的物流服务可以反过来吸引从事大宗商品生产和加工的企业主动地将其物流服务需求转移到港上的物流企业,进一步加快港口供应链系统的构建。

图9.12给出了舟山港以大宗商品国际物流园区为核心节点构建的国际供应链模型。从图中可以看出,本书所构建的供应链模型中包括了大宗商品供应商、陆路运输企业、船公司、加工制造商、分销商以及其他各类物流服务商。围绕大宗商品国际物流园区这一核心节点,该供应链通过各方连接实现对物流、信息流和资金流等的控制,从货物供应到最终运达客户手中,所有物流服务商实现了物流环节的高效衔接和对港口资源的有效整合,使港口逐步形成一个有序的供应链集簇局面。

在该供应链模型中,由于运输线的牵连,舟山港口与上、下游物流链企业都结成了的合作伙伴关系如下:①港口与供应链上游企业的联合。大宗商品港口供应链上游企业根据实际商品种类的不同有农副产品公司、石油化工企业、煤炭企业等,也包括外贸出口企业、运输企业、货运代理等。与这些企业建立战略伙伴关系有助于开拓国内供销市场,进而提

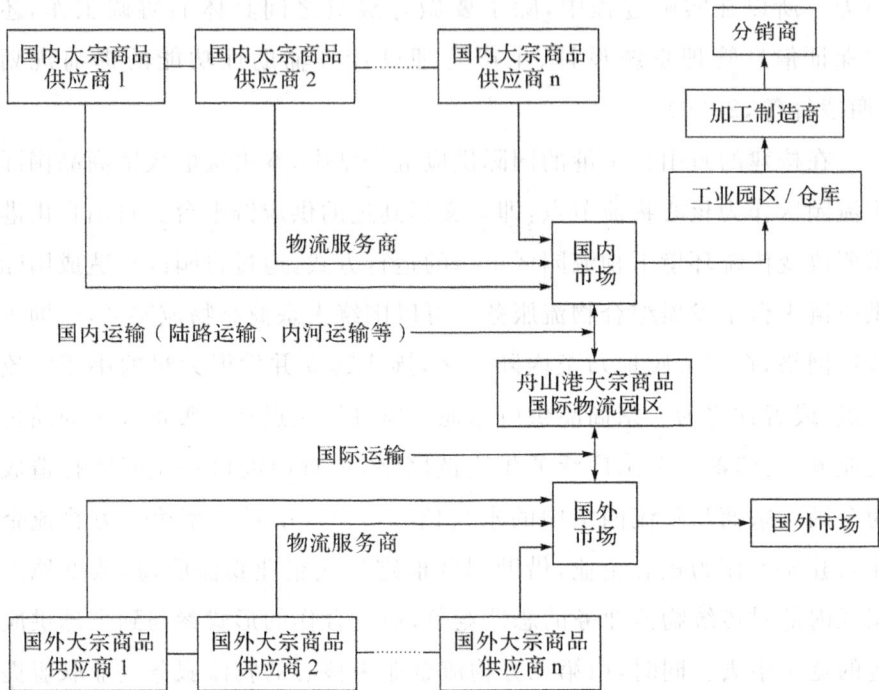

图 9.12 以大宗商品国际物流园区为核心节点的国际供应链模型

高港口大宗商品物流量,并减少中途运输环节,实现上游物流链的畅通运行。②港口与供应链下游企业的联合。下游企业包括钢铁厂、化工厂等在内的大宗商品加工基地、船舶代理企业、国内外代理商等货主与客户。与这些企业的联盟可以增加产品销路,减少港口库存,降低港口运行成本。③与船公司、公路的联合。目前舟山港与周围腹地及内陆地区相连最为便捷的运输方式是公路运输和内河船舶运输。与公路和船公司建立战略伙伴关系可以使港口实现"四通八达",同时提高装卸转运效率,进一步发挥港口自然优势与后天优势。④港口与业务外包方的联合,即与第三方物流企业的联合。港口物流服务外包可以利用外部资源最大程度地提高港口对市场反应的灵敏程度,更加合理地重组并协调港口物流业务,同时提高港口物流效率(孙凤山,2004)。

选择大宗商品国际物流园区作为供应链平台是因为园区内已有的基础设施和已经形成的服务体系可以直接满足供应链上下游企业对生

产销售所需的外部条件要求,同时园区内物流企业集聚带来的竞争优势可以使供应链上的企业以较低的成本获得最优的物流服务。通过将大宗商品国际物流园区打造成为连接国内外价值链的核心物流节点,可以使舟山自由港周围的经济腹地和内陆的企业积极参与到全球价值链的竞争中去,通过激发企业的市场竞争活力来带动国际贸易与港口国际物流业的发展。

在该供应链运作模式下,可以在舟山港口物流园区内实现的大宗商品供应链增值形式有:一是流通增值。即是指为了保证供应链的顺畅和运输一体化管理而对大宗货物进行称重、检验和包装等程序,满足商品在各种运输方式之间顺利转换的需要。二是加工增值。大宗商品多为能够被用于工农业生产的基础原料,许多都可以被拿来进行再加工,例如各类有色金属的冶炼、粮油食品的深加工等。供应链上的加工制造企业可以直接在港口园区内建厂生产,充分发挥港口作为大宗物资集散中心的优势来获取生产原料,这也同时促进了临港工业的发展,稳固了园区作为国际供应链平台的地位。

当然,舟山港口供应链模型的能否成功构建还受到众多其他因素的影响。首先,港口供应链网络离不开公路、铁路等交通集疏运网络的支撑。港上物流园区内的物流企业要实现与经济腹地以及内陆地区供应商和客户的对接,就需要与公路运输、铁路运输企业合作,共同完成供应链整合。如果没有他们的支撑,港口供应链就会发生断裂,港口物流服务也就难以实行。不过正如前文所提到的,目前舟山港上通往内陆腹地的运输方式主要是以公路为主,集疏运方式比较单一。公路运力不足就会限制供应链一体化带来的物流潜力,限制了物流能力的发挥,所以完善铁路建设也将会是构筑舟山港上大宗商品国际供应链的重要助推力量。

其次,要协调好供应链上各方关系,实现成员信息共享。舟山港口供应链模型中涉及上游遍布腹地及内陆地区大量的大宗商品供应商、陆路运输企业,下游的船公司及相关物流配套服务商等,他们规模各异,目标不一,例如船公司往往希望缩短船舶靠港时间来提高效益,但港口企业则希望最大化船只在港时间,以便充分利用港口资源进行物流增值服务。如何协调好各方的利益冲突,并且在最大化集体利益的基础上合理分配业务与利益所得也将是港口供应链管理的重点。本书建议,舟山港口要加强各方(大宗商品供应商之间、供应商与物流服务商之间、客户与船公司之间等)交流,充分挖掘优势互补点,形成利益共同体,制定合理的利益分配原则,避免利益冲突。例如,货主与船公司共享货物信息,船公司就可以在货物到港或出库前就已自主安排好舱位,最大化地利用船舶资源,降低运输成本,而货主也因此省去了许多本应自己完成的琐碎程序,增加了物流全过程的便利程度。此外,物流园区作为大宗商品国际供应链平台,要努力充当好信息媒介。不仅要保证供应链参与者能够通过园区获得各方信息,同时也要加快园区内大宗商品信息平台的建设,提供准确、及时的外界资讯。

总结上述分析可以得出,舟山港大宗商品国际物流业务的发展和供应链网络的构建都依赖于自由港物流园区的建设。作为供应链发展的核心节点,它是连接国内国外供应链的重要接口,也是集聚并协调供应链各方的有效方式。规划好物流园区的港口运作模式,改变传统环境下物流园区的单一功能定位,充分发挥港口园区潜力,将是供应链环境下大宗商品国际物流运作流程中的重要一环。

(二)发展供应链环境下第三方物流

供应链管理所要求的一般网络化模型中包括供应商、港口物流服务企业和货主企业等,各方在共同利益诉求基础上,以盟主企业为核心,实现对网络中信息流、资金流和物流的动态控制,完成产品从供应商到最终货主的服务过程。其中涉及的企业是超越界限的协同运作,通过共同努力提升自身及港口的竞争力。而发展供应链环境下的第三方物流,就是要将传统供应链上物流服务外包的承担者。第三方物流公司,作为港口供应链中的核心企业参与到港口国际物流运作过程中,通过它来组织港口企业的生产与物流服务活动,进而驱动整条供应链的顺畅运行。

从本章前文对第三方物流公司的相关叙述中可以发现,第三方物流企业作为功能性物流服务集成商,能够影响供应链上各个节点企业,并通过专业化的组织分工,既满足客户对于多样化、个性化的综合性物流服务的需求,又保证供应链上各节点企业共同获利。实践表明,整个港口供应链上企业的发展状况通常是由核心企业对于港口功能定位及发展规划的能力决定的。而第三方物流企业以其专业性和对物流运作的熟悉程度,使得它更适合占据港口企业发展过程中的领导地位,并且它所形成的这种服务方式更能够满足信息共享、资源整合、反应灵敏、形式灵活等供应链管理要求。第三方物流服务可以集供应链上所涉及的采购物流、生产物流、销售物流于一体,通过物流服务链将供应商、生产商、销售商联结在一起,形成相对稳定的合作组织,参与方之间高度的相互依赖也保证了第三方物流服务企业稳定的业务来源。显然,死守固定服务项目、不善于与客户分享物流信息的传统物流企业在供应链管理环境下,面对客户需求日益主体化,难以承担重任。

同时,在当代信息化社会下,信息作为一种资源对于港口发展来说有着举足轻重的作用。而港口第三方物流企业自身拥有一套依靠信息技术的高效管理方法,能够很轻易地了解并得到由船公司、货主、海关、港上物流服务企业及商品检验机构等集中提供的全面的物流信息,并依靠这些信息提供港口物流增值服务。快速集中港口信息既是第三方物流企业为港口带来的竞争优势,也是其自身发展的重要基础和效益源泉。

从舟山港实际发展情况来看,其原有的大宗商品物流过程基本上都是由货主自己安排的,港区及园区内部的物流资源也基本不与社会上的物流资源发生联系,港口就只负责港区范围内与大宗商品物流相关的部分业务,缺乏某种机制将两类资源进行有效整合。但当前舟山港口上大宗商品国际物流急需进一步的发展,客户对于多样化物流服务的渴望也越发强烈,港口与社会物流资源的接洽模式需尽快构建,而第三方物流企业的引入恰好满足了这一需求。综上所示,在舟山港上大力引进第三方物流企业不仅是供应链管理的要求,也是舟山港大宗商品国际物流发展的大势所趋。

当第三方物流企业作为盟主企业入驻舟山港时,它在供应链管理模式下的发展走向就应该从企业内部发展转为面向企业之间集成物流服务的发展,打破供应商、制造商、销售商等各物流独立组织结构之间的界限,充分利用第三方物流的优势建立和发展与港口供应链上其他企业的合作关系,进而获得竞争优势。这种以第三方企业为核心的供应链运作模式,实现了港口物流功能集成化和物流服务的一体化运作。

总的来说,将第三方物流企业作为供应链管理模式下的核心企业,既可以促进港口信息化建设,增加港口业务的科技含量,又可以影响港口组织架构的调整,同时还促进经济腹地的经济发展和整体现代物流水平的提升,对舟山港发展大宗商品物流业务起到重要的反馈作用。

供应链模式的精髓就是以最小化的物流费用来实现最大化的运作效率,主要有三个衡量指标对其进行衡量:反应速度、物流成本、服务质量及柔性程度。这就相应地对港口供应链模式下的第三方物流企业提出了三个约束和要求。首先是第三方物流企业需要改变传统的服务观念,将新的知识,如供应链管理理论、系统论以及信息技术方面的知识,融入到传统的物流服务中去。其次是要明确信息在物流服务系统中的重要性。要积极建立起能与供应链各个环节企业的业务信息系统相对接的物流管理信息系统,以信息网络为基础,实现各方及时的信息沟通,并通过货物跟踪,有效监管在途大宗商品。最后是要在更广泛的范围内进行资源整合。将供应链上其余企业的资源也纳入整合过程之中,实现供应链和物流链的集成运作。不仅要为各个企业提供高效的专业化服务,还要根据他们的要求负责对整条供应链的信息进行监控和管理,将所能获得的市场信息及时反馈到产品的生产和销售中去。

依据上述要求,传统第三方物流运作模式就需要发生相应的改变。即指根据供应链管理的要求和港口大宗商品国际物流业的实际发展需要,以实际作业地点和实际作业环境为基础,重新设计第三方物流作为供应链核心企业在舟山港口的运作模式,以便在物流成本、服务品质、服务效率和物流速度等方面较之前获得较大的改善。按照供应链管理思想上文对于舟山港口供应链模型的设计,一个第三方物流企业能否起到紧密连接港口物流企业的作用,就是要看它是否具有一定的能力来整合多方物流资源,强化企业联盟优势,进而弥补各方不足,增强整体核心竞争力,并构筑畅通的信息交换与资源共享渠道(董千里,2000)。基于这些目标,本书在大宗商品港口供应链模式下,对舟山港上基于物流园区的第三方物流作业模式做如下设计:

1.第三方物流企业重设。一般来说只有具备较大规模,拥有足够物流设备和完备网络,有一定的物流设计能力的大型第三方物流企业才有能力提供全程的物流服务,并获得经济收益。而舟山港大宗商品物流园区内部几乎没有能够符合要求的这类第三方物流企业,这就要求我们创新企业设定形式。具体来说,可以通过两条途径解决。一是将舟山港口物流园区内入驻的传统货运代理企业、传统储运企业或大型生产制造企业的运输部门通过自身业务的延伸和扩张,改造成为能够提供全方位物流增值服务的第三方物流企业。二是观察到舟山港口周围经济腹地上的第三方物流企业也不少,但大多规模较小,竞争力较弱,彼此之间的合作意识不强,又缺乏促进他们合作的动力来源,使得舟山港口上的这些企业在与附近港口的竞争中难以脱颖而出。而在港口供应链模式下,物流服务商的联合要求出现一个全能型的第三方物流企业来组织整体的物流活动。大多数中小型第三方物流企业因为缺乏能力而难以与大型企业抗争,这就迫使他们通过横向合并来组建新的第三方物流服务企业。因为有相同的利益趋向,使得他们的合作也更为紧密,更为协调一致。通过内部资源整合及优化配置,新组建的具有一定规模的第三方物流企业联盟完全有可能主导货物从起点至港口或港口终点的整个物流服务过程。并且,为了使企业可以尽快适应大宗商品个性化的运输服务需要,在合并时,就要充分考虑到大宗商品的运输特性,建立起有港口经营特色的港口第三方物流企业联盟。

2.第三方物流形式重设。在传统环境下,供应商、生产商等由于各自独立处理经营物流业务,都不愿意与其业务合作伙伴分享信息,而在供应链环境下,这种模式将难以适用,而由第三方物流企业领导各方参与的供应链网络基础上形成的信息网络将取代它成为信息分享的重要方式，实现物流环节与生产和销售环节快速衔接，及时满足客户的各类需求。参考国际上许多第三方物流发展较好的企业经验，计算机信息网络与国际供应链网络的有效整合可以帮助企业更好地融入产品整个生产经营销售过程，尤其是涉及国外参与者的港口供应链管理，两者的融合就显得更为重要。

并且，在供应链模式下，第三方物流企业并不一定需要在港口以外拥有自己的物流资源与设备，而应将主营业务转向为客户设计柔性物流解决方案，并通过选择合适的途径使之能够有效地执行。

3. 第三方物流管理形式重设。供应链与第三方物流管理的共同点就是将关注焦点从流程的单个环节转移至多个环节的集成，以信息技术作为重要支撑，实现物流绩效最大化。所以，第三方企业内部的管理形式也要适应关注焦点的变化。比较有效的一种管理形式是成立针对各项大宗商品国际物流业务的多个专门管理小组，负责物流运输全程各项事宜，对于他们来说，不仅要关注物流过程的管理，更要较好地适应于商品供应、生产、销售等过程的管理，处理协调好供应链上各方的人际关系。由于本书第三方物流的引入主要是为大宗商品这一特定产品种类提供物流服务的，运用到的服务以及管理模式标准化、专业化程度高，因此可以专门配备对大宗商品知识、发展趋势、交易行情等有一定了解的专业物流人才来制订物流计划并参与实施。

新型的港口管理模式要求第三方物流企业除了能够继续统筹好仓储公司、运输公司、船公司、货主、保险公司等各方协调之外，还应实现真正以客户为中心的管理方式，为客户提供个性化物流服务和在线实时物流信息。第三方物流企业还应注重与大宗散货客户之间的关系管理，加强彼此之间的沟通，对不同散货客户根据大宗商品种类和公司规模大小进行分类管理，满足他们不同的服务需求，稳定货源。

4. 第三方物流发展外部环境重设。即改善舟山港口基础设施和大宗商品物流园区的运作模式。尤其是对物流园区的改造，将其打造成为布局合理、分工有序、服务健全、功能强大、辐射面广的大宗商品物流中心和港口供应链平台,为发展第三方物流提供良好的外部环境,保证供应链高效、有序的运转。

供应链管理环境下,舟山港需要吸引第三方物流企业入驻物流园区,并以该企业为核心构筑供应链平台,由其联合园区内以及周边经济腹地上的专业物流公司(各类运输企业、国际货运代理、仓储公司等),为完成某一物流任务而签订协议,并由此形成一个虚拟的物流联盟,借由这个物流联盟来为大宗商品国际物流需求方提供服务。简单点说,就是由第三方物流企业组织大宗商品国际配送系统,并在世界范围内开展"一站式"的国际物流服务。在过去的发展中,园区内以及港口周边许多中小型的物流公司,基本不具备提供全程物流服务的能力,一项跨国物流任务的完成,往往是供应商和客户各自寻求物流服务商完成所需运段的服务。在供应链管理环境下,这种传统的物流手段已经无法适应现代物流的需要,国际物流业的发展也会因此受到阻碍。而大型第三方物流企业的入驻或第三方物流企业之间形成的联盟就可以使这些中小型物流企业依托在其周围来提供专业化、阶段化的物流服务,和他们一起构成某一时期内的虚拟经营组织,这类组织往往都是适合某一运输任务的最佳搭配,能够最为迅速高效地实施物流活动,实现供应链上的资源整合。这种模式下的第三方物流企业通过与各种类型的专业物流服务商建立合作伙伴关系不仅获得了坚实的客户基础,与供应商建立起良好的关系,进而增加港口的物流量,还因为物流伙伴和物流服务的多样化降低了经营风险。从舟山港口大宗商品国际物流运作的整体来看,这种模式降低了港口的物流成本,充分发挥了物流园区的潜能,是供应链管理环境下一种较为理想的运作模式。

图 9.13 给出了引入第三方物流企业后舟山港大宗商品物流服务体系。即以大宗商品国际物流园区为核心,通过园区内大宗商品综合服务平台的建立,由第三方物流服务企业集成自身和各物流服务供应商的服务能力,形成针对特定产品类型的服务方案和服务运作体系。

在基于该服务体系的国际物流运作模式下,舟山港上的第三方物流企业主要负责以下业务:①大宗商品物流服务需求识别。客户会通过大

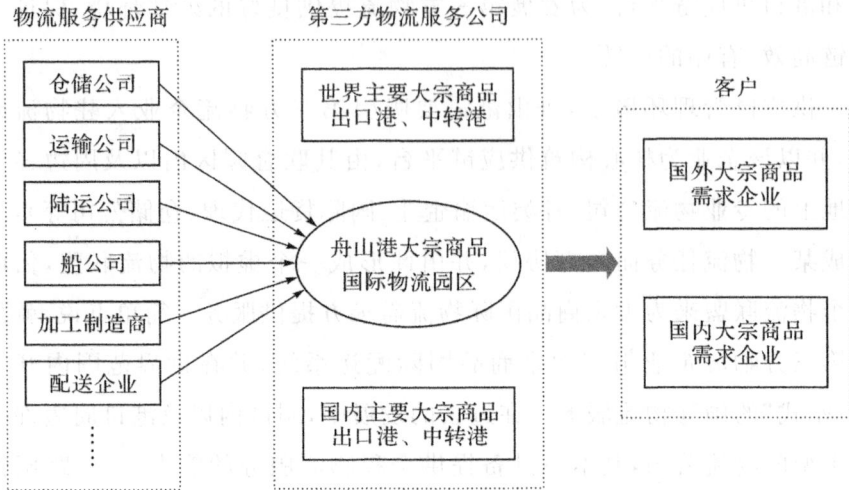

图 9.13　基于第三方物流企业的舟山港大宗商品物流服务体系

宗商品国际物流园区内大宗商品交易平台和信息平台发布物流服务请求,第三方物流服务企业在对服务需求进行分析之后,找出所需服务要求及其特殊性,并明确服务目标。②物流服务方案设计。根据特定服务要求,第三方物流企业设计整体服务方案,通过与物流服务供应商以及客户之间的协商与反馈选定物流活动参与者。③物流服务方案执行。第三方物流服务企业根据最终的服务方案与物流供应商名单制定服务安排,并分配任务。各物流供应商则依据第三方物流企业的组织、协调与控制及时完成特定任务。④服务能力评价。第三方物流服务企业、物流服务供应商和客户分别对此次服务各方的表现做出评价,并及时反馈信息,整理成服务评价报告,作为今后其他大宗商品物流服务商选择依据。

图 9.14 显示了供应链管理环境下,舟山港上第三方物流企业在依托大宗商品物流园区的基础上提供的三个综合物流服务作业流程:入场物流、转换作业和出厂物流。入场物流作业过程的涉及方是供应商和第三方物流企业,处理的是将货物从分布在内陆地区的各大宗商品供应商那运输到物流园区内的仓库、堆场或流通加工商过程中的一系列物流服务问题。转换作业解决的是物流园区内各类专业物流服务企业内部之

间的关系,主要负责处理大宗商品如何实现在园区内各大作业地点之间的高效转换,如何最大限度地开展港口物流增值服务等问题。出场物流涉及的则是客户与第三方物流企业,处理大宗商品及其加工产品如何高效运输到国外客户手中的物流作业问题。

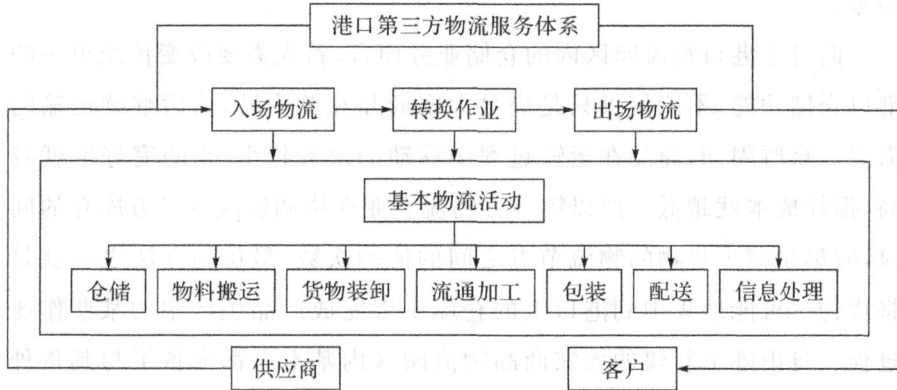

图 9.14　第三方物流企业主导的园区内部物流作业流程

从上图中可以看出,三个不同的物流作业流程提供的综合服务都可以概括在仓储、物流搬运、货物装卸、流通加工、包装、配送和信息处理这七个部分内,由他们构成了第三方物流服务企业所组织进行的基本物流服务。无论是对于入场物流、转换作业还是出厂物流来说,每一部分虽不一定会同时进行,但都比较重要。虽然每个作业流程在具体涉及的运输方式、规划方式、决策过程、信息共享的内容等细节上会有所不同,但是他们组合在一起才构成了供应链管理环境下的大宗商品港口物流系统。下文将对其中几个核心环节中,第三方物流企业需要执行的具体业务管理进行分析。

1.仓储业务

在港口供应链体系没有形成之前,供应链上各个环节的参与企业独自处理业务,使得下游企业无法准确了解上游企业具体的供应和生产情况,导致各类产品需求数量衔接不畅,进而导致产品积压、库存周转效率低下等现象。第三方物流企业的出现就是要打破这种现象,使两个节点之间的存货可以在供应链中得到有效协调,组织双方共同制定库存计划,成为连接供需双方的纽带。除此之外,第三方物流企业还要尽可能利用自身所具备的知识帮助企业做出库存的决策分析,在如何依据仓库的容量、商品的保质期及存储的特殊要求等基础上确定最优的交易水平,在如何合理安排库存商品结构等方面为供应链参与方提供有益的参考。

而对于港口物流园区内的仓储业务而言,首先需要改变传统单一的港口仓储功能,不能仅仅只是满足大宗商品在此中转,然后继续运输的需要。众所周知,商品在运输过程中移动的次数越少,它的完好率就越高,损耗成本就越低。所以第三方物流企业在协调供应链各方库存的同时,应尽量减少货物的物流节点之间的流动次数,最优的办法之一就是将货物尽可能地集中到港口上的仓库中来完成产品生产中的某些作业过程。舟山港上新建的大宗商品物流园区内基本上都配备了与其货种相匹配的仓储设施及其他物流设备,能够满足货物的加工、交易等需求。经过港口仓库对各企业小库存进行的集中化管理和港口仓库作业形式的转换之后,港口上的仓储功能就随之得到进一步的扩充,避免了各参与企业由于库存分散、积压等带来的货物损失和资金困难,第三方物流企业的存在有效地实现了港口与社会仓储资源的对接,实现了资源的优化整合与合理配置。同时,也吸引了大量客户将运输业务交由舟山港处理,扩大了港口的物流量。

与仓储作业相适应的信息管理则主要包括大宗商品的基本信息、入库信息、在库信息、出库信息等的记录与整理,以及对应的入库单、出库单、盘点明细等单据的制作,还要进行实时的信息系统更新以便随时查询商品的动态情况(宋文,2007)。

为了能够提供周到全面的仓储服务,第三方物流企业还需要合理地布置好物流园区内仓库和堆场的位置以及优化各类仓储资源的配置,以使大宗商品在存储这一环节达到最优的效率水平。

2.运输业务

供应链管理环境下的运输业务就是要做到入场物流、转换作业以及出场物流的协调,在此条件下,第三方物流企业需要完成供应链上每两个节点之间运输方案的设计、比较以及选择,要确定各种陆路运输、海洋运输的服务商,收集各条可行运输路线的数据,进行运费核算,选择最便捷、最具经济效益的路线,并对运输市场走势进行分析,做好运输工具的调度。总的来说,运输业务的管理工作就是做好对各类运输资源的调配、运输任务的计划及完成和货物的跟踪等。

运输业务的信息管理包括记录有关大宗商品本身运输的各类信息,不仅包括商品的具体名称、种类等基本信息,也包括出库信息、在途信息等相关物流信息,准确地向供应链各方提供产品的实时运输情况。除此之外,还要记录好运输服务商及所用运输工具和收货人的基本信息,管理好运输委托单、发货单、卸货单等重要单据,牢记货物运输的特殊要求等。

3. 配送业务

传统环境下的配送是集商流与物流为一体的,即是指供货方或者货主自己利用港口的公共设施资源来配送自己的货物,港口仅仅只是满足货物流程的一个环节,不参与到货物最终的配送活动中去。而供应链环境下的配送业务就需要第三方物流企业作为代理人来帮助完成货物的配送活动,在这个过程中,第三方企业要按照货主的要求行事,并接受货主的监督。舟山港口的配送业务可以在多式联运的基础上实现运贸结合的港口经营方式。例如对于粮食类的大宗商品运输,可以由第三方物流企业组织,将各供应点的粮食经公路、铁路等运输方式集中到港口,再通过装船、海洋运输、抵港卸船、储存、驳运车运输,将粮食运送到销粮区或者各类粮食饲料加工厂。这样就可以充分发挥多式联运以及供应链网络等的优势,尽可能实现物流服务增值。

案例:(舟山本岛西北部石油化工交易物流园区内基于第三方物流的仓储配送设计)

舟山本岛西北部石油化工交易物流园区内石油化工工业及相关物流业务集中,为了满足客户对物流服务的需要,可以采取如下图9.15所示的运作流程(以进口为例):

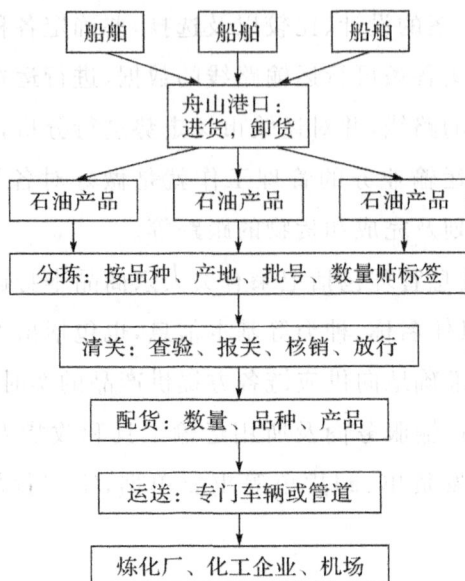

图 9.15 石油化工交易物流园区国际物流运作流程设计

　　采取上述以第三方物流企业为主导的石油产品仓储配送运作模式后,港口物流园区内库存能力就能得到充分的发挥,物流资源可以最大程度地被合理利用;第三方物流公司可以联合部分物流供应商组建专业的运输车队,使园区内部石油码头公司的石油配送业务形成规模化经营,解决了运输工具问题带来的配送困难;降低国内客户石油采购成本和国际运输成本,也保证了园区内石油化工产品加工企业稳定的业务来源。

　　第三方物流企业在大宗商品国际物流运作过程中的主要作用是集成各方优势资源,并通过资源有效整合和优化配置及业务流程重组,进而提高港口大宗商品作业效率及服务水平。第三方物流企业应该充分考虑到大宗商品物资集散的特殊需要,在政府部门和物流园区管理委员会的支持下,协调公路、水路、管道等运输方式,增强联盟网络的集疏运能力,为有大宗商品运输需求的客户提供针对性地多式联运解决方案,完善一体化物流服务功能。第三方物流企业与联盟各方之间的信息共享,促进了港口信息技术水平的提升,提高港口综合竞争力。供应链管理环境下以第三方物流企业为核心的港口物流模式应加速港口及物流园区管理体制、经营模式、融资方式、服务内容、服务方式和物流理念等方面的创新,构筑其他港口难以模仿的竞争优势,从而加速大宗商品国际物流在港上的快速发展。第三方物流企业在提供大宗商品国际全程物流运送服务时,除了核心物流服务的提供,还会根据客户的不同需求,提供一些例如融资物流等附加服务。随着国际大宗商品物流市场竞争程度的加剧,客户对于港口所能提供的增值服务类型要求也不断提高,创建新的创收点也是其为港口带来的好处之一。

（三）形成第三方物流主导物流联盟

依托大宗商品国际物流园区,发展供应链环境下的第三方物流能够在降低各方物流成本的同时提供较高质量的物流服务,帮助各方企业增强国际竞争力。不过国际物流运作模式的高效运行,单纯依靠第三方物流企业组织统领各参与方是远远不够的。在对舟山港周围物流产业进行实地考察之后发现,目前舟山港上不存在能够独立提供全程物流服务的企业,各物流环节均被拆分成独立业务分配给各中小企业。若今后发展只依靠第三方物流企业做统一调度,各企业之间缺乏有效沟通,那么舟山港口的国际物流运作效率还是难以得到有效发挥。因而,物流联盟的形成是供应链管理环境下的又一趋势所向。所谓的物流联盟就是以物流为企业合作基础,为了获得更高的物流服务质量,多个各有所长的企业之间形成资源、风险和收益共享的组织。在现代化的港口物流园区内,组建起来的港口物流企业联盟具有许多优势,例如,形成港口规模经济;港口物流企业联盟之后的运营调度方式得到优化,运营成本下降,服务水平提升,经济利润增加;提高整个港口的物流资源利用率。而第三方物流企业在物流联盟中的作用就是通过领导、组织与协调,将港口附近的专业物流企业联合起来,帮助他们实现核心资源互补,并通过环节合作,实现资源共享。第三方物流企业是何以保证港口物流企业联盟的顺利实现呢?本书认为,舟山港可以充分利用港口的自然优势和现实发展的特殊地位来约束这些潜在的联盟伙伴,因为舟山港周围仓储、运输等物流企业多数都是将港口业务作为自己的主营业务,而港口的垄断性和稀缺性使得港口的发展与周围物流企业的利益密切相关,这就是联盟得以形成的充分条件。

基于港口物流园区的物流企业联盟方式主要有:①港口物流企业与港口物流园区的联盟。港口物流企业与港口物流园区经营者签订使用仓库、堆场等物流设施租用和物流服务提供的协议,形成联盟。②港口物流企业之间的联盟。在这种联盟方式中,企业之间虽然互相签订联盟协议,但是仍然以独立的实体从事物流运营业务,是一种利益共享、风险共担的新型联盟组织形式。③港口物流企业与内陆物流企业的联盟。港口只是整个国际物流过程中的一个环节,要实现供应链的完整运作,就必须保证供应链能够很好地延伸至两端的供应商和货主,因而也就需要港口与内陆物流企业之间的有效互动。④虚拟企业联盟。这是一种伴随互联网技术发展起来的新型联盟方式。物流企业之间依靠信息技术网络进行沟通并结成虚拟联盟,节省组织费用(叶峰等,2009)。

正如上文提到过的,舟山港附近遍布着许多小型物流服务企业,如果这些企业之间能够形成物流联盟,也未尝不是一种较优选择。这些小企业之间可以通过一定的协议进行合作,共同承担经营风险,也共享由此带来的收益。这种物流运作模式能够充分挖掘舟山港口大宗商品国际物流潜能,并为客户提供一条向单个实体购买物流服务的捷径。当然,这只是物流联盟的其中一种形式,即横向联盟。供应链上其他参与企业,即物流服务需求方,他们也可以利用物流园区内第三方物流企业的专业化物流设备和物流服务,与其结成联盟,从而优化自身的外部价值链,提高国际竞争力。表9.3显示了物流联盟这样一种模式能为物流服务供需双方带来的好处。这里需要指出的是,港口物流联盟的形成不是为了消除舟山港上物流企业之间的竞争,而是通过企业之间的合作来应对与其他港口更大规模的竞争,提升舟山自由港大宗商品物流的国际竞争力。

表 9.3　物流联盟为国际物流供需双方带来的利益

国际物流服务供给方	国际物流服务需求方
• 实现规模经济,增强竞争力 • 增加物流业务 • 降低营运成本,提高收益 • 降低营运风险 • 实现物流资源有效整合和优化配置 • 信息共享,提高国际物流服务水平 • 提高港口利用率 ……	• 获得高质量一体化的综合物流服务 • 简化交易手续(因为只需要向一家物流实体购买物流服务即可) • 可以及时得到货物运输信息,增强对货物运输的控制力 • 由于只面对一个物流服务供应商,可以减少服务中出现的争端 • 通过信息共享网络,及时了解到产品需求信息 • 提高国际市场的竞争力 ……

物流企业之间的联盟主要是基于普通的协议形成的,不需要真正创建合资企业或者相互持有股份,目前普遍存在以下几种形式:

从物流环节的划分,有横向联盟、纵向联盟和网络联盟(刘彩芳,2004;戴淑芬等,2005)。横向联盟是指处于相同物流环节、从事相似物流业务的物流企业之间的联盟,他们在形成联盟之前相互独立、彼此竞争。横向联盟的优势就在于规模经济带来的物流成本下降,以及合作带来的风险水平降低。它的不足之处主要在于想要发挥资源整合的优势就必须有较大的物流量,但由于任何港口都受到一定的地理和货种的限制,物流量的提高绝非易事。同时,各个企业之间物流标准的统一化也不是轻易就能够解决的。纵向联盟是指处于不同物流环节的上下游企业之间的联盟,他们在联盟形成以前不存在市场竞争,这就有利于合作关系的展开。例如,专业从事仓储业务的企业和专业从事运输业务的企业之间的合作。在供应链概念下,纵向联盟也正逐渐向供应链两端拓展,实现从原材料到最终产品销售上更深的一体化合作。这种联盟形式的优点是减少了物流过程的中间环节,实现了整条物流链的无缝连接。在这种方式下,供应链上负责生产和销售等环节的企业至少可以不用再承担仓储成本,还可以依靠联盟提供的物流信息帮助优化自身企业的整体运作情况。但其不足之处是在保证总体利润最大化的情况下并一定能使联盟各方分别达到自身利益最大化,这样形成的联盟就不会特别稳固。网络联盟就是指同时包含了以上两种形式的混合联盟模式。一般以第三方物流企业为核心,将处于平行位置以及上下游位置的企业联合起来的组织形式。这种联盟方式比较适合于同属于某一特定行业的中小型企业之间进行的联盟,他们之间的物流需求比较相似,因而就可以在第三方物流企业的带领下共同开拓物流市场,共同发展。该方式同时集中了横向联盟和纵向联盟的优点,一定程度上弥补了他们各自存在的局限性。

从联盟的具体操作上来划分,有动态联盟和资源共享联盟(陈新鸿,2008)。动态联盟是指由核心物流企业为了能够快速高效地满足客户的物流需求,联合具有特定物流资源和能力的物流企业(也可以指物流供应商),通过将不同种类的物流资源整合成为极具竞争优势的资源联合体,借此共同完成目标物流任务。动态联盟是不同企业在短期内形成的复杂共同体,动态联盟的优点是具有一定的流动性和灵活性,并能够根据优胜劣汰的制度选择联盟企业以适应物流需求方对于物流服务速度、柔性等的要求。这种共同体会随着特定物流任务的产生而产生,随着任务的结束而解体。这种方式比较适合小型的第三方物流企业之间的联盟,由于他们规模比较小,进入和退出相对容易。资源共享型联盟就是指联盟企业为了实现资源共享,彼此之间能够取长补短而形成的联盟,通常需要分享的资源包括市场、技术、信息和业务能力等。

港口物流企业由于地理上的局限性,大多只能为其经济腹地所在港口提供物流服务,港口物流企业数量众多,但货源有限,使得他们经常出现恶性的价格竞争,导致港口运作效率下降。舟山港也不例外,并且着力发展大宗商品这一特定种类的国际物流业务,进一步限制了企业的业务来源,迫使企业采取新的生存方式。纵然,增加货源才是长久之计,供应链模式的实行一定程度上稳定了货物来源,但是形成良好的港口物流服务体系也是吸引大宗商品流量的可行方式。物流联盟对于舟山港上的规模较小的物流企业来说就是形成强大物流服务体系的有效方式。

结合舟山港及其周边腹地物流产业的实际发展情况,本书认为舟山港上基于大宗商品物流园区形成的第三方物流企业联盟可以采取动态网络联盟的形式,具体可以细分为横向动态物流联盟和纵向动态物流联盟。

选择动态联盟这样一种联盟方式是因为舟山港口企业众多,只能通过选择具有竞争优势的企业进行组合才能提供最优质的物流服务,虽然长期的联合在某种程度上更利于维持联盟的稳定性,但是优胜劣汰的竞争机制却更容易激励企业不断完善物流服务。并且,就像上文所说的,动态物流联盟与其他联盟方式相比,具有更快的响应速度和更高的柔性,更能适应港口之间的竞争。舟山港上的横向动态物流联盟就是将能够为大宗商品物流提供相同服务的企业通过某一次运输业务集中起来,在任务结束之后,联盟也就相应的终止。也可以在紧接着的下一次物流任务中,根据客户要求的不同,替换更具核心竞争力的企业,既提升了客户满意度,也大大节约了港口物流成本。港上的纵向动态物流联盟也同样是为某一特定的物流任务组织起来的暂时物流联盟,通过企业在该次任务中的表现决定是否继续进行合作。由于每一次运输的大宗商品种类不一(可以是粮食等农产品,也可以是铁矿石、石油、贵金属等产品),对于物流运输的要求也不同,所以在纵向联盟中也会考虑到这一原因而选择具有专业物流设备、符合特殊要求的企业参与到合作中来。当然,上文中提到的第三方物流企业将在港口联盟中起到十分重要的作用,它在整个联盟中处于支配地位,对整个物流过程起到计划、组织、协调、监督和管理等作用。

动态联盟由于涉及物流企业的动态调整,整个系统的运作极为复杂。一般来讲,港口动态物流联盟体系的构建主要包括五个步骤:目标确定、联盟组建、联盟运行、联盟评价与调整及联盟解体(陈新鸿,2008)。

1.目标确定阶段

在与客户一起综合分析舟山港口实际物流承载情况及国内外大宗商品市场环境后,针对特定的物流任务及相关服务需求,由核心第三方物流企业与大宗商品物流服务需求商达成物流协议,确定物流业务。

2.联盟组建阶段

物流业务生成之后,自身经营部分具体物流业务的第三方物流企业,先在企业内部及与其有固定合作关系的物流供应商内部对物流需求及物流能力进行匹配。在匹配不成功及依靠自身资源无法完成的情况下,依据此次大宗商品物流业务的特殊性,通过一系列指标对周边的物流供应商进行评价,选择与最具有此次运输优势的企业结成联盟,并共同设计物流方案。

港口联盟伙伴的选择要考虑非常多的因素。首先,他们之间必须要与物流需求有一定的匹配程度,也即它们的经营业务是在此次物流服务的范围中。其次,看每个物流企业是否在某一环节具有独特的物流资源和出色的物流能力,只有当他们之间物流资源互补性比较强,能彼此弥补各自的薄弱环节时,才能实现物流的整体优化。再次,要看企业整体的运营状况,要明白联盟的最终目的不是要先进带后进,而是提供高质量的物流服务。最后,要看他们之间是否有满足信息共享的机制。

3.联盟运行阶段

这一阶段即是物流业务的具体执行阶段。联盟中的核心成员,即第三方物流企业需要对各方资源进行整合与优化配置,建立信息共享、设施共享、技术共享、人才共享等机制网络。在运行过程中,对每一物流环节都要提前做好规划,并对任务的实施进行实时协调、监控与反馈。

4.联盟评价与调整阶段

在物流任务完成,大宗商品被顺利运输到货主手中之后,就需要根据各阶段企业提供物流增值服务的多少来进行利益分配。在这一阶段最主要的任务就是要对所有物流供应商的综合绩效进行评价,并重新确立目标,以便下一次联盟的组建与资源的整合。因为每次物流任务主体(商品种类、客户)的改变都要求联盟内的资源要素也发生变化,所以在反馈阶段必须考虑到这些,通过科学的指标体系对企业表现做相应的评价与记录,便于下一次任务联盟伙伴的选择。需要注意的是,这一阶段并不是联盟真正的解体阶段。

5.联盟解体

意味着宣告某一次大宗商品的物流任务正式结束,但也意味着适应下一次物流需求的新联盟的诞生。在动态联盟模型中,物流联盟体系是一个连续的、动态的系统,它的最终目的是实现港口大宗商品物流运作的持续优化,提高港口的经营效益。

图 9.16 展示了舟山港口动态物流联盟系统图。

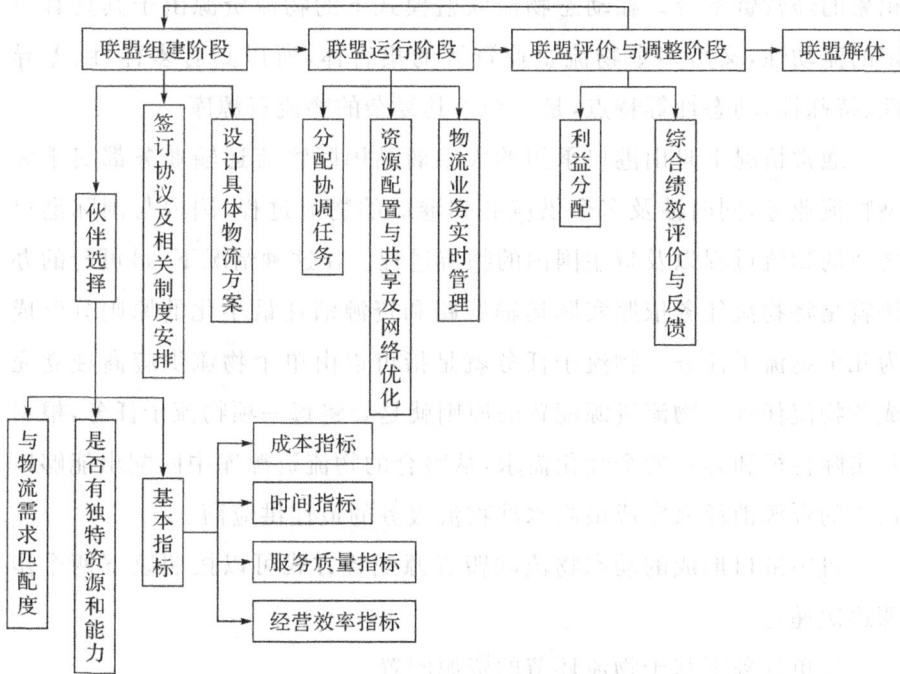

图 9.16　舟山港口动态物流联盟系统图

这里需要指明的是在联盟组建阶段,第三方物流企业既可以通过构造适当的指标体系来选择最优联盟伙伴,还可以通过物流资源配置的方式来为某一特定的物流任务选择适合为其提供服务的物流企业。这种方式就是在了解每一物流企业的特点和优势的基础上,将各个物流任务通过分解逐一为其划分资源,寻找物流活动与物流资源之间的最优匹配,进而使整个港口的物流任务与物流资源同时达到最佳组合状态,实现港口经济效益最大化(吴剑,2011)。物流资源配置方式是一种可操作性强、匹配结果较好的企业选择方式,能够提高物流联盟组建效率,本书也对其进行简要介绍,作为指标选择的可取替代方式供港口企业自行选择。

从广义上来说,港口物流资源是指一切能够为客户提供物流服务的生产要素的集合,包括仓储、运输、配送、包装、流通加工等环节需要使用到的物流设备和基础设施,也包括物流技术、物流人才以及物流企业所积累的经营资本等。在动态物流联盟模式下的物流资源由于其具有一定的流动性,又是多个物流企业资源的集合体,所以具有多样性、差异性、特殊性、动态性等特点,是一个极其复杂的物流资源库。

通常情况下舟山港口承担的大宗商品国际物流运输业务都属于大型物流业务,同时涉及多个供应商到港口的物流过程、国内与国际港口之间的物流过程以及货主国内的物流过程。在这种情况下,最可行的办法就是将物流任务依照实际运输线路和资源消耗最小化的原则分解成为几个物流子任务。物流子任务就是指可以由单个物流供应商独立完成的物流任务。物流资源配置的原则就是要将每一项物流子任务,根据其实际特征和客户的个性化需求,从整合的物流资源库中匹配出能够以最少的资源消耗来完成最高水准物流服务的最佳供应商。

舟山港口形成的动态物流联盟资源配置方式可以按照以下两个步骤逐次递进。

1. 单任务下基于物流环节的资源配置

即是指为某一特定任务项下的物流子任务配置资源,该过程下的物流子任务可以是某一运输路段仓储、包装、运输、流通加工和配送等物流环节中的一项及以上。由于第三方物流企业通常只经营部分或根本不经营具体的物流业务,又或者其经营部分与外界资源比起来不具备物流优势,为了能使物流过程取得更高的绩效水平,拓展物流业务,所以找寻物流资源库中该环节上拥有明显优势的物流企业,将该企业匹配到特定的物流子任务中,最后实现各配置单元的有效衔接。图 9.17 给出了单任务下物流资源的配置过程。

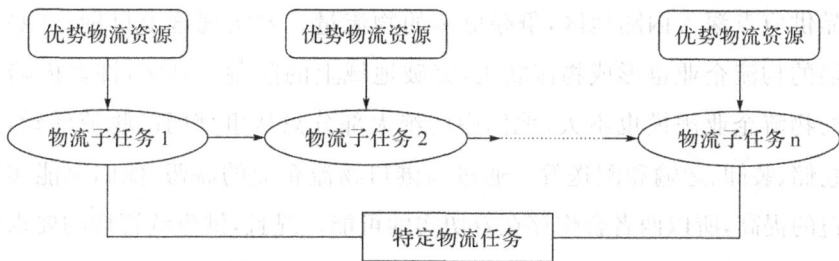

图 9.17　单任务下物流资源配置过程

2. 多任务下的物流资源配置

港口上第三方物流企业通常需要同时处理好几个大宗商品运输业务，所以在上一层次的配置基础上，企业配置资源的范围不再局限于单个任务下的物流环节，而是要将其拓展至某一时段下所有大宗商品运输任务的资源划分，实现动态物流联盟在多任务下资源配置最优化，提升舟山港在该物流业务类型下的港口竞争力。该步骤下资源配置的难度、经营风险、任务间的组织协调和企业间的信息沟通都会随着任务量的增加而增加，对处于领导地位的第三方物流企业整体实力也提出了较高的要求。图 9.18 给出了多任务下的物流资源配置。

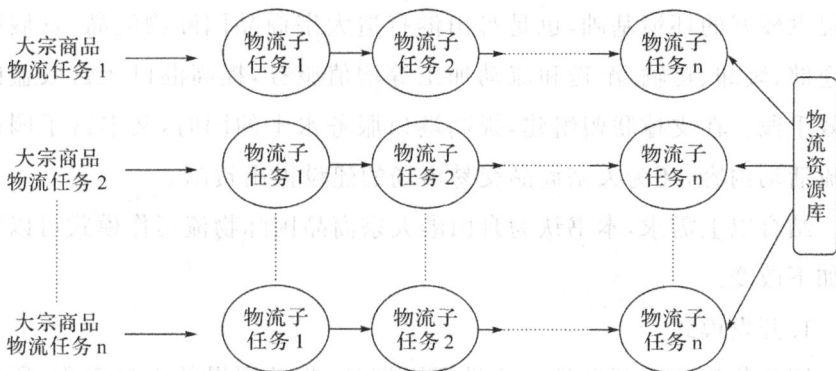

图 9.18　多任务下物流资源配置

动态网络物流联盟的方式不是只适用于舟山港口周围物流企业之间的联盟，它也同样适用于港口物流企业与内陆物流企业之间的联盟。大宗商品国际物流的发展，如果单单依靠舟山港口附近的江浙沿海一带的物流量是完全无法满足港口经营发展需要的。正如前文所述，要将大宗商品供应点深入内陆地区,争夺更多的物流量。要实现这个目标,就要与内陆的物流企业也形成物流联盟,突破地域上的限制。其实,许多内陆地区的物流企业规模也不大,他们中的绝大部分只从事部门的物流活动,例如仓储、装卸、运输和配送等。通过与港口物流企业的联盟,他们也能实现效益的提高,所以两者合作存在着切实的可能。况且,供应链管理的要求也需要第三方物流企业在组建物流联盟时考虑到内陆的物流企业,只有这样才能构建健全的物流网络,才能帮助舟山港发展寻找到不竭的动力来源。

(四)转变传统物流园区运作模式

舟山大宗商品港口物流园区作为整个国际物流运作模式的依托,就必须要改变它传统的运作模式。一个能够保证国际物流高效运作的物流园区不能只是简单地将相关的物流企业集中到一起,而是要为他们联盟的形成提供一切必要的条件,不断改善物流基础设施,优化园区布局,创新技术发展,打造大型平台支持资源信息的互补与共享。通过邻近物流园区的联合,实现规模经济。当然,物流联盟的建立对园区也具有反向促进作用,例如提高园区的有效利用率等。

加强现有大宗平物流园区的建设,并不仅仅是需要为物流联盟的发展提供较好的环境基础,也是舟山港打造大宗商品国际物流岛,发展有关仓储、装卸、运输、配送和流动加工等增值服务,提高港口运营效益的有效手段。在支撑联盟组建,提高港口服务水平的同时,又丰富了园区物流活动内容,还为大宗商品交易市场的建设做出贡献。

结合以上需求,本书认为舟山港大宗商品国际物流运作模式可以做出如下改变。

1.开发模式

因为物流园区开发是一项投资周期长,收益缓慢的大型工程,所以单纯依靠政府的投入是不够的。对于当前在建的舟山港上大宗商品物流园区来说,舟山政府可以通过招商引资吸引大型企业对园区进行开发投资,让这些企业成为园区开发主体,而政府则协助并且引导他们按照政府规划的园区开发的初始功能定位,对园区进行基础设施及物流配套设施建设,大宗商品的交易平台的建立和物流信息网络的构建等。上文提到过的大宗商品国际物流运作模式中,第三方物流企业或其联盟作为领导者,具备一定的经济实力和较高的物流运营水准,政府可以根据园区的实际情况,选择其作为园区开发的企业投资人。而参与园区开发以及之后的经营活动,对第三方物流企业管理整个供应链下的国际物流运作也将大有裨益。

2.管理模式

当前舟山港上的大宗商品国际物流园区内物流企业入驻率不高,无法形成产业集聚效应。但随着运作模式的建立,越来越多的物流企业会进驻港口,并逐渐成为园区主体。以第三方物流公司或联盟为开发商的园区开发模式,必定需要主导的第三方物流企业参与到园区的管理中来,同时,可以吸收入驻物流公司或其他投资公司与个人的资本参与舟山港上的园区建设,共同管理园区营运事务。管理信息的公开与共享将会更加有利于联盟的建立与稳固。

3.盈利模式

舟山港上现有物流园区的盈利模式还是基本符合园区最初的功能定位的。但在供应链管理环境下,随着物流联盟的组建,盈利模式需要朝着多元化的方向发展。港上所有物流园区应该将收入来源逐渐转移到项目投资和入驻企业的盈利费用上来,通过物流设施等的有效利用,降低企业成本,提高园区企业收入才是提高园区整体收入的有效手段。例如想要舟山实现舟山本岛西北部石油化工交易物流园区和老塘山国际粮油中转储运与加工贸易物流园区流通加工的功能定位,就需要不断完善临港工业区的建设,除物流企业的入驻之外,还需招揽一定的加工企业驻扎在园区内进行高效的物资加工。再例如舟山本岛西北部石油化工交易物流园区和老塘山国际粮油中转储运与加工贸易物流园区的发展除去简单的加工制造,还可依靠相关工业企业进行加工项目的投资等获得收入。而像衢山港大宗商品综合物流园区这类集多种物流功能于一体的综合型物流园区,应当将园区自身的特点与国际物流运作要求集合起来,建立强大的物流信息平台和大宗商品交易集散中心,寻找其他附加值更高的盈利收入来源,可以将目光更多地投向于项目投资收益等方面。

第十章
舟山自由港建设及其配套产业发展的对策建议

第一节 概　述

　　2011 年 6 月,国务院批准设立浙江舟山群岛新区,提出要以深化改革为动力,以先行先试为契机,推动浙江经济社会发展、加快东部地区发展方式转变、促进全国区域协调发展。2012 年 10 月,国务院批准设立舟山自由港综合保税区,提出将其作为扩大对外开放,建设海上浙江和港航强省的重要载体和平台。2013 年 1 月 17 日,《浙江舟山群岛新区发展规划》获得国务院正式批复,为舟山群岛新区的蓬勃发展指明了方向。2017 年,国务院正式印发《中国(浙江)自由贸易试验区总体方案》(以下简称《自贸区方案》)。明确将中国(浙江)自由贸易试验区(以下简称自贸试验区)建设成为东部地区重要海上开放门户示范区、国际大宗商品贸易自由化先导区和具有国际影响力的资源配置基地。其中自贸试验区建设的实施范围全部在舟山群岛新区,为舟山发挥群岛区位优势、港口优势、产业优势、资源优势和离岛监管便利优势,打造独具地域特色的自贸试验区提供了更多有利条件。据统计 2019 年,舟山全年地区生产总值增长 9.2%,规上工业增加值增长 43.2%,增速均居全省第一。人均 GDP、外贸进出口额、城乡居民人均可支配收入等多项经济指标位居全省前列。一般公共预算收入增长 6.1%,固定资产投资增长 8.6%,社会消费品零售总额增长 8.2%。[①]

为了进一步发挥舟山群岛新区的功能政策优势和辐射带动作用,在舟山综合保税区的基础上,向舟山自由港探索转型已成为发展的必然趋势。而自由港的建设与配套产业的发展是相辅相成互为促进的有机整体,因此选择合适的配套产业发展不仅仅是对舟山自由港的建设具有重要的推动作用,同时为实现国家的海洋战略具有深远意义。目前舟山自由港应采取"错位发展,突出优势"的定位策略,结合自身特点,做大做强传统优势产业,同时选择一批战略性新兴海洋产业优先发展,争取做到以配套产业促进自由港建设,以自由港带动配套产业发展,两者相辅相成,相得益彰。

第二节 传统优势产业

一、海洋渔业

海洋渔业是舟山的传统优势产业和支柱产业。长期以来.渔业在居民收入增长、经济社会发展中占有极为重要的地位。随着舟山现代海洋经济的快速发展,舟山市已基本告别"渔兴则兴、渔衰则衰"的历史,渔业在全市国民经济中的比重也呈现下降趋势,但渔业在舟山经济社会发展中依然占据特殊重要的地位。

将传统渔业发展成现代渔业是一项任重道远的系统工程,尽管近些年全市渔业发展取得了明显的成绩,但随着自然条件、社会发展和市场需求的变化,渔业整体发展正面临着一些新问题、新情况。

---

① 数据来源:《2020 年舟山市政府工作报告》。

（一）渔业产业结构不尽合理

近海捕捞在全市渔业经济中占据绝对主导地位，产量占到全市渔业总产量的 90%，产值约占总产值的 86%，收入占渔民总收入的 60% 以上。近海捕捞受捕捞强度过大、海洋环境污染、禁渔期延长和双控指标实施等影响，发展空间已非常有限。远洋渔业由于缺少对国外渔场、市场的研究，受到硬件、资质和经营成本的影响，发展缓慢，而海水养殖受海域生态、临港工业发展等影响，发展缓慢，部分县区还有萎缩。近海捕捞独大的局面，使全市渔业无法摆脱依靠生产规模扩张和大量消耗自然资源为主的粗放型经营模式，无法全面实现由"狩猎型"向"耕海牧渔型"转变，渔业产业转型升级任务艰巨。

（二）渔区经济发展互动不强

目前，全市渔区经济仍以一产为主，主要承担向渔业经济提供劳动力、原材料等功能，而二、三产业发展缓慢，渔业产业附加值较高的水产品加工、营销网络等产业，与渔区基本没有关系，渔区经济发展与渔业产业链没有得到有机结合，对渔区贡献度不大，没有很好地形成渔港经济区。三是渔业整体竞争力有所下降。尽管目前全市的海洋捕捞产量、远洋渔业产量、水产品加工产值三项指标均居全国沿海城市前列，但与国内、省内渔业发达地区比，整体竞争力有所下降，优势地位受到挑战。同时，在海洋捕捞技术、渔船质量和设备配备、渔获物保鲜加工、渔业组织化程度等许多方面，舟山市与山东、福建和省内的温岭、象山等地都有一定差距，优势地位受到威胁。随着生活水平的提高，消费者的食品安全、健康消费和绿色生态意识不断增强，对水产品质量安全要求也越来越高。近年来美国、欧盟、日本等常以技术法规、技术标准、认证制度、检验制度为手段，设置贸易壁垒。而全市水产企业又长期注重出口业务，对国内市场了解不够，缺少销售渠道和销售网络，即便部分企业产品进入超市或者开设专卖店，但高额的入场费和经营管理成本，使企业拓展国内市场步履艰难。同时，全市渔业龙头企业数量偏少、规模偏小，许多企业实行单兵作战，在省外的产业规模也存在"低、小、散"现象，无法形成龙头企业带动效应,制约了渔业外地市场占有率。

(三)渔业资源过度利用与萎缩

渔业资源具有流动性、公有性和再生性,由于产权不清晰,难以固定分配给特定的单位和个人专属使用,容易产生经济学中的"公地悲剧"。当前,渔场捕捞作业方式总体上仍处于粗放式和掠夺式阶段,渔业捕捞能力过剩、捕捞强度过大、渔业资源过度利用的状况比较突出,主要经济鱼类得不到有效恢复,大黄鱼、小黄鱼等优质鱼类衰退到枯竭的边缘,而且海洋生态形势严峻。近年来,沿海沿江地区经济的快速发展,工农业生产和居民生活用水大量排入海洋,对舟山海域污染比较严重,有害有毒赤潮和多藻种赤潮并发趋势明显上升,破坏了海洋生物的食物链和生态平衡,严重影响了鱼类仔鱼、幼鱼和成鱼的正常生长与种群繁衍,部分水域渔场出现"荒漠化"现象。同时海洋保护力度不够。尽管国家对涉海企业收取排污费、海域使用金和生态补偿金等费用,以加强海洋环境保护,但收取的费用很少用于受污染海域的环境保护和资源修复,跨区域资金投入和区域生态补偿机制没有形成,影响了海洋环境的有效保护。渔业的发展空间受到挤压。滩涂围垦、城市开发、海域拍卖等占用渔业水域、滩涂的现象增多,加上休闲渔业、滨海旅游、港口物流等产业的快速发展,渔业发展空间不断受到挤压,部分渔民陷入了"种田无地、养殖无海、转业无岗"的困境。

建议采取的措施如下。

(一)加快机制创新和完善渔业政策

创新现代渔业发展新路子,要重点突破渔业生产经营体制,特别是作为舟山渔业核心环节的捕捞领域,要在完善渔船股份合作制的基础上,推进自然人渔业逐步向法人渔业的转变,这也是适应市场经济的要求。进一步加大对渔业资金投入,促使各级财政支持渔业资金的增长高于财政经常性支出的增长。要切实加大对现代渔业发展的政策扶持力度,对现有政策进行系统梳理,该调整的要及时调整,并积极出台新的政策举措,尽快形成新形势下加快现代渔业发展的政策体系。

1.加快出台现代渔业产业扶持政策,明确政府对渔业产业的支持、扶持和培育重点,引导渔业产业调整优化、转型升级。捕捞方面,重点扶持近海捕捞、远洋作业,加快渔船更新改造,培育远洋渔业龙头企业;养殖方面,重点扶持养殖塘等基础设施标准化改造、名特优新品种养殖和高效精养模式推广;加工方面,重点扶持精深加工,利用国外原料,促进集约发展;市场方面,本土市场重点扶持国际水产城、展茅鱿鱼专业交易市场等具有优势的专业市场建设,同时大力支持拓展国内外市场;贸易物流方面,配合市场拓展,重点支持水产品物流企业、适应水产品特点的冷链物流系统发展,不断提高渔业的现代化、产业化、组织化和标准化水平。

2.及早制定合理的渔业劳动力政策,积极应对渔业劳动力变化趋势,规范外来劳动力管理,改变当前渔业无序用工状况,有效改善渔业从业人员素质,为提高渔业生产水平和安全管理水平打好基础。

3.出台渔业科技推动政策,激励渔业科技人员创新创业,逐步把科研推广部门和渔业企业培植成水产技术和新产品开发的主体,全面提高全市现代渔业产业的竞争力。

4.实行重点区域扶持政策。按照集约集聚原则,对重点区域实行重点扶持,实行区别对待的渔业政策,支持重点渔业地区加快集聚发展,打造体现舟山现代渔业竞争力的核心区块。

(二)加强渔业基础设施建设

渔业基础设施是发展现代渔业的重要保障,也是全市渔业发展中亟待加强的薄弱环节。要切实加大基础设施建设力度,不断改善渔业装备条件,全面提高渔业综合生产能力。

1.突出抓好标准渔港建设。渔港是最重要的渔业基础设施,尽快形成以国家级中心渔港为带动,一、二级渔港为支持骨干,三级及以下渔港为基础的标准渔港体系,早日实现95%以上渔船能就近避风的目标。同时,要加强渔用航标等配套渔业设施更新改造,不断改善渔业生产作业条件。

2.加强渔港经济区规划建设。渔港经济区是现代渔业发展的重要空间载体。要高标准规划、高起点建设。沈家门渔港、西码头渔港、高亭中心渔港、嵊泗中心渔港是市级的四个重点龙头，要以中心渔港为依托，建设功能设施配套，集渔船避风补给、水产品集加贸和休闲渔业于一体的、多产业融合发展、具有内生动力的现代渔港经济区，促进渔区经济从单一型向复合型转变，增强对周边渔区的辐射带动力。

3.加快渔船更新改造。在控制捕捞渔船总量和总功率的前提下，鼓励企业和渔民有计划、有步骤推进渔船更新改造，加快淘汰劣质渔船，提高渔船装备水平和安全保障能力。大力推广渔船低耗能技术和装备，推行节能型渔具渔法，推进渔业节能降耗。加快渔船安全装备、通信设施建设。

（三）加快发展养殖工程与特色渔业

1.选出发展主导产业，依照一个品种养殖就形成一个相关产业的"一品一业"要求，做大做强水产养殖"老三样"，实施贻贝、对虾、梭子蟹等三大传统特色优势水产品养殖的"双十工程"，形成规模较大、效益良好的舟山水产养殖的支柱性产业。由此基础，争取形成水产养殖"新三样"，努力突破大黄鱼养殖、加工、销售等瓶颈，积极引进并发展壮大海参、鲍鱼等名优海珍新品种，逐步将大黄鱼和海参、鲍鱼等小型海洋珍贵品种养殖发展成为新产业，实现舟山养殖的新跨越。

2.发展模式上，依照"生态、健康、集约、循环"的发展理念，增强加快现代养殖综合区、养殖主导产业示范区和特色养殖精品园等的创建工作，以健康高产生态养殖和节能减排为最终目标，引导低产池塘进行标准化的改造，加快陆上基础设施化养殖，做精做强海水围塘养殖业；突破浅海养殖技术低下，品种单一，做强做精养殖业；在全市水产检疫防疫中心与渔业检验检测中心为技术支撑的前提下，合理构建水产病害防控预警预报和渔用药物安全使用技术体系，完善海产品质量安全检测和监管体系建设；积极推进水产种苗繁育能力建设，加强基础设施建设，培育省级水产良种场和规模化苗种繁育场为基础，提高水产苗种质量，拓展名特优良种覆盖率；以标准化生产技术做指导，建立与完善海产品市场准入与可追溯制度，促进水产养殖业可持续发展。

3.培养新兴渔业。新兴渔业作为舟山渔业的外延,积极利用自然、人文优势和本身区位,大力弘扬舟山渔业资源与本地文化相结合,充分挖掘"中国海鲜之都""中国渔都"等品牌优势,继续推动大兴"鱼尾巴"工程,开建渔业科普展览场馆,同步发展海钓业、渔文化产业、渔港休闲业、海鲜美食业、渔业博览会、观赏鱼产业等多产业相结合的发展方式,构建"渔岛、渔村、渔港"三位一体的风情旅游美食休闲圈,使之成为渔业产业经济的重要组成部分与拓展空间。

(四)充分发挥科技与人才的支撑作用

在当前渔业自然资源衰退、生态环境日益恶化的情况下,科技对现代渔业发展具有"四两拨千斤"的关键作用。

1.加大重点技术攻关力度。要安排专项资金,通过公开进行技术攻关招标、协议合作等多种方式,加强与重点院校、实验室的合作,推进产学研结合,重点突破现代渔业发展的关键技术,包括:渔船节能、渔具渔法、船型、船用机械的革新技术;渔产品保鲜保活、运输等质量提高技术;当地优势资源品种的大规模繁育技术;沿岸渔场整治、资源恢复、生态修复、人工鱼礁建设、增殖放流、海洋牧场建设等技术。

2.加快先进适用技术引进推广。重点是要从舟山实际出发,大力引进适用型先进技术、装备、管理经验,进行消化吸收创新和推广应用,充分利用工业化、信息化成果,改造和提升传统渔业。

3.大力培养各类渔业专门人才。依托浙江大学、浙江海洋学院、普陀海洋科技学院等优势,大力发展渔业职业技术教育,培养和培训各类渔业实用专业人才,打造一支能适应现代渔业高速发展的专业实用型科技人才队伍。建立并完善渔业人才培训体系,强化对从事相关渔业人员的职业技术培训、学历教育,继续实施"绿色证书"工程,全面提高渔民素质,培育新型渔民。

4.加强对渔业科技的投入。设立现代渔业科技发展基金,全部用于渔业科技研究、渔业新技术引进与推广、渔业知名品牌培育与推广、渔业培训等,全面强化科技对现代渔业发展的有力支撑。

二、海洋旅游业

21世纪是海洋经济蓬勃时代,海洋旅游业作为海洋经济的重要组成部分之一,世界范围已经得到普遍重视并发展迅速,尤其是已经成为国际旅游的主流。建议采取的措施如下。

(一)明确战略定位

根据浙江舟山群岛新区总体部署,推进国家旅游综合改革试点城市和舟山群岛海洋旅游综合改革试验区建设,以转型升级作为重点,以改革开放作为动力,以创新体制机制作为突破口,放眼大旅游,创设大环境,开展大营销,发展大产业,全面提升舟山市的旅游产业素质和综合竞争力,将舟山群岛建设成为浙江省海洋经济发展战略的有力支撑、浙江省旅游经济发展的重要引擎、中国海岛旅游的示范基地。明确舟山海洋旅游业的定位为:

1.海洋旅游综合改革试验区。在充分发挥市场对资源配置的基础性作用的同时,积极挖掘舟山群岛自然资源优势,进一步加强体制机制建议与改革创新,争做海洋旅游强省建设的龙头,为"海上浙江"建设提供成功范例。

2.全球著名的佛教旅游胜地。以普陀山深厚的佛教文化资源为依托,全力挖掘世界佛教文化论坛等项目的品牌优势,全面推进佛教旅游文化转型升级,进一步打造国际佛教文化旅游目的地。

3.全球知名群岛型海洋旅游休闲度假胜地。制定国际通行的旅游星际服务的高标准规范化制度,并在全岛范围内统一实施,同时完善旅游相关全要素配合体系,做到一站式服务,积极开发海洋生态休闲旅游特色产品,打造"舟山群岛"成全球化旅游品牌。

4.全国海洋文化与生态旅游示范区。推进环境友好型和资源节约型社会建设,探索人与自然之间和平共处、共同发展的和谐相处之路,大力传承和发扬舟山独特的海洋特色文化,大力推进海洋文化与生态旅游的进一步融合,推进海上花园城市建设。

根据明确的定位,结合自身优势,集中优势资源,突出重点,避免主次不分处处用力。

(二)调整旅游政策,促进海洋旅游产业链发展

1.海洋旅游产品是从最开始的供应到消费者最终消费的一系列传递过程,它的组成一般包括供应海洋旅游项目的产品商家、海洋旅游的中间商(如旅行社)及海洋旅游的游客。海洋旅游产业链上游产业中的海洋旅游供应商在我国一般是海洋旅游目的地的当地政府。政府应以海洋、海水、阳光、沙滩为依托,提供度假区、人文景观、滨海疗养院等为资源,提供海洋旅游吸引物的开发与建设。中游为海洋旅游中间商,包括海洋旅游批发商、海洋旅游零售商和海洋旅游代理商。舟山海洋旅游产业链的形成过程中还存在较大的问题。例如,旅行社作为海洋旅游批发商,在海洋旅游产业链中本来占有十分重要的一环,但目前因为垂直分工不太清晰,很多旅行社不仅是海洋旅游的批发商,同时还兼职代理商,部分旅行社甚至还充当零售商甚至导游多种角色,这就有可能造成效率低下、服务质量差和欺骗消费者的情况。另外,由于海洋旅游各产业——宾馆、旅行社、饭店、海洋旅游景区(点)、海洋旅游商品购物、海洋旅游交通、娱乐行业之间,它们提供给消费者的仅仅是个别产品,需要组合以后才能形成海洋旅游完整产品,这就出现了海洋旅游行业之间各自为政、经营分散、竞争力较弱。政府应当通过颁布相关行业的法律法规促进行业之间的分工,避免在海洋旅游过程中出现效率低下、服务质量差和欺骗消费者的情况;通过加强相应的执法机构的执法力度,可以保护好海洋旅游的环境,促进滨海旅游业的可持续发展;通过建立海洋旅游行业的行业协会,可以加强行业之间的合作力度,提高行业的核心竞争力。

2.政策决策方面,重点争取促进海洋旅游新业态、新产品加快发展、境外游客落地签证、设立免税商店和保税旅游小商品交易区、游客购物离岛退税、低空航线开放等一系列政策支持,大力争取财税、土地、金融等旅游要素的各项保障政策。完善促进舟山海洋旅游业转型升级、开发开放的各项政策,加大政府对旅游基础设施建设的投入和对旅游宣传推广、人才培训、公共服务的支持。

（三）保护海洋生态环境资源，创新旅游品牌营销模式

1.随着舟山群岛新区规划的获批与舟山群岛自身的良好发展，从国家到省市各级越来越重视舟山的地位与作用，很多国内外游客慕名而来，在给舟山经济带来快速发展的同时也带来了不少的负面影响，游客的大量涌入使得城市的借贷能力接受考验，具体不仅仅表现在餐饮住宿、交通出行等方面，城市运营、垃圾回收、污水废弃排放等也面临严峻考验。为避免重复多地"先发展，后治理"的传统发展模式，节约城市发展成本，实施可持续发展。根据交通承载、环境承载和心理承载等因素，探索景区"轮休"制和"限流"制，推进海洋旅游可持续发展。

2.旅游品牌营销方面，舟山市应统筹各方力量，整合多方资源，构建升华"舟山群岛"旅游品牌；创新营销方式，深化区域营销、节庆营销和创意营销，构建海外销售策略，建立海外营销网络。大力建设旅游集散中心、"旅游形象推广中心"。构建完善旅游营销效果评估体系，科学、有效、及时地评估旅游营销的效果。

（四）加强旅途人才队伍建设

海洋旅游是文化产品的一个重要方面，是舟山市第三产业的重要支撑。除了优美的海岛风光和深厚的佛教文化，服务好坏是舟山群岛新区海洋旅游产业是否成功的重要因素。所有服务的好坏取决于服务的人的态度的好坏、素质的高低、技能的熟练和知识的专业，目前舟山地区人才缺口尤其是旅游人才缺口巨大，像导游、厨师、酒店管理等专业技术人才更是匮乏，这就需要制定旅游人才培养中长期规划，健全人才引进培养的激励机制，引进旅游企业所需的复合型人才。抓好旅游教育培训师资队伍建设。通过多管齐下、多措并举，打造一支结构合理、素质优良的专业海洋旅游人才队伍，为舟山海洋旅游业的健康发展提供人才保障。

第三节　海洋性战略新兴产业

一、海洋工程装备和高端船舶制造

海洋工程装备作为海洋开发、利用和保护的核心环节,拥有十分广阔的发展前景。加快推动舟山市海洋工程装备产业的发展,是海洋经济发展的需要,是舟山现代海洋产业基地建设的重要内容,也是国家赋予舟山群岛新区建设的战略任务之一,对加快转变舟山经济发展模式,带动浙江海洋经济腾飞,促进我国海洋资源开发和保护起到非常重要的作用。

全球海洋工程装备产业发展现状与发展趋势主要有以下特点。

(一)国际海洋工程装备产业的市场格局

1. 欧美垄断海洋工程装备设计和高端制造领域

由于先天技术经济市场等现实情况,全球海洋油气资源开发的先入优势已经被欧美发达国家所占据,不仅如此,目前世界通行的海洋工程装备技术标准也是由欧美发达国家所指定,而且还引领未来发展的方向。在世界政治经济格局不断变化的同时,全球制造业重心逐步从欧美发达国家向亚洲国家转移,导致欧美许多企业从中低端海洋工程装备制造领域逐渐退出,然而在高端海洋工程装备设计、制造和维修配套等方面依然占据垄断地位。欧美少数大集团垄断了水下生产系统安装、海洋工程装备运输与安装和深水铺管作业业务,主要企业有美国 McDermott公司、法国 Technip 公司,意大利 Saipem 公司等。

2. 亚洲主导海洋工程装备总装领域

在亚洲,主要海洋工程装备制造国有中国、韩国、新加坡和阿联酋。在半潜式钻井平台建造和自升式钻井平台领域,中国、新加坡和阿联酋占主导地位。

3.海洋资源大国向制造领域进军

21世纪初,随着经济的快速发展,全球对石油天然气等自然资源的需求量大幅上升,拥有丰富储量的资源大国开始紧锣密鼓的向海洋工程装备业进军,其中代表国家是俄罗斯与巴西。由于其本身海洋油气资源的充沛,导致国家对海洋工程装备的需求量较大,政府在向国外购买的同时积极扶持培育本国海洋工程装备制造企业。俄罗斯曾通过能源公司订单,作为附加条件,引进日韩等拥有良好造船技术的国家转让技术,推动俄罗斯本国造船业的现代化;巴西更是提出在其海域进行油气勘探开发的装备必须有本国企业制造,由此促进本国海洋工程装备企业的发展。

(二)国内海洋工程装备产业发展现状

1.制造能力主要集中于少数几家企业

改革开放以后,我国造船企业抓住经济迅速发展的历史机遇,承接了海洋工程装备一定数量的制造订单,取得了一定经验和市场,并且获得国内外石油公司、工程承包商的认可。目前,能从事海洋工程装备制造的知名企业在国内主要分布在大连、青岛、天津、上海和南通等地。目前我国海洋工程装备仍然是国有中央企业为主力军的局面。在我国FPSO与已经建成的各类钻井平台中,绝大多数由国有两大造船集团完成。

2.民营企业异军突起,成绩斐然

民营造船企业近年来异军突起,取得令人瞩目的成绩。在FPSO建造领域、海洋工程辅助船和钻井平台等方面都表现不俗。山东莱佛士船舶有限公司建造了手持多座半潜式和自升式钻井平台、FPSO、多型海洋工程辅助船订单;福建东南船厂、太平洋造船集团有限公司等企业已成为全球平台供应船和三用工作船的主要建造地。

3.主要产品为自升式钻井平台和辅助船

在三类海洋工程装备中,国内尚无TLP、Spar的建造业绩。除了上述几家企业完成过或在建半潜式钻井平台和FPSO之外,国内其他企业主要集中在自升式钻井平台和辅助船的建造方面。在自升式钻井平台

建造方面,青岛北海船厂建造过多座自升式钻井平台;招商局重工也已交付其承建的自升式钻井平台;辽河石油装备制造总公司也有自升式平台在建;海油工程目前拥有兄弟公司中海油田服务股份有限公司4座自升式平台订单;振华重工大举进军海洋工程装备制造业,拥有来自伊朗的10座自升式钻井平台订单。在海洋工程辅助船建造方面,熔盛重工目前正在为海油工程建造深水铺管船,上海船厂为中海油田服务公司在建12缆物探船,黄埔船厂为中海油田服务公司在建深水工程勘察船。福建东南、大洋船厂、番禺灵山造船、广州航通、粤新船厂、武昌船厂等交付了大量海洋工程辅助船。

(三)海洋工程装备产业发展趋势

海洋工程装备具有技术要求高、投入资金大、操作风险强含量的特征,行业进入壁垒高,对生产厂商的技术能力和资金实力要求非常高。目前,全球海洋工程装备市场已经形成了三层级梯队式竞争格局,海洋工程装备设计研被欧美发达国家所垄断,并控制了关键设备的制造,以韩国和新加坡为代表的少数亚洲国家在高端海洋工程装备模块建造与总装领域占据领先地位,而中国和阿联酋等国主要从事浅水装备建造,开始向深海装备进军。海洋油气支出和产量的增加要求海洋钻采设备和生产设备的增加,尤其是深海领域的装备的需求大量增加。低端海洋工程产品已经出现建造能力过剩的迹象,深海装备资源比较稀缺,浅海装备正向深海的转移。产品将实现一体化战略,从总装建造向配套设备和零部件制造领域延伸。

1. FPSO占据海洋油气生产设备主流,中国需要进一步提升市场占有率

从全球浮式生产设备保有量来看,FPSO仍占据大部分,占比高达65%,且占比将继续呈上升态势。韩国、新加坡分别垄断FPSO新建和改装市场,中国只占FPSO改装市场的10%。因此我国企业首先要提升大型浮式生产系统制造、安装能力,其中应优先发展深水FPSO。

2. 海洋工程辅助船舶市场中长期需求可观

欧美国家垄断了高端辅助船舶制造,而中低端市场以中国、新加坡、

印度、巴西等国家为主,其中,中国占据领先地位。尽管短期内海洋工程辅助船舶存在一定的供需失衡局面,但随着海洋油气开采活动的进一步活跃,船队替代需求的逐渐释放,且考虑到手持订单的持续下降,海洋工程辅助船舶市场中长期需求仍可观。

　　3.中国配套设备将从低端走向高端,市场替代空间广阔

　　欧美发达国家的企业在海洋工程装备的核心配套设备市场占据垄断份额。由于海洋工程配套设备技术研发投入高、研制难度大,本国的配套设备生产能力薄弱,绝大部分海洋工程装备的配套设备只能依赖进口,自配套率不足25%。尤其在核心配套领域,由于历史原因,目前我国自配套率低于5%。"十二五"期间由于我国大量海洋石油装备的订单向国内配套企业的倾斜,配套设备将迎来发展的黄金期,必将逐渐由目前的中低端配套,走向附加值更高的核心高端配套发展,逐渐实现进口替代。

　　海洋工程装备和高端船舶制造业作为舟山市海洋战略性新兴产业,从发展伊始一直得到国家、省里的大力支持。2010年5月,国务院批复的《长江三角洲地区区域规划》中把舟山定位为建设大型修造船及海洋工程装备基地之一。2011年3月国务院批复的《浙江海洋经济发展示范区规划》关于海洋工程装备产业发展目标确定,要推动舟山和宁波在自升式钻井平台、浮式生产储油装置、深水水下采收系统等领域取得突破,形成长链条、大配套能力,建成我国重要的海洋工程装备基地。2011年1月,《浙江省海洋新兴产业发展规划》和《浙江省"十二五"重点产业布局规划》中指出,以"舟山—宁波"海洋工程装备基地为依托,发展海洋工程装备。

　　舟山市的海洋工程装备产业在舟山高端船舶制造业的带动下,正处于起步发展阶段,在海洋工程装备修理和改装领域,已具备承接钻井平台修理、生产平台改装等业务的能力。在海洋工程装备制造领域,舟山虽然还处于起步阶段,但还是呈现出良好势头。浙江半岛船业已打造完成一艘3.8万吨级的自航半潜船,为该企业在国内自航半潜船顶尖领域的首制,可以举起世界上50%以上的海洋平台,是海洋工程装备中的一

类必备船舶。而诸如金海重工股份有限公司高端海洋工程装备制造项目、舟山万泰海洋工程有限公司的钓山海洋工程装备制造提升项目、太平洋海洋工程(舟山)有限公司舟山长白岛海洋工程装备和船舶制造项目、舟山长宏国际船舶修造有限公司海洋工程装备制造项目、舟山中远船务有限公司海洋工程制造项目、中舟牛头山海洋工程项目、舟山惠生海洋工程有限公司海洋工程项目、六横新基海洋工程装备制造项目等一批海洋工程装备项目的建设,为舟山海洋工程装备产业的稳步发展提供了切实保障。

目前,虽然舟山船舶工业已基本形成了集船舶设计、制造、修理、船用配套产品制造和船用商品交易于一体的产业体系,造船完工量、手持订单和新接订单三项指标均占全国10%以上。以中远、金海重工等骨干高端船舶制造企业的高技术、高附加值船型研发生产明显增多,并积极向海洋工程装备领域进军。但在发展过程中还是暴露出不少问题,主要如下。

(一)海洋工程装备产业发展基础薄弱

相对于国内外其他地区状况,舟山海洋工程装备产业发展较晚。欧美发达国家、新加坡和韩国、阿联酋等其他亚洲国家以及国内的上海、大连、南通等地方已经在海洋工程装备产业的发展中积累了丰富的经验和工程能力,占据了主要市场份额,获得了先发优势。舟山海洋工程装备产业刚迈入起步阶段,主要集中在低端的钻井平台总装和修理/改装上,产品档次低、经营业务少,产业基础相对薄弱,不仅与国外有实力的海洋工程企业差距较大,与国内的差距也较为明显。在海洋工程装备配合体系中仍处于空白,而且海洋工程装备产业是高科技产业,海洋工程装备产业普遍具有高科技含量的特征。虽然舟山在海洋工程装备技术研发中已成立了相关的科研院所,但由于起步较晚,在海洋工程装备产品科研技术与研发设计的实践经验不足;在快速发展中,舟山船舶修造业还存在着熟练工人和专业技术人才紧缺的矛盾,而海洋工程装备产业对此类人才的要求更高。相对海洋工程人才队伍建设成熟的国家、地区和企业,舟山刚刚开始发展海洋工程装备产业,所需专业人员储备严重不足。

同时,引进专家与本土技术人员的融合以及培养本土专业技术队伍的历程也处于起步阶段。这对整个海洋工程装备产业的发展是一个巨大的瓶颈。

(二)高端船舶制造业缺乏竞争力

在船舶配套设备生产较为落后。具体表现为:有效产能不足,同时二级配套设备能力弱,高端产品基本空白,缺乏自主品牌,大型铸锻件、大型分段等难以满足造船总装和大型化要求。船舶的关键部分设备对外依存度过高,船舶主机缺口达70%以上,大口径中速柴油机基本依赖进口;在具体船舶制造中,船舶整体研发经费投入量严重不足,高技术、高附加值的复杂船舶产量仍无法自主研发或是占很小比例,这些因素也直接导致船舶行业自主创新能力不强,造船技术与发达国家差距大。缺乏具有国际竞争力的世界知名品牌,高新技术船舶依赖国际设计,拥有独立自主知识产权与达到当代世界先进水平的高技术、高附加值品牌的船型仍然只占很小比例。另外,造船整体布局和能力分布不合理,产业集中度比较低,虽然船舶工业企业数量不少,但企业规模却明显偏小。行业规模结构呈现出"金字塔"型,小型企业数量占全行业企业数量的比例高;船舶融资也成为制约船舶工业发展的短板,这不仅仅是舟山所面临的困境,也是整个中国船舶工业一直难以解决的问题。根据挪威银行提供的数据显示,在全球市场中船舶融资缺口将高达3000亿~3500亿美元,其中中国的船舶融资缺口将达600亿美元,占全球市场船舶融资的1/5。而船舶工业属于资金密集型行业,在中国越来越重视海洋的今天,在国家海洋战略的时代大背景下,亟需资金为其推波助澜,此外整个船舶工业能源资源消耗过高,与亚洲邻国日本、韩国相比都有较大差距。

建议采取的措施如下。

(一)科学规划,整体布局

以浙江省海洋经济发展示范区和舟山群岛新区建设上升为国家战略为契机,依托海洋工程作业船和特种船舶、海洋资源勘探与开发装备、配套系统和设备、关键制造技术研究为核心,以政策扶持、技改投入、引进优势企业为手段,推动产品核心技术研发,扩大产业规模,培育企业品牌,全面提高研发、建造和管理能力,培养一批大企业大集团,带动产业链的发展与完善,建设国内一流、国际上有重要影响力的海洋工程装备和高端船舶制造产业基地。

1.舟山本岛北部区块

新港工业园区。舟山经济开发区内已具备良好的船舶配套产业发展基础,规划考虑结合企业的技术和产品优势深入到海洋工程配套产业;舟山万泰海洋工程有限公司钓山海洋工程装备制造提升项目和中舟牛头山海洋工程项目即将入驻该区域。同时作为引进世界知名海洋工程项目与著名企业的重点区域,结合园区已有产业基础与发展潜力,重点布局生产装备、钻井平台的改装和建造项目,并根据产业集约集聚发展的原则,布局海洋工程装备配套设备项目,布局东海油气田等海洋资源开发的后勤保障基地。确定新港区块的产业发展定位为:海洋工程建造和配套产业集聚区。

2.定海西北部区块

指定海洋工程业园区及其北侧长白岛区域。区内已建成长宏国际和太平洋海洋工程两个海洋工程项目,分别为海洋工程装备的制造和维修改装项目。主要是通过现有长宏国际生产设施,通过所有可行手段与形式,包括技术转让、合资、合作,制造海洋工程装备产品。依托已完工的长白太平洋海洋工程一期项目,实施二期工程建设,建成工艺流程完整的海洋工程装备生产企业。

3.岱山小长涂—秀山区块

岱山县长涂镇和秀山岛区域。区域已形成良好的船舶产业基础。目前金海重工正改造原有造修船设施,对海洋工程装备生产的专用设施设备进行补充增加,并开始涉足发展海洋工程装备深水区域内产品,海洋工程辅助船等产品也兼顾生产,规划建设一个海洋工程产品一体化基地。秀山岛依托舟山惠生海洋工程有限公司海洋工程项目,主要发展海洋工程装备模块等产品。

（二）大力发展海洋资源勘探与开发装备

1. 各类海洋钻井平台的建造

加快自主研发制造多功能式生产储油船（FPSO）、自升式钻井平台、浅海固定采油平台、浮深水半潜式钻井平台、深水浮式平台设施、固定式桩基平台、大型模块、移动平台等钻井平台，重点是增强基本设计、详细设计能力、掌握自主研发的核心技术，加强概念设计。加快推进中舟牛头山海洋工程基地项目、长宏国际海洋工程装备制造项目、金海重工高端海洋工程装备制造项目、长白太平洋海洋工程二期项目、惠生海洋工程项目、中远船务舟山公司海洋平台工程项目等，扶持培育形成全球一流的专业化、远洋化、深水化海洋工程制造集群。

2. 海洋工程模块

重点发展大型海洋石油平台工程模块、上部模块、系统单元模块、生产工艺类模块、浮体和立柱等，把海洋工程模块的设计作为核心，做精做专，逐步由结构类模块向生产工艺加工类模块发展，最终实现海洋工程模块的设计。积极推进惠生海洋工程有限公司的海洋工程基地建设。

3. 海洋工程装备修理与改装

利用太平洋海洋工程有限公司和舟山中远船务工程有限公司为基础，同时结合万泰钓山与金海重工海洋工程设施的升级改造，加强技术研究投入，大幅提高海洋工程装备与修理技术，承担半潜式钻井平台、自升式钻井平台、辅助船、勘探船、LNG船、海洋工程模块等各类大中小海洋工程装备和海洋特种船舶修理配套能力。

（三）择优发展海洋工程作业船和高端船舶

1. 海洋工程作业船及辅助船

以起重船、三用工作船、平台供应船、远洋救助打捞船、石油平台支援船、起锚供应船、海洋工程拖船、铺管船、潜水作业船、消防船、修井船、海上风电场工程船、风车安装船等为重点，加快提升海洋工程装备设计建造研发水平，掌握大型高端深海洋工程装备核心关键技术，不断增强制造水平。

2.高端船舶

以金海重工、中远船务、扬帆集团等骨干企业为依托,集中力量研发大型液化石油气船(LPG)、大型液化天然气船(LNG)、高速客滚船、气垫船、万箱级大型集装箱船以及新型游艇等高技术、高附加值装备和船体,抢占发展先机。以舟山打造全国海工装备中心城市基地为契机,提升全回转拖轮与远洋渔船和等特种船制造水平,扩大市场份额。

(四)突破关键制造技术

1.核心共性技术

以《产业关键共性技术发展指南(2011 年)》[①]中 11 项船舶与海洋工程装备核心共性技术为纲领,针对深水化、大型化等趋势,开展总体建造方案优化、巨型总段制造、模块化建造、特殊防腐技术、大型自升式钻井平台结构自主设计技术、自主知识产权海洋石油钻井系统集成设计等共性建造技术研究,提高建造质量和效率。大力支持省海洋开发研究院和浙江海洋学院共同开发的"大型海洋工程结构腐蚀控制与修复关键技术研究及应用示范"项目。依托海洋工程装备建造项目,建立现代海洋工程装备管理模式、方法和体系,掌握项目总承包管理技术。开展安全可靠性和风险评估分析方法研究,建立系统实用的评估技术体系,支持海洋工程装备产业的健康发展。

2.海洋工程技术研发平台

加快引进国外石油装备检测实验室,争取建成 1 个国家级研发中心,5 个省级研发中心;完成"浙江省海洋工程装备公共技术服务平台"的构建。支持太平洋海洋工程(舟山)有限公司与新加坡合作建立太平洋海洋工程技术研发中心,扬帆集团建立扬帆船舶设计研究院,金海重工建立金海装备设计研究院等,通过与新加坡、欧美等国设计研究院的交流合作,增强海洋工程装备的研发力度和研发水平。争取在舟山建立中国大洋勘查技术与深海科学研究开发基地和大洋矿产资源接收储运

---

① 资料来源:工业和信息化部。http://www.miit.gov.cn/n11293472/n11293832/n1129390 7/n11368223/13924553.html

与研发加工基地,提升我国大洋考察与钻探能力。

（五）加强政策扶持力度,创造资本人才技术保障

1.加大招商力度,强化产业链招商

把握海洋工程产业从美国、西欧、北欧和新加坡等国正逐步向外转移的机遇,抓紧开展以国际招商为主、国内招商为辅的招商引资活动。国际招商重点面向海洋工程技术先进的国外大型公司进行招商,国内以"国字号"央企为主,其中大型、高端的海洋石油平台模块及模块包以新加坡招商为主;浮式生产储油装置应以韩国、日本造船企业为主要目标;海洋工程配套设备强调国际品牌、技术与战略合作,以德国、芬兰、荷兰、英国等国家的大型公司为招商重点。加强与相关央企集团、海洋工程装备优势企业以及国内外主要海洋工程装备用户的沟通联系,建立战略合作关系,共商海洋工程发展大计。

2.拓宽企业融资渠道,创新投融资机制

加快直接融资的发展,提高对资本市场的参与度。支持符合条件的海洋工程装备制造企业上市融资和发行债券。搞好债券发行项目储备,支持扬帆集团等企业发行企业债券,支持金海重工股份有限公司上市融资。加大政府银行资金的支持力度,满足海洋工程企业的资金需求;加强金融中介服务机构建设,搭建企业生产者和投资者之间的桥梁。在船舶融资方面,通过政策性鼓励银行加大出口信贷,在国家允许的情况下放宽融资租赁机构投融资渠道,降低税收鼓励设立产业投资基金,增强上海在航运金融领域的吸引力。

3.搭建科技创新平台,完善自主创新体系

在浙江舟山群岛新区建设的大框架和总体背景下,抓紧建设海洋科学城示范城与全国一流的科技创意研发园,同时建设世界一流、全国独家的摘箬山海洋科研与科技示范岛,强化建设以新产品、新工艺研发为主、国家船舶舾装产品质量监督检验检测中心、船舶产业省级重点实验室、船舶工程技术研究中心、太平洋海洋工程技术研发中心、扬帆船舶设计研究院、金海装备设计研究院等建设,开展海洋工程、船舶及船配设计等领域的关键技术研发,增强海洋工程装备的研发力度和研发水平。

4.鼓励风险投资产业,加大政府扶持力度

对舟山市海洋工程装备产业化研制项目、技术改造项目、示范工程以及重点引进项目给予地方配套支持;对被国家《海洋工程装备科研项目指南》所纳入的项目给予地方资金配套支持;对重点引进项目技术改造项目,给予相应贷款贴息支持。加大研发经费投入,提高自主创新能力,加强船舶企业核心竞争力。加大船舶研发经费的投入,增强创新体制建设,加强船舶自主设计能力和船舶关键技术自主创新能力的培养,并且逐渐降低对外依存度,从而实现核心技术的产业化,从而达到提高企业核心竞争力,将来为生产高技术、高附加值的复杂船舶打下良好的技术基础。

5.引进培养专业人才,构筑海洋工程人才高地

积极支持浙江大学、浙江海洋学院等本省高校对海洋工程专业学科的建设,支持舟基集团中舟海洋工程有限公司与浙江大学合作共建海洋工程院,优化课程设计,培养一批高素质的海洋工程人才,加快提升科技创新能力和科技服务水平。以欧洲和日韩为主,积极引进高学历专业人才,鼓励海洋工程企业与浙江大学、浙江海洋学院等高校合作建立人才实习实训基地,为推进本市船舶及海洋工程装备产业持续快速发展提供人才支撑。

6.支持重点项目建设,确保项目顺利推进

梳理一批重大的海洋工程装备和高端船舶制造项目,加强各部门协作,深化重大项目前期工作,及时帮助协调解决一批项目存在的困难,将有限的土地指标、资金、政策等向重点项目、重点区块倾斜。对于国家重点审批批项目,积极与上对接。抓好一批重大项目的开工建设,对条件符合的项目采用绿色通道的方式先开工建设。

7.加大对国际新标准的研究,制定发展规范

加大对国际海事法律的研究,积极应对船舶贸易纠纷。伴随我国市场份额和产业规模不断扩大,船舶产业面临的诉讼风险也越来越大,应加大对各国尤其是在本行业领先国家的船舶行业贸易争端的研究力度,做好相关反应机制和预案,建立船舶行业的产业风险预警机制。

二、海洋电子信息产业

2012 年，舟山市海洋经济增加值占地区生产总值比重达到 68.7％，是我国海洋经济比重最高的城市之一。船舶工业、渔业、港口物流、海上交通等产业成为主要支柱产业，尤其是 9000 多艘的渔船保有量、800 多万载重吨的船舶建造量、2800 余艘船舶修理量以及 500 多万载重吨的航运能力，为舟山市海洋电子信息产业开拓更为广阔的市场空间。

舟山是浙江海洋经济发展示范区的核心区，浙江海洋经济发展的先导区。舟山海洋电子信息产业的发展，将加速电子信息产业与海洋产业的深度融合，积极探索转变海洋经济发展方式的出路，为全国海洋经济科学发展树立典范、提供经验。对于全面提升我国海洋经济综合实力、促进海洋经济优化升级和结构调整、探索海洋经济科学发展新路径具有重要意义。

虽然舟山海洋电子信息产业发展势头良好，但还是存在一些问题。

（一）产业的规模效应不明显

主要表现在产业的规模偏小、运作能力差、竞争力低下。在发展之初，舟山海洋电子信息产业从无到有的过程中与其他产业类似，进入门槛设置较低，大量规模小、技术含量低的加工企业进入。这样的发展导致虽然整个行业中的企业数量并不少，但却缺乏真正具有自有核心技术的龙头品牌企业，因此在国内外市场缺乏竞争力，不仅没有较大的市场占有额，形成不了规模效应，还导致了整个产业的组织松散。

（二）自主创新能力匮乏

在生产技术方面，由于从国内外直接引进的技术比较成熟，可以直接投入生产，投资风险较小，因而资金量不算雄厚的本地企业更愿采取这样"短、平、快"的技术引进模式，而很少考虑如何消化吸收引进的技术，对自主创新的投入更是缺乏，除了少数行业内领头企业的部分外，大多数企业缺乏核心技术、缺乏自主知识产权，在整个海洋电子信息产业链中仅占生产装配一环，而高附加值的品牌、技术等环节被外方牢牢控制,从而产品的绝大多数利润以转移定价等方式获得;许多的合资企业更是着眼于短期经济利益,直接从外国"买"技术,心甘情愿地放弃产品的主动权,导致缺乏具有市场号召力的拳头产品与知名品牌,整个产业的核心技术、专业部件受制于人,这样自主创新风险大,使得企业更没动力进行自主研发,恶性循环,从而导致产业大而不强的突出问题。因为关键核心技术及核心部件的缺失,使得大多数企业目前只能生产低端产品或是为产品生产某些部件,无法形成拳头产品。

（三）产品环境污染问题越来越突出

舟山群岛自然条件得天独厚,岛内风景绮丽,原生态的生活环境本身是一大资源优势。但由于近年来工业的迅速发展,缺乏合理的产业布局与产业指导,导致企业一窝蜂式的发展,绝大多数企业因为缺乏核心技术与自主产品,只能处于最原始的生产加工装配环节,加上不少外国外资项目将污染最大的生产环节放于本地生产,随着产业规模扩大,资源、能源消耗总量也在增加,废旧电子产品、重金属环境污染等社会问题日益突出。

建议采取的措施如下。

（一）促进产业集群发展,提高自主创新能力

1. 根据《舟山市海洋电子信息产业发展规划》要求,做好园区的基础建设和服务保障工作,完善园区载体建设中,生活、住宿、商业、休闲娱乐等的配套设施,保障人才的引进和保留;搭建 saas 平台、软件测试平台、人才服务平台、集成电路设计服务平台、投融资担保平台和以云计算技术为支撑的基础平台,建设国家级船舶及海洋工程应用软件研发平台、船舶通信平台,紧紧围绕国家建设舟山群岛新区提出的总体战略以及浙江省制定的电子信息产业相关规划和舟山市实际情况,重点发展遥感成像、信息服务业、船舶通讯和海洋计算机软件等为主的海洋电子信息产业,同时兼顾发展节能和新能源电子产业电子产品出口加工。

2. 注重产业集群之间的学习效应。根据学习的溢出效应,产业群的集聚为溢出效应提供了基础。舟山海洋电子信息产业集群集聚,众多的

生产企业、原料供应商、各种承包商、服务商还有大量的科研研发机构与大专院校，这些组织机构之间每天交流的信息成千上万，每个企业都可从中获得有价值的消息和学习新的知识，可参考美国硅谷初期的发展模式，在增强产业集聚的同时，积极培养发展溢出效应。

（二）多管齐下，提高科技自主创新能力

1. 采取引进、合作、培育等方式，快速集聚一批国家、省市电子信息领域高层次科研力量和研发机构。重点引进并建立国内一流的科研院所及国家级工程技术（研究）中心、重点实验室的分支机构，力争引进本行业国内外龙头企业的技术中心。积极承接国际现代服务业转移，鼓励引进跨国公司设立研发机构、服务和地区总部中心。

2. 舟山市政府要研究制定财政、土地、税收、政府采购等方面的专项扶持政策，为企业自主创新营造良好的政策环境。一是制定和落实激励企业自主创新的税收优惠政策，建立以市场为导向、以政府为引导、以企业为主体的多元化、多渠道、多层次的投入体系，充分发挥财政、税收的杠杆作用，引导和支持有条件的企业开展关键技术的研发，降低企业的研发成本；二是做好与上级政府部门的衔接与协调工作，争取国家政策性资金对全市电子信息产业重大科技项目、信息技术产业化项目、引进技术消化吸收项目等的资金支持；三是明确产业定位和发展思路，制订现实可行的发展规划，引导企业和产业发展方向，推动信息产业的爆发式发展。

3. 进一步推进战略标准，提升市场竞争力。行业标准是附加值最高的部分，谁拥有了行业和产品的标准，谁就拥有了行业的话语权，目前，海洋电子信息产业已发布的行业标准有 500 多个，设计信息技术、电子设备、电子元器件、电子材料等多个领域，在这些标准的制定过程中，主要由美欧等发达国家主宰，近年来新兴国家如日本、韩国等都积极参与到行业产品标准的制定中，为自己在国际市场的竞争中争得一席之地。在舟山的产业政策的导向下，标准与市场、标准与政府、政府与企业间的关系已逐步理顺，所以各个企业尤其是本行业带头企业应联合制定自主技术标准，以固化自有知识产权，同时加强标准的制定也产业化的紧密结合,提示整个地区企业在市场上的竞争力。

（三）大力发展绿色制造技术,推动低碳绿色产业发展

要完善和实施海洋电子信息制造业节能环保的指标体系,逐步建立节能减排监控制度,重点支持海洋电子信息产业绿色工程。

1.优化电子电气设备产品系统设计,采用国际能源新标准,达到生态化设计标准,发展节能产业。

2.联合有关部门,建立废旧电子电气设备回收利用制度,继续做好电子信息产品污染防治和废旧电子产品再循环,发展可持续经济。

3.加快太阳能光伏电池和半导体照明等新能源的发展,培植能源产业,加快电子产品无害化。

4.加快节约型新技术、新产品、新装备的开发,发挥信息产业应有的带动作用。

三、海洋生物医药业

21 世纪是海洋世纪,是海洋经济可持续发展的时代。伴随着人类向海洋大踏步地进军,海洋生物产业得到迅猛发展,已经成为国贸经济的重要组成部分。自 20 世纪 60 年代初,海洋生物资源便成为海洋药物研发的热点;20 世纪 90 年代,许多国家都把利用海洋资源作为基本国策,美、日、英、法、俄等国家先后投入巨资,推行"海洋生物技术计划"。在海洋科技发展的推动下,我国的海洋生物产业呈现出产业化、规模化、高效化的发展势头。国海洋药物的系统研究始于 20 世纪 70 年代,在多方的努力和政府的支持下,海洋生物技术、海洋药物的研究与开发于 1996 年被列入国家"863"计划。经过改革开放 30 多年的发展,海洋生物医药成为我国高新技术产业发展重点、海洋经济的"热点"。

我国的海洋生态系统复杂多样,海洋生物物种生态类群和群落结构都表现出丰富多彩的多样性特征。舟山群岛地处我国东部黄金海岸线中间,地理位置十分优越,近年来已成为我国海洋经济发展的重要战略要地。

尽管舟山的海洋生物医药产业自然资源好,发展起步较早,但在高

速发展的过程中还是暴露出一些问题:

(一)海洋生物医药制品质量安全问题严重,国际贸易壁垒加剧

近年来,随着我国海洋经济的快速发展,海洋生物医药制品的国际国内贸易总量不断攀升,海洋生物医药制品的质量问题已成为贸易竞争的核心,直接关系到我国海洋生物医药业发展的大局。虽然舟山水产加工业的整体装备水平、生产加工能力、产品技术含量等在国内处于领先地位,但是面对水产行业的激烈竞争和某些客观条件的制约,和发达国家相比,舟山海洋生物医药制品产业仍存在一些困难。由于环境污染日趋严重以及全市大多数渔船的鱼货装载、保鲜条件不能满足食品安全要求,渔民不规范使用亚硫酸盐保鲜剂,养殖产品药物残留问题不能彻底解决等原料源头食品安全隐患,已经引发多起水产品安全事故。另外部分企业生产技术落后,生产管理不到位,精加工过程较长,产品受污染环节多,质量得不到保证,极易发生质量安全问题,成为对外贸易纠纷的导火线。尤其是加入WTO后,以质量安全为主要内容的"技术壁垒"作为保护国家利益的一种手段,正被越来越多的国家所采用,而且其"门槛"越来越高,已成为影响我国海洋水产品出口的主要障碍。虽然我国水产品质量安全保障体系在不断加强,但海洋水产品质量仍难以保证完全达到进口国的要求,药物残留依然是影响海洋水产品质量及出口受阻的主要因素。"冻虾仁氯霉素事件"、"出口鳗鱼孔雀石绿"、水产品二氧化硫超标等,给舟山的海洋水产品出口贸易带来了严重影响。此外,一些国家爆发禽流感疫情后,一些发达国家对海洋生物及制品的需求越来越多,但品质要求却越来越高。日本已开始实施"肯定列表制度",对有毒有害物质进行全面监控并制订了限量标准,从而进一步提高了水产品进口的门槛。另外,随着国际国内海洋生物高新技术的迅猛发展,海洋生物医药、海洋精细化工等深加工产品的不断开发利用,更需要有强大的技术机构投入大量的技术力量对产品进行研究、检测和应用。

(二)海洋生物医药制品精深加工比例低,产品结构趋同

目前舟山初级水产加工品仍多于精加工、深加工产品。大部分企业

规模普遍小,在资源衰竭和资源保护措施日趋严厉的今天,不能像大中型企业那样普遍采用原材料远洋化、多样化等方式规避风险,更是缺乏大量的资金和高新技术支持。虽然这几年舟山从国外引进了许多设备和技术,但舟山自身技术开发、创新能力都比较弱,技术上进步不大。如中国几千年来形成的许多传统风味水产品仍然沿用自古一脉相传的传统手工作坊式的加工方法,不仅效率低下而且无法产业化,市场逐渐枯萎。另外,很多水产企业只加工某一种或一类海产品,导致市场产品结构趋同,不利于企业规模和档次的提升。由于企业的生产设备陈旧、落后,缺少先进的高科技生产线,缺乏现代加工能力,企业只能维持简单的水产品加工流程,高附加值产品少。

(三)水产加工生加工产原料供需矛盾突出,行业内企业竞争激烈

舟山的水产加工业是靠自捕的海产品为主作为加工原料,但由于生态环境的不断恶化,及捕捞的粗放不可持续性等的影响,近海渔业资源日益萎缩;与此同时由于中国和日韩等周边国家所签署的相关的渔业作业协议,以及周边国家地区的外交环境的恶化,导致捕捞作业空间与传统相比大幅缩小,使得水产加工产业的持续快速发展面临威胁。而全市各地水产加工企业生产能力扩大较快,原料远远跟不上加工生产所需,收购环节已经出现恶性竞争的现象,进一步加剧原料供应紧张矛盾,致使加工成本大幅上升。80%以上企业对水产加工原料前景表示担忧。一些小型企业因货源收购难而处于停产或半停产状态。如全市共有单冻虾仁生产线有100多条,但设备利用率仅为30%,造成大量设备闲置,行业生产能力过剩。另外,由于企业缺乏开发低值海产品的精深加工技术和综合利用技术,出口目标市场过于集中于少数几个国家地区,进而影响出口产品种类较少、结构相对单一,并且其中多为初级加工品,致使大家都争抢同一种有限资源,造成局部资源紧张。目前全市在国内水产加工业竞争中基本失去成本优势,原料优势也正在淡去。

(四)海洋生物废弃物的综合利用率低,行业整体技术创新能力不强

渔获物中的小鱼、小虾及产品初级加工过程中的粗放低效导致产生

大量的鱼骨、内脏、贝壳、虾皮等下脚料常被视为低值原料甚至废弃物,一般占渔获物的28%。由于技术的落后,目前主要用于生产鱼骨粉等低值产品,更有甚者作为废物直接丢弃,这种做法不仅导致产品附加值没有得到提高,同时造成海洋、陆地环境的严重污染。而国外已经利用废弃物开发了很多健康有益的产品,但是舟山多数水产企业目前对这些加工废弃物的利用仍处于比较低的水平,除了少数能作为鱼饲料的加工原料,大部分直接丢弃,对其中很多有价值的成分尚未充分提取和综合利用。

(五)海洋生物产业品牌意识薄弱

市场产品虚假严重随着社会经济的发展,海洋深加工产品如生物医药、保健品、化妆品等不断开发利用,其特定的功效和利用价值已经深入百姓,并被社会认可和利用,但一些不法分子利用国家标准不全和各检测机构缺乏对海洋精深加工产品的检验检测手段以及人们长期以来只是凭借经验,从水产品的外观形态、气味以及一些简单的物理、化学现象来判断其真伪,存在很大的主观性和片面性这些弱点,打着海洋精深加工产品的幌子,以其他地方的水产品假冒舟山水产品,弄虚作假,坑害百姓,严重损害了舟山水产品的商誉和形象。这些情况既不利于我国加快渔业产业结构调整,也不利于企业讲究诚信,更不利于人民群众的身心健康。因此,社会各界迫切要求政府从源头加强对海洋生物医药制品质量的监测。同时面对我国海洋水产品的质量现状和"挑剔"的国际贸易伙伴,以及从保障人民群众身体健康的要求出发,加快海洋生物及制品质量安全保障体系建设已刻不容缓,尤其需要建立规范的国家级海洋生物及制品的质量安全检验体系,从源头、过程到成品检验层层把关。

为此,建议采取的措施有以下几点。

(一)发展来料加工,扩大养殖规模,实现原料来源多样化

1.借助舟山水产加工业的成本优势、技术优势和品牌效应,充分利用国外渔业资源,大力发展上规模的水产品来料加工和进料加工企业。有关部门应为企业发展进料加工开辟"绿色通道",缓解企业原料收购难矛盾。

2.完善原料供需协调机制,由政府出面,在原料丰富的地区建立原料收购与初级加工基地,引导企业与固定渔船(养殖场)建立生产、销售、加工联盟。

3.积极发展水产物流业,通过发挥水产品公共保税库、国际水产城等平台的作用,合力保障舟山水产加工业的原料供应。大陆连岛工程建成在即,给全市水产加工业开辟了更大的发展空间。

4.大力开展淡海水养殖、深水网箱养殖等作业,努力在淡水鱼精深加工上开创出新路,扩大来料途径。围绕全省海水养殖产业可持续发展的重大问题,开展实用技术和高新技术应用研究,重点开展适宜各品种养殖的海域条件分析研究、近海海域环境容量评估研究、海水养殖工程技术研究、海水深水网箱高效养殖研究;利用传统遗传育种学方法和现代生物技术对主要水产养殖品种进行遗传改良,培育具有抗逆、生长快、品质好的养殖品种,建立适合全省海洋特点的养殖良种培育工程体系;深入海洋生态与环境科学研究,主要开展海洋生态、环境及生物多样性研究。

(二)开展海产品质量安全控制技术研究,构筑水产品加工质量安全认证体系

1.抓好水产品精细加工产量的同时,严格控制水产品的质量,建立健全完善的水产品质量保证体系,使企业水产品的生产逐步与国际接轨。

2.对水产品的源头质量安全进行全方位的监管。充分利用现有的养殖病害测报点和"农民信箱"等载体,帮助养殖户,建立养殖日志与育苗日志,走健康养殖、生态养殖之路,从源头上消除隐患。

3.政府企业积极开展宣传教育工作,引导渔民正确使用保鲜剂,推广超低温、冷冻媒介等无毒无害保鲜技术,确保产品质量安全。

4.大力引进国内外先进质量管理控制体系(HACCP、GMP、SSOP等),加强对海捕原料和进口原料的质量检测以及加工、储藏和销售等环节的全程监控,发展无公害水产品精深加工,打造水产业中的"绿色食

品",符合世界潮流,具有巨大的市场容量和潜力。

5.根据舟山市和浙江省海产品加工技术和产业基础、优势和特色,结合海产品国内市场和海产品加工技术领域内的战略需求,开展海产品从原料、加工到成品的全程质量安全控制技术、海产品有毒有害物质的检测与控制技术以及海产品微生物安全控制技术等海产品精深加工关键共性技术的开发研究,加大超高压技术、酶技术等高新技术在海产品加工和综合利用方面的应用研究力度,大力开展高附加值海产加工制品和生物工艺研发,提升产品档次,提高市场竞争力。

(三)加强产学研联合,提高水产品精深加工的科技含量

随着水产品精深加工创造的利润比重不断提升,许多企业高层越来越注重科技力量的引进与运用,积极推进企业技术创新,扶植科技含量高的休闲食品、快餐水产食品及开发保健品和功能食品,实行"以质量求生存,以技术求发展"的战略方针。

1.完善以市场为导向、科技为动力、企业为主体、产学研结合的技术创新体系,在不断壮大自身科研力量的同时,加强企业与国内外多所高校和科研机构紧密合作,研制开发具有先进工艺技术的生产加工技术,形成具有自主知识产权的新技术、新产品,为公司快速发展提供了有力后盾。

2.鼓励本地企业原始创新、集成创新、引进消化吸收再创新等方式紧密结合,发展模式由外延扩张型向内涵增进型转变,灵活调整水产品加工项目,重点资金支持企业研发搞附加值水产品、增强对企业研发高科技新产品的资金补贴力度,以便降低企业研发风险。

3.整合现有科技研发资源,进一步加强科技在水产品深加工中的应用。充分发挥海洋开发研究院、水产协会科技指导作用,有针对地建立开发合作平台,重点解决企业迫切需要的技术问题和能提高市场盈利能力的技术。

4.加强水产品深加工方面的基础性研究,重视研发成果专利的申请、原产地注册、龙头企业申报、构建完善水产品加工行业标准制定。建立水产品精深加工发展基金,建立市级水产品精深加工技术中心和新产

品开发认定制度以及产品标准化建设。另外,水产食品加工一定要综合化、多元化,这样有利于企业上规模、上档次。

(四)加大对低值水产品的研究开发,变废为宝

1.诸如小梅鱼、小黄鱼、须虾、鲐鱼以及大洋性小型低值虾、蟹类,以冰鲜出售价格低廉,经过精深加工制成鱼卷、鱼丸、鱼香肠、鱼排、虾丸、高档人造蟹肉、贝肉、鱼翅、鱼籽等合成水产食品,不仅味道鲜美、食用方便,更提高了低值海产品的综合利用率和附加值。

2.利用微生物与发酵工程、分离技术、酶工程技术等对水产加工废弃物进行综合利用,如嵊泗县引进海水淡化工程中的反渗透技术成功加工贻贝废弃液,舟山市丰宇海洋生物制品有限公司运用多种技术从水产品加工废水中提取鱼蛋溶浆作为饲料添加剂使用并进行生产性开发等,既拓展了海洋鱼贝类加工开发的途径,又实现了加工副产物的高值化开发与有效利用,还解决了废水处理和污染问题,保护了海洋生态环境,市场前景广阔。

3.坚持走精深加工的路子,采用兴业、加藤佳等公司模式,在深度上做文章,充分利用水产品加工废弃物,变废为宝,做能直接上架国内外超市的产品,提高产品附加值。

(五)推进产品标准化体系建设

1.按照现有行业优势,引导企业积极制定具有国际竞争力且高于现行国家标准的企业内控标准。

2.重点支持骨干水产品精深加工企业积极争取国家产品标准化试点,对产品标准被认定为全国性行业标准的企业,由市政府按制定产品标准的成本给予适当资助。

四、海洋新能源产业

舟山市海上风能、潮流能、潮汐能、海水温差能、海水盐差能、海洋生物质能等海洋新能源资源蕴含非常丰富,近年来开发利用海洋新能源的项目加快推进,新能源产业正在扎实起步蓬勃发展。舟山的新能源产业

主要集中于海洋新能源电力业,舟山的海洋能源发电主要是海洋风力发电业,域内拥有丰富的风能资源,尤其是临近外海的衢山以及嵊泗列岛等岛屿,年平均风速在 6～7 米/秒①,偏远海岛平均风速可达 7 米/秒以上,风功率密度可大 3 级以上。舟山全市风能资源总量占浙江全省1/3,其中海上风能资源也占浙江全省海上风能资源的 1/3。综上所述,舟山群岛是建设海上风电场的优良区域,风电场资源也是舟山市继优良的深水岸线之后的又一大战略性稀缺资源。

从垂直产业链视角考察,海洋电力产业链是一条以海上风力发电场为核心,并且由若干典型的复合式产业链构成产业链网。依靠风电产品为主线而形成的风电产业链,主要由风力发电场、风力发电机整机制造与风力发电机零部件制造等行业所组成,主要可分为上游的风力发电机零部件制造业、中游的风力发电机整机制造业,以及下游直接生产风电产品的风力发电场。

海洋电力业的上游产业为风力发电机零部件制造业,主要包括原材料、有色金属、复合材料、电子元器件的供应,以及关键零部件配件制造;中游产业为风力发电机整机制造业,主要进行风电设备的制造,开展叶片、齿轮箱、发电机、塔架和控制系统等风机技术的研发和制造,同时为海力发电场的建设组装制造电力设备;下游产业为直接生产风电产品的风力发电场,主要负责海洋电场的投资建设,以及后续发电生产及运营。目前,全国投资风电成本较高,而风电投资产品价格较低,导致不能吸引社会资金广泛参与的局面。

舟山风力发电虽然发展迅速,但风电产业基础薄弱,面临着诸多方面的制约,主要有以下几个方面问题。

(一)风电场的建设结构需优化

根据前面的论述,舟山群岛风电业优势资源主要在海上,而目前在建或是已经建成的项目还是按照传统风电的发展模式,重陆地轻海洋,

① 数据来源:舟山市发展改革委员会。http://www.zsdx.gov.cn/news/060a2065-9c41-4664-9934-a3fb5a4c3273.html

大量的项目在陆地上,海上项目较少。一般来说陆上风电场项目都需要面积区域较大的土地,而舟山群岛本身的特点是水域多、陆地少,而且陆上项目还会对环境产生一定的破坏,不符合人与自然和谐发展的和谐社会要求,并且陆上风电场会对自然植被、水土保持、噪声污染都产生一定的影响。借鉴世界著名风电场的发展经验和目前国际风电行业的发展方向,注重优化风电场的建设结构,积极发展海上风电场。

（二）电力系统本身发展薄弱

风电技术研发和设备制造能力不强、在大型风力发电机的制造领域中没有过硬的自主性产品,只能依靠从欧美、日本等发达国家进口,核心技术受制于人。目前风电技术引进和研发没有形成合力,而风电发展所急需的专业及复合型人才也极其缺乏。同时在技术层面上,电力接入系统不完善。从舟山目前的电网建设布局看,不能完全做到适应风电的发展。

建议采取的以下措施有以下几点。

（一）坚持合理发展,做到科学论证

1. 科学规划。按照日前舟山市政府公示的《舟山市风电发展规划》初稿,2020 年舟山全市风电场总装机容量约 182 万千瓦,其中主要为海上风电场,尤其是近海风电场约 150 万千瓦。

2. 合理开发。遵循科学论、人与自然和谐共处、适度开发、可持续发展的原则,政府统筹安排,合理批复开发时序,带领引导有实力的企业有序开展风电场项目建设。同时大力进一步探明全市风能资源量,为促进风电可持续发展打好基础。

3. 专题论证。邀请国内外风电及其相关领域的相关专家,与社会管理、城市建设、经济发展等相关联方面专家学者一起,从项目的可行性,到风电场的选址,对经济、市政、交通、港口物流、海洋资源、渔业环保和产业发展等多方面全方位论证。

（二）政府加强调控

1. 布局上,重点优先发展海上风电,同时继续推进已列入发展规划的 13 个陆上风电场建设。以舟山西北部浅海广阔海域为依托,特别是环杭州海域的七姊八妹岛等风力资源丰富的近海区块为核心建设近海风电场。

2.加强风电场资源管理与勘察,选取具有雄厚实力和先进技术的企业团体进行合理开发,制止占有资源长期不开发、浪费资源的投机行为。

(三)积极培育风电大产业

1.从资源综合开发利用入手,要依次向风电上游与下游的产业拓展,结合舟山已有的装备制造业,重点发展风机装备相关的产业链一体发展同时可与海水综合利用等其他自然资源利用相结合,以期早日实现海洋化工、海洋可再生能源联动发展,同时努力早日实现舟山作为全国重要的海洋新能源基地和海洋化工基地的战略目标。

2.抓住历史发展机遇,乘势而为。目前国家正在下大力气努力逐步提高风机设备国产化的比例,尤其注重核心设备国产化比例,舟山依托自身优势,通过招商引资和土地政策等手段,吸引一批有实力、有技术的企业落户舟山,投资建厂和设立风能开发研究机构和装备制造研发机构。

(四)积极引进实力型战略投资者

舟山风能资源开发与可持续发展,不仅要加强资源整合,要设置统一合理的可入门槛与操作性强的发展规则,重点吸引国内外具有领先技术和雄厚资本的知名能源企业,从中选取与具备能促进舟山群岛风电产业长久健康稳定发展的战略投资者,以便推动促进海水风电场项目高水平建设与快速发展,最终实现资源开发良好的"蝴蝶效应"。

结束语

　　十八届三中全会通过的《中共中央关于全面深化改革若干重大问题的决定》第二十四条提到,建立中国上海自由贸易试验区是党中央在新形势下推进改革开放的重大举措,要切实建设好、管理好,为全面深化改革和扩大开放探索新途径、积累新经验。在推进现有试点基础上,选择若干具备条件地方发展自由贸易园(港)区。按照《决定》表述,上海自贸区这块试验田是在"新形势"下获批的,承担了"为全面深化改革和扩大开放探索新途径、积累新经验"的责任。可以说,自由贸易园(港)区对于我国未来经济发展的战略意义是不言而喻的。同时,《决定》也提及了"推进现有试点基础上,选择若干具备条件地方发展自由贸易园(港)区"设立上海自贸区是我国对外开放模式的一次全新探索,对于构建我国开放型经济新体制,毫无疑问起着重要的作用。与此同时,全国各地纷纷效法,广东、浙江、天津、厦门、深圳等地也掀起申报自贸区的热潮。应该说,各地区在发展中形成了不同的特色,而结合各自的优势来发展自由贸易园区,极有可能可以发挥出更大的辐射和带动作用。

　　自由贸易区是区域经济一体化的主要形式。对我国来说,加快自由贸易区建设是应对当前严峻的国内外经济形势的关键抉择,是推进涉外经济体制升级,增强参与全球治理能力的突破口,选择自由贸易区作为"试验田"有三方面原因。

　　从国内看,我国经济总量已经跃升全球第二,但人口老龄化日益严重,劳动力成本上升,低端制造业赖以生存的人口红利将不复存在。而在高端制造业却没有确立优势产业,在全球价值链"微笑曲线"中依然处于低端,国际竞争力薄弱,极有可能陷入"中等收入陷阱"。要跨越"中等收入陷阱",必须发挥市场的决定性作用,利用市场机制促使企业优胜劣汰,实现资源优化配置和价值链升级。自贸区是极好的平台,既有高度开放的市场环境,又将各种风险置于可控范围内。

从外部环境来看,外部需求萎缩,贸易保护此起彼伏,国际市场环境日益复杂,美国正在推动的泛太平洋伙伴关系协定(TPP)要求成员国实现商品贸易零关税、资本自由流动以及非贸易领域的全面开放。中国也要加入 TPP,适应新的全球经济秩序,才能融入亚太统一大市场。然而中国尚无全面开放的经验,贸然开放风险太大,而自由贸易区无疑是绝佳的试验样本,在转变政府职能和服务业开放两方面做好"功课"以适应未来的全面开放。

以开放来促改革是中国前进的步伐。经济特区、沿海发放城市和沿海经济开放区的相继确立形成我国对外开放"三位一体联动"的格局。作为高度开放经济的"试验田",自贸区是开放促改革惯性思维的成果,也将成为我国经济发展的历史转折。

自古以来,浙江省在对外贸易方面始终敢为人先。从改革开放初期的宁波温州两个沿海开放城市,到 21 世纪的舟山群岛新区、舟山港综合保税区,浙江省始终走在全国前列。尽管如此,上海还是捷足先登,赶在舟山之前成为中国首个自由贸易区。

虽然浙江在批准设立自由贸易园(港)区上落后一步,但是浙江仍旧具备建设自由贸易园(港)区显著的优势:第一,丰富的海岸线港口资源。浙江的海岸线居全国首位,具有全球第二大综合港——宁波—舟山港。第二,有序高效的社会环境。浙江已基本形成了高效、规范的市场机制和公平有序的社会环境。第三,舟山优越的区位条件。舟山无论是硬件方面还是软件方面,都已具备建立自由贸易区的条件,而且凭借得天独厚的区位条件和广大的经济腹地,已逐渐发展成为国内大宗商品的重要集散地。

　　在当前形势下,面对上海自贸区带来的机遇与挑战,舟山必须主动应对,顺势而为,把握大局,超前谋划,以宁波—舟山港一体化为突破,深化舟山海洋经济互动发展,探索建设自由贸易园(港)区。舟山群岛新区被国务院正式批复为第四个国家级新区,同时纳入国家"十二五"规划、《长江三角洲地区区域规划》和《浙江海洋经济发展示范区规划》。自此,建设舟山群岛新区获得自上而下的一揽子政策支持。根据《浙江海洋经济发展示范区规划》,舟山是我国唯一的群岛型设区市,新区建设的首要目标是建成我国大宗商品储运中转加工交易中心。

　　行文至此,我们关于舟山自由港及其配套产业建设的研究也暂告一段落了。从闭关锁国到改革开放,我们经历了 700 多年的时间,这 700 多年使中国从经济繁荣科技进步的世界大国变成贫穷落后,闭门造车的穷苦之邦。现在是中华民族的伟大复兴时刻,中国经济开始了又一轮腾飞。

参考文献

英文文献

[1] Bendall, H. and Stent, A. On measuring cargo handling productivity [J]. Maritime Policy and Management, 1987, 14 (4): 337—343.

[2] Bowersox, D. J. and Closs, D. J. Logistical Management: The Integrated Supply Chain Process[M]. New York: McGraw Hill, 1996: 43—47.

[3] Caplice, C. and Shefi, Y. A review and evaluation of logistics performance measurement systems [J]. International Journal of Logistics Management, 1995, 6(1): 61—74.

[4] Chen, K. J., Chen, J. Y. and Zhang, Q. S. : The Comparison of Transfer Model and Metabolism GM (1,1) Model in Fuzhou Port's Throughput Prediction[C], Advances in Grey Systems Research, 2010: 297—304.

[5] Chen, S. H. and Chen, J. N. : Forecasting container throughputs at ports using genetic programming[J], Expert Systems with Applications, 2010, Vol. 37(3): 2054—2058.

[6] Chen, Xikang. Input occupancy output analysis and its application in

China. Dynamics and conflict in regional structural change (1990):267—278.

[7] Christopher, M., Logistics and Supply Chain Management [M]. London:Pitman,1998:51—60.

[8] Clarke,L. R. and Gourdin, K. N. Measuring the efficiency of the logistics process[J]. Journal of Business Logistics,1991,12(2): 17—28.

[9] Coto Millan, P., Banos Pino, J. and Rodriguez A'lvarez, A. Economic efficiency in Spanish ports:some empirical evidence [J]. Maritime Policy & Management,2000,27(2):169—174.

[10] Cullinane K.,Ji P. and Wang T F. The relationship between privatization and DEA estimates of efficiency in the container port industry[J]. Journal of Economies and Business,2005(57):433—462.

[11] Cullinane K.,Song D. W.,Wang T. F. An application of DEA windows analysis to container port production efficiency[J]. Review of Network Economies,2004(3):186—208.

[12] Cullinane,K.,Song,D. W. and Gray,R. A stochastic frontier model of the efficiency of major container terminals in Asia:assessing the influence of administrative and ownership structures [J]. Transportation Research,2002,36(A):743—762.

[13] Davidson,J. E. H.,Hendry,D. F. F.,Srba,F. and Yeo,S.: Econometric modelling of the aggregate time series relationship between consumes expenditure and income in United Kingdom[J], Economic Journal,1978,Vol. 88:661—692.

[14] Department of The Environment,Transport And The Regions. Modern Ports,a UK Policy[R]. London:DETR,2000.

[15] Duranton,Gilles,and Diego Puga. Micro foundations of urban agglomeration economies. Handbook of regional and urban economics, 2004,(4):2063—2117.

［16］Eddie, C. M. H. , Seabrooke, W. and Gordon, K. C. W. : Forecasting Cargo Throughput for the Port of Hong Kong: Error Correction Model Approach［J］, Journal of Urban Planning and Development, Vol. 130(4):195－203.

［17］Engle, R. F. and Granger, C. W. J. : Cointegration and Error Correction: Representation, Estimation and Testing［J］, Econometrica, 1987, Vol. 55:251－276.

［18］Eno Transportation Foundation. Toward improved intermodal freight transport between Europe and the United States. Report of the 3rd Eno Transportation Foundation Policy Forum［R］. New York, USA, 1999.

［19］Estache, A. , Gonzales, M. and Trujillo, L. Efficiency Gains from Port Reform and the Potential for Yardstick Competition: Lessons from Mexico［R］. World Bank, Washington, DC, USA, 2002.

［20］European Logistics Association. Logistics Performance Measures: Requirements and Measuring Methods［M］. Brussels: Belgium, 1999: 22－26.

［21］Fleming, D. K. and Baird, A. J. Some reflections on port competition in the United States and Europe［J］. Maritime Policy and Management, 1999, 26(4):383－394.

［22］Frankel, E. G. Port performance and productivity measurement ［J］. Ports and Harbours, 1991, 36(8):11－13.

［23］Granger, C. W. J. and Newbold, P. : Spurious regressions in econometrics［J］, Journal of Econometrics, 1974, Vol. 2:111－120.

［24］Henderson, J. Vernon. Marshall's scale economies. Journal of urban economics 2003, 53(1):1－28.

［25］Holmberg, S. A. Systems perspective on supply chain measurements ［J］. International Journal of Physical Distribution and Logistics Management, 2000, 30(10):847－868.

[26] Houthakker, Hendrik S. ECONOMICS AND BIOLOGY: SPECIALIZATION AND SPECIATION. Kyklos, 1956, 9（2）:181— 189.

[27] ISEMAR（Institut Superieur Economie Maritime）, http:// www. isemar. asso. fr, 2002.

[28] Jose Tongzon. Efficiency measurement of selected Australia and other international ports using data envelopment analysis [J]. Transportation Research Part A, 2001, 35:107—122.

[29] Jung, C. H. and Boyd, R. :Forecasting UK stock prices[J], Applied Financial Economics, 1996, Vol. 6(3):279—286.

[30] Kaplan, R. S. and Norton, D. P. The balanced SCORecard: measures that drive performance. The Harvard Business Review[R]. 1992, January/February, 71—79.

[31] Kearney, A. T. Measuring and Improving Productivity in Physical Distribution [R]. Chicago, IL: National Council of Physical Distribution Management, 1985.

[32] Keebler, J. S. , Manrodt, K. B. , Dutshe, D. A. , et al. Keeping SCORE:Measuring the Business Value of Logistics in the Supply Chain [D]. Chicago, IL: University of Tennessee and the Council of Logistics Management, 1999.

[33] Lambert, D. M. , Stock, J. R. and Ellram, L. Fundamentals of Logistics Management[M]. Boston, MA:McGraw Hill, 1998.

[34] Leonard, P. Les Indicateurs de la Politique Maritime [R]. Caen, France:Ed. Paradigme, 1990.

[35] Li, J. f. , Chen, Y. and Cui, X. S. :Port Throughput Forecast Based on Nonlinear Combination Method [J], Applied Computer & Applied Computational Science, Paper presented at the 7th WSEAS International Conference on Applied Computer & Applied Computational Science, April, 2008, Hangzhou, China.

[36] Liberatore, M. J. and Miller, T. A framework for integrating activity based costing and the balanced SCORecard into the logistics strategy development and monitor㊀ing process[J]. Journal of Business Logistics,1998,19(2):131-154.

[37] Liu, Z. and Zhuang, J. Evaluating partial reforms in the Chinese state industrial sector: a stochastic frontier cost function approach[J]. Review of Applied Economics,1998,12(1):9-35.

[38] Mckenzie, D. R. , North, M. C. and Smith, D. S. Intermodal Transportation: The Whole Story[R]. Omaha, NE: Simmons Boardman, 1989.

[39] Notteboom, T. , Coeck, C. and Van Den Broeck, J. Measuring and explaining the relative efficiency of container terminals by means of Bayesian stochastic frontier models [J]. International Journal of Maritime Economics,2000,2(2):83-106.

[40] Roll Y. and Hayuth, Y. , Port performance comparison applying data envelopment analysis (DEA)[J]. Maritime Policy and Management, 1993,20(2):153-161.

[41] Rosenthal, Stuart S. , and William C. Strange. Evidence on the nature and sources of agglomeration economies. Handbook of regional and urban economics,2004,(4):2119-2171.

[42] Scott, Allen John. Metropolis: from the division of labor to urban form. Univ of California Press,1988.

[43] Seabrooke, W. , Eddie, C. M. H. , William H. K. L. , and Gordon, K. C. W. : Forecasting cargo growth and regional role of the port of Hong Kong[J], Urban Studies Abstracts,2003,Vol. 20(1):51-64.

[44] Talley, W. Optimum throughput and performance evaluation of marine terminals[J]. Maritime Policy and Management, 1998, 10 (13):57-66.

[45] Tongzon, J. L. Determinants of port performance and efficiency

[J]. Transportation Research Part A: Policy and Practice, 1995, 29A (3):24—252.

[46] Trujillo, L. and Nombela, G. Privatisation and Regulation of the Seapor Industry. Policy Research Working Paper 2181[R]. Washington, DC: The World Bank, 1999.

[47] UNCTAD. Manual on a Uniform System of Port Statistics and Performance Indicators[R] Geneva: UNCTAD, 1983.

[48] UNCTAD. Technical note: the fourth generation port[R]. UNCTAD Port Newsletter, 1999, 19(1):9—12.

[49] Valentine V. F. and Gray, R. The measurement of port efficiency using data envelopment analysis[C]. World Conference on Transport Research, Seoul, South Korea, 2001.

[50] Wang T. F., Song D. W., Cullinane K. Container Port Production Efficiency: A Comparative Study of DEA and FDH approaches[J]. Journal of the Eastern Asia Society for Transportation Studies, 2003 (5):698—713.

[51] William H. K. L., Pan L. P. N., Seabrooke, W. and Eddie, C. M. H.: Forecasts and Reliability Analysis of Port Cargo Throughput in Hong Kong[J], Journal of Urban Planning and Development, 2004, Vol. 130(4):133—144.

中文文献

[52] 艾伦·W. 伊文思著, 甘士杰, 唐雄俊, 傅念祖, 董爱慈译. 城市经济学. 上海:上海远东出版社, 1992.

[53] 安洪林, 李宏余. 我国大陆主要集装箱港口相对有效性评价. 物流技, 2005(1):129—131.

[54] 包汉民. 德国汉堡港(二). 中国港口, 2005(7):53—54.

[55] 包汉民. 德国汉堡港(一). 中国港口, 2005(6):55—56.

[56] 蔡丽丽. 大连港口物流发展现状与战略研究. 商品与质量:理

论研究,2012(7):53—53.

[57]曹可.我国海洋装备技术发展的问题与展望.科技创新导报,2011(4):23—24.

[58]陈传明.新加坡港向自动化装卸迈进.集装箱化,1995(4):13.

[59]陈焕标.港口供应链及其构建.水运管理,2009,31(11):9—10.

[60]陈剑,张玮.基于SCP理论的我国港口物流绩效定量分析.武汉理工学学报(交通科学与工程版),2007,31(4):668—671.

[61]陈军飞,许长新,严以新.用数据包络分析法对港口水运上市公司经营绩效的评价.上海海运学院学报,2004,25(1):51—55.

[62]陈柳钦.论港口物流园区的合理建设.港口科技,2009(4):1—6.

[63]陈柳钦.现代港口发展的新特点.中国海洋报,2002(8).

[64]陈璐.秦皇岛港口物流发展战略研究.燕山大学,2007.

[65]陈宁,胡良德.我国沿海港口城市临港工业发展分析.武汉理工大学学报:社会科学版,2005,18(4):546—549.

[66]陈顺龙.新加坡港口物流业发展及对厦门的启示.发展研究,2007(5):24—26.

[67]陈涛焘,高琴(2008).港口集装箱吞吐量影响因素研究.武汉理工大学学报(6):991—1003.

[68]陈新鸿.港口企业组建动态物流联盟模式探析.港口经济,2009(9):51—53.

[69]陈勇.从鹿特丹港的发展看世界港口发展的新趋势.国际城市规划,2007,22(1):58—62.

[70]成灶平.港口物流服务供应链问题研究.交通企业管理,2013,27(11):53—54.

[71]程茂吉.技术创新和扩散过程的一般理论分析.经济地理,1995,15(2):31—38.

[72]程正华.舟山港港口物流的发展研究.物流科技,2009,32(5):

32—35.

[73] 崔媛,孙杰. 天津港口物流信息系统建设的问题研究. 甘肃科技纵横,2006,35(5):96—97.

[74] 代坤. 改进物流绩效的战略框架思考. 企业经济,2008(4):19—22.

[75] 戴航. 基于博弈分析的物流园区运营模式研究. 武汉理工大学,2010.

[76] 戴淑芬,赵颖. 我国第三方物流企业的联盟分析. 国际贸易问题,2006(11):40—44.

[77] 单小麟.L港口现代物流战略规划研究. 天津大学,2005.

[78] 丁斌. 物流园区管理模式研究. 华东经济管理,2005,18(6):146—149.

[79] 丁丁,杨运涛. 改善多式联运和物流服务的必要条件. 中国物流与采购,2004(22):24—27.

[80] 丁克义. 港口企业应拓展以港口业务为核心的第三方物流. 中国物流与采购,2005(5):5.

[81] 董丹. 锦州港物流发展战略研究. 大连海事大学,2008.

[82] 董健. 基于 DEA SCOR 综合模型的我国港口物流服务流程效率评价的实证研究杭州. 浙江大学学报,2011(5):77—79.

[83] 董洁霜,范炳全(2002). 长江三角洲主要集装箱港口扩张与竞争. 人文地理(6):66—70.

[84] 董千里. 基于供应链管理的第三方物流战略研究. 中国软科学,2000(10):34—37.

[85] 董艳梅. 基于供应链管理的港口物流发展模式设计——以江苏沿海港口为例. 特区经济,2010(10):46—48.

[86] 杜长征,杨磊. 技术创新、技术进步与技术扩散概念研究. 经济师,2002(3):43—44.

[87] 杜麒栋. 新加坡建成国际航运中心的成功经验探讨. 港口科技动态,2005(12):2—6.

[88] 杜新,韦刚强.新加坡构建遍及全球的国际化物流网络启示.广西经济,2011(10):19-20.

[89] 樊新艺,陈平.南宁港港口物流园区建设探析.广西大学学报:哲学社会科学版 z1,2009:156-158.

[90] 冯必君.舟山市产业招商思路探索.浙江统计,2009(9):42-43.

[91] 冯乐梅.刍议物流管理与供应链管理.黑龙江科技信息,2011(30):180.

[92] 傅占勇.多式联运问题的研究及其运作.铁道运营技术,2003(1):5-7.

[93] 甘红云,杨家其,蒋惠园.物流绩效评价研究述评.集装箱化,2002,10(3):24-26.

[94] 高刚.促进福建港口物流发展的研究.福州大学,2006.

[95] 高明,高健.中国海洋渔业管理制度优化研究.太平洋学报,2008(2):81-85.

[96] 高萍,黄培清,张存禄.基于 SCOR 模型的供应链绩效评价与衡量指标选取.工业与工程管理,2004,3(1):49-52.

[97] 顾波军.一体化背景下的宁波——舟山港港口物流供应链构建.水运管理,2011,33(6):32-33.

[98] 顾朝林,甄峰,张京祥.集聚与扩散—城市空间结构新论.南京:东南大学出版社,2000.

[99] 顾亚竹.从港口产业集群角度论港口物流联盟.市场研究,2008(2):31-33.

[100] 顾亚竹.港口物流园区联盟问题探讨.物流科技,2008,31(8):1-2.

[101] 管驰明,姚士谋.世界城市化发展趋势展望与思考.现代城市研究,2000(6):13-16.

[102] 桂寿平,桂程飞,吕英俊等.港口物流信息系统框架研究.起重运输机械,2004(7):43-45.

[103] 郭鸿懋,江曼琦,陆军等.城市空间经济学.北京:经济科学出版社,2002.

[104] 郭伟.基于 SCOR 的汽车供应链风险识别模型实证研究.浙江大学,2008(05).

[105] 过晓颖.物流园区的产业集群形成机理研究(硕士学位论文).南开大学,2003:18.

[106] 韩兰兰.物流园区运营管理模式研究.长安大学,2010.

[107] 韩雪.国内外港口物流园区功能的比较与借鉴.中国港口,2010(1).

[108] 贺永定.产业新战略:转型·发展·培育——舟山产业的转型、发展、培育战略研究.浙江经济,2008(12):44—46.

[109] 胡大龙.德国汉堡自由贸易区.探索试点,2013(3):40—43.

[110] 胡树威.欣欣向荣的世界大港——新加坡.港口科技动态,1996(5):4.

[111] 胡文卿,霍佳震.基于 SCOR 模型的供应链流程管理架构研究.上海管理科学,2006(1):70—72.

[112] 胡杨.国际多式联运的优越性.大陆桥视野,2010(8):58—59.

[113] 怀谷.香港自由特色评介 亚太经济台澳经济,1994(5):31—34.

[114] 黄汉生.新加坡自由港的演变及其建港经验.南洋问题,1985(4):8.

[115] 黄建钢.论"第三级港口城市"——对"浙江舟山群岛新区"发展前景的一种思考.浙江社会科学,2012(3):141—147,160.

[116] 黄良芳,王玲玲.多式联运运输通路选择研究.物流工程与管理,2010(1):4—6.

[117] 黄珊珊.自由的扩张——保税港区探微.珠江水运,2012(24):38—43.

[118] 黄松遥.实用国际贸易地理.北京:中国对外贸易出版社,

1995.

[119] 黄徐燕,傅婷婷.浙江省"三位一体"港口物流服务体系建设探讨.价格月刊,2013(4):70-73.

[120] 黄志勇,李京文.中国保税港区发展战略研究.国际贸易问题,2012(6):32-39.

[121] 吉阿兵,朱道立.基于极绩效 DEA 模型的港口绩效评价.系统工程,2004(4):119-122.

[122] 贾兴洪.论物流园区企业集群的生成.江苏商论,2007(5):63-65.

[123] 江林.探索建立舟山自由港的战略思考.国际贸易,2013(12):12-15.

[124] 江曼琦.聚集效应与城市空间结构的形成与演变.天津社会科学.2001(4):69-71.

[125] 江晓明.福州江阴港口物流园区发展战略研究——一个基于MSFLB 模型的分析.厦门大学,2009.

[126] 姜超峰.物流园区情况综述.中国储运,2010(3):62-64.

[127] 解敬红,李允,张启杰.对曹妃甸港口物流园区发展建设的几点建议.中国商贸,2011(35):80.

[128] 金相郁,高雪莲.中国城市聚集经济实证分析:以天津市为例.城市发展研究.2004(1):4247.

[129] 金钟声.港口型第三方物流企业管理信息系统的规划与设计.电子科技大学,2009.

[130] 靳长青.大连港口物流的现状与发展战略研究.大连交通大学,2010.

[131] 奎奈.经济表分析,魁奈经济著作选集[M].北京:商务印书馆,1979.

[132] 兰丕武,王建飞.山西物流园区建设与运作对策探析.物流工程与管理,2009(9):20-22.

[133] 李诚丁.第三方物流——国际物流发展新趋势.中国检验检

疫,2009(7):25—26.

[134] 李虹.天津港第三方物流发展模式研究.天津大学,2008.

[135] 李洪心.基于 SCOR 的供应链管理模型研究.东北财经大学学报,2006(2):36—40.

[136] 李洪雄,汪浩瀚(2011).向量自回归模型与向量误差修正模型预测功能的比较——基于我国国内生产总值和居民消费支出变量的实证研究.宁波大学学报(2):119—123.

[137] 李建丽,真虹,徐凯.港口供应链中港口的核心地位及平台效应研究.港口经济,2009(11):41—45.

[138] 李建丽,真虹等.自由港模式在我国的适用性分析.港口经济,2010(7):10—13.

[139] 李九领.建设自由港:我们的差距及改革设想.浦东开发,2011(4):36—38.

[140] 李鹏林.物流园区类型怎样划分——兼述集中型和非集中型物流园区对现有物流市场的整合作用.中国物流与采购,2004(5):24—26.

[141] 李权昆.从鹿特丹看湛江港口物流中心建设.海洋开发与管理,2004(6):58—61.

[142] 李荣华.香港物流业的发展及启示.特区实践与理论,2010(5):63—65.

[143] 李燕.物流与经济增长关系研究——基于浙江省的研究(硕士学位论文).浙江大学,2004:19.

[144] 李友华.自由贸易区及其功能设定的国际借鉴.港口经济,2008(6):41—44.

[145] 李兆强.青岛市港口集疏运系统研究.中国海洋大学,2009.

[146] 梁世翔,汪燕,沈卫文.物流园区入驻企业的生态位分析与协同模式选择.交通企业管理,2007,22(8):54—55.

[147] 梁昭.国际物流业态新趋势——第三方物流的涌现.北京第二外国语学院学报,2004(3):42—45.

[148] 梁竹田.第三方物流的理论与实践研究.厦门大学,2006.

[149] 廖奎.新加坡港口物流业发展对钦州市的启示.经济研究参考,2012(23):57—59.

[150] 林靖靖,黄敬前.典型港口物流发展类型比较研究.物流科技,2007.

[151] 林青.国际物流对国际贸易的促进机制研究——基于贸易成本的视角.现代商贸工业,2009,21(9):94—95.

[152] 林勋亮.广东物流园区的规划建设研究.江苏商论,2007(6):57—58.

[153] 刘秉镰.基于产业关联的城市物流系统优化理论与方法——以天津市为例.港口经济,2007,(11).

[154] 刘秉镰.基于经济发展关联机制的城市物流规划方法研究.北京交通大学学报,2007,(4):77—79.

[155] 刘秉镰.现代物流与区域竞争力之间的关联机理.学习与探索,2006(2):224—227.

[156] 刘彩芳.构建港口物流联盟.引进与咨询,2004(10):22—23.

[157] 刘建军.关于港口开展第三方物流的几点思考.中国港口,2002(4):37—38.

[158] 刘立辉.青岛"区港联动"对山东半岛城市群整体物流业的影响.物流技术,2006(07):94—96,116.

[159] 刘明笑.设立舟山自由贸易港探析.浙江金融,2011(6):9—13.

[160] 刘铭.港口集疏运问题研究.现代商贸工业,2010,22(13):126—127.

[161] 刘庆广.第三方物流在港口物流中的应用研究.江苏大学,2005.

[162] 刘冉,董玛力.新加坡"港—城"关系转型的经验借鉴.世界地理研究,2009,27(4):71—78.

[163] 刘晓雷,徐萍.国外经验对宁波—舟山港现代物流发展的启

示.交通建设与管理,2007(10):121—125.

[164] 刘阳阳,张婕姝,汤霞.第四代港口的供应链构建与运作模式.集装箱化,2010,21(9):4—7.

[165] 刘志杰,季令,叶玉玲,耿志民(2007).基于径向基神经网络的集装箱吞吐量组合预测.同济大学学报(6):39—744.

[166] 娄万里,王琪.港口物流园区建设与运营模式研究.物流工程与管理,2009(11):14—15.

[167] 楼东,谷树忠等.海岛地区产业演替及资源基础分析——以舟山群岛为例.经济地理,2005(4):483—487.

[168] 卢长利,周溪召.鹿特丹港与莱茵河航运联动发展经验.经济地理,2006.

[169] 卢锋.产品内分工.经济学(季刊).2004(1).

[170] 鲁博健.鹿特丹港的国际物流.港口经济,2002(1):25.

[171] 吕魁(2009).基于向量误差修正模型的石油需求预测实证检验.决策参考(10):66—68。

[172] 罗浩.舟山港口物流发展前景分析.农村经济与科技,2013(2):100—101,108.

[173] 罗浩.舟山港口物流发展战略研究.浙江海洋学院,2013.

[174] 罗宁.构建舟山国际物流岛的路径与举措.中国港口,2013(11):6—8.

[175] 罗宁.构建舟山国际物流岛的战略意义与功能定位.中国港口,2012(9):30—32.

[176] 骆梁远与周月超.基于全球供应链管理模式下的港口物流.物流技术,2006(9):104—106.

[177] 马红艳,张光明,盛水祥.评价物流企业绩效的效用理论方法.华东船工学院学报(自然科学版),2003,12(1):78—83.

[178] 马林.基于 SCOR 模型的供应链风险识别、评估与一体化管理研究.浙江大学,2004(05).

[179] 毛毛.国内外的经济自由区.市场周刊:新物流,2007(3):

34—35.

[180] 孟博.海洋工程装备市场分析.市场研究,2012(2):26.

[181] 孟丹丹.第三方物流资源整合能力评价与供应链管理运作模式选择研究.天津财经大学,2012.

[182] 年福华,姚士谋,陈振光.试论城市群区域内的网络化组织.地理科学.2002(5):568—569.

[183] 农晓丹.宁波海洋新兴工业发展方向与对策.宁波经济(三江论坛),2010(12):9—11.

[184] 潘国尧.国际物流岛建设:舟山需要一次革命——访舟山市交通委物流办负责人潘万明.运输经理世界,2010(9):52—55.

[185] 潘万明.发展"高端物流"全力打造国际物流岛.运输经理世界,2011(99):60—61.

[186] 潘文荣.企业物流绩效评价指标体系的构建.统计与决策,2005(1):63—64.

[187] 庞瑞芝,李占平.港口绩效评价与分析探讨.港口经济,2005(2):43—44.

[188] 庞燕.我国中部地区国际物流运作模式研究.中南林业科技大学,2007.

[189] 庞自岩,向蓉美.投入产出分析[M].成都:西南财经大学出版社,1989.

[190] 彭勃.舟山港口物流基地建设路径研究.中国水运(下半月),2010.

[191] 彭琪瑞,薛凤旋,苏泽霖.香港、澳门地区地理.北京:商务印书馆,1999.

[192] 秦诗立.积极探索创建舟山自由港.今日浙江,2011(23):35—36.

[193] 秦同瞬.港口开展综合物流联盟创新的战略思考.交通科技,2004(1):73—74.

[194] 秦云.香港港口发展概况及其对天津港口建设的启示.城市,

2006(2):57－60.

[195] 全国香港知识竞赛活动组委会.香港知识 500 问.北京科学技术出版社,1998.

[196] 全新道,黄华林.海峡两岸和香港港口物流共同化发展研究.中国港口,2006(4):38－39.

[197] 任艳.港口煤炭物流发展研究.南京农业大学,2010.

[198] 散襄军.国际物流系统运作研究.南开管理评论,2002,5(2):67－70.

[199] 沈晓琦,孙见荆.厦门港口物流园区建设研究.物流科技,2006,29(8):117－119.

[200] 盛洪.分工与交易.上海:上海三联书店 & 上海人民出版社,1995.

[201] 师城.新加坡的港口物流.港口经济,2012(10):28.

[202] 施丽容.港口供应链的构建及其管理初探.物流科技,2007,30(3):35－36.

[203] 石兆文.舟山海洋经济发展与产业结构的优化.海洋开发与管理,2008(6):104－111.

[204] 史景华,陈官平,陈莉莉.构建舟山国际物流岛的思路与对策.港口经济,2012(6):44－47.

[205] 宋冰.汉堡自由港镜鉴:物流效率是关键.现代物流报,2013(A07).

[206] 宋文.基于第三方物流的供应链物流整合机理分析.电子科技大学,2005.

[207] 孙芳.国际物流中心的内涵,特征与主要类型.港口经济,2009(12):35－39.

[208] 孙凤山.现代物流供应链上港口企业战略伙伴的构建.港口经济,2004,(2):47－48.

[209] 孙宏岭,戚世均.现代物流活动绩效分析.北京:中国物资出版,2005.

[210] 孙家臣.烟台港临港工业发展规划研究.大连海事大学,2005.

[211] 孙莉,林国龙.港口企业供应链的构建.中国水运,2009(5):22—23.

[212] 孙琦.第三方物流企业国际全程物流经营模式及实证研究.武汉理工大学,2009.

[213] 孙艺轩,尹传忠.舟山港打造大宗商品交易平台研究.物流技术,2013,32(2).

[214] 孙玉峰.日照港大宗散货物流系统规划研究.武汉理工大学,2007.

[215] 汤立.经济全球化背景下河北省港口物流发展研究.河北师范大学,2009.

[216] 陶荣阳.虹桥商务区保税物流开发 SWOT 分析及路径选择.交通企业管理,2012(5):57—59.

[217] 田汝耕,张振克,朱大奎.海岸带临港工业,海运物流与全球化大生产的探讨.世界地理研究,2004,13(2):1—8.

[218] 田帅辉.面向物流任务的动态物流联盟资源配置管理研究.重庆大学,2012.

[219] 田雪.关于物流园区定义的研究.物流技术,2008,27(6):34—36.

[220] 瓦西里·列昂惕夫.投入产出经济学[M].北京:中国统计出版社,1996.

[221] 王爱虎.粤港国际物流研究:香港港口物流业发展战略.华南师范大学学报:自然科学版,2006(3):57—64.

[222] 王滨慧.防城港市港口物流业发展战略研究.广西大学,2013.

[223] 王大俊,王利.港口物流企业发展第三方物流的模式.中国储运,2006(3):79—81.

[224] 王国才.基于多式联运的国际物流运作模式研究.中国流通

经济,2003,17(5):18—20.

[225] 王建友.舟山海洋开发的路径演进路径依赖及战略展望.海洋开发与管理,2010,27(5):99—104.

[226] 王捷.国际物流运作系统初探.现代财经:天津财经学院学报,2001,21(7):49—54.

[227] 王玖河,夏炎.港口企业集成供应链模型研究.燕山大学学报,2007,31(2):148—153.

[228] 王丽明.香港成为自由港的优势及其在国际贸易中的地位初探.哈尔滨师范大学自然科学学报,2000(6):98—104.

[229] 王淼,刘勤.实现我国海洋渔业外部转型的问题与对策研究.农业经济,2007(9):62—64.

[230] 王淼,刘勤.我国海洋渔业内部转型的问题与对策研究.中国渔业经济,2009(1):74—78.

[231] 王文静.浅谈我国保税港区向自由港的转型.交通企业管理,2009(10):38—39.

[232] 王小波.投入产出分析[M].北京:中国统计出版社.1996.

[233] 王新利,刘晓东.关于第三方物流理论的研究综述.物流科技,2007(5).

[234] 王远宏.惠州港港口物流发展现状与对策.珠江水运,2013(22):87—89.

[235] 王再明,王宏波(2005).灰色系统理论在港口吞吐量预测中的应用.武汉理工大学学报(6):456—459.

[236] 王之泰.中国需要物流基地.中国商贸,2000(8):31.

[237] 魏后凯.现代区域经济学.北京:经济管理出版社,2006.

[238] 翁震平,谢俊元.重视海洋开发战略研究 强化海洋装备创新发展.海洋开发与管理,2012(1):1—7.

[239] 吴芳.长江三角洲港口群物流产业分工与协作研究.同济大学,2008.

[240] 吴剑.港口物流企业联盟及其运营调度优化.水运工程,

2012,(11):142—145.

[241] 吴冕.秦皇岛港煤炭物流体系建设研究.武汉理工大学,2007.

[242] 吴天佑.珠海港现代物流业发展战略研究.吉林大学,2012.

[243] 吴文杰.自由贸易港区的概念、历程与功能及中国台湾发展自由贸易港区的策略.物流技术,2011(3):29—31.

[244] 吴心宏.荷兰鹿特丹港的四大特色及发展趋势.城市公用事业,2010(1):46—51.

[245] 吴厌.新加坡港口物流业发展的经验及启示.港口经济,2013(12):45—47.

[246] 吴毅洲.香港物流业发展对珠三角地区的启示.物流工程与管理,2011(4):36—38.

[247] 夏文汇,何廷玲.我国物流园区与经济增长的变量型制度创新.商业经济文荟,2007(2):106—108.

[248] 夏鑫嫣.浙江省舟山市产业结构分析.北方经济,2013(16):57—59.

[249] 肖霞.香港自由港政策评介.广西师院学报,1997(3):1.

[250] 谢凌锋,许长新.基于供应链管理的江苏沿江港口发展模式设计.海洋工程,2009(24):95—99.

[251] 熊军.群的概念、假设、理论及其启示.外国经济与管理,2001(4):5.

[252] 徐剑华.战略要冲的新加坡港.港口经济,2001(5):48—49.

[253] 徐文吉.国际经贸地理.长春:吉林大学出版社,1995.

[254] 许韶鹏.福建莆田港口物流园区的发展战略.能源与环境,2012(5):8—11.

[255] 宣春霞,朱文涛.基于产业集群的港口物流业竞争优势分析.改革与战略,2007(1):13.

[256] 闫凤良与董宝田.港口物流信息共享平台的构建.物流科技,2006,29(9):67—69.

[257] 闫广伟.国际多式联运的应用及在我国的发展研究.天津财经大学,2010.

[258] 严舫.新加坡港的中转速度.集装箱化,2005(8):11.

[259] 颜宏亮,张新杰等.舟山群岛新区金融发展、产业结构优化与经济增长.上海金融,2013(9):103－105,119.

[260] 颜宏亮.国际物流岛背景下舟山物流金融人才需求与培养对策.浙江国际海运职业技术学院学报,2013,9(1):40－43.

[261] 颜宏亮.舟山群岛新区港口物流业发展与金融支持模式研究.浙江金融,2013(2):36－41.

[262] 颜扬.汉堡港——欧洲与远东贸易的枢纽港.港口科技动态,1996(12):4.

[263] 杨传波,蒋惠园,潘宁楠.港口物流园区总体布局初步方案的优化.交通企业管理,2012,26(12):58－59.

[264] 杨光玉.试论我国政府主导型物流产业园区的建设.商场现代化(04Z),2007:221－222.

[265] 杨家其,陆华.我国港口物流园区的运作模式研究.武汉理工大学学报:社会科学版,2003(16):221－225.

[266] 杨林,苏昕.产业生态学视角下海洋渔业产业结构优化升级的目标与实施路径研究.农业经济问题,2010(10):99－105.

[267] 杨美丽,吴常文.浅析我国海洋渔业经济可持续发展问题——从产业经济学角度.中国渔业经济,2009,27(3):12－15.

[268] 杨雪晶.港口物流战略联盟研究.江西理工大学,2011.

[269] 杨岩.港口物流与临港工业协同发展研究.武汉理工大学,2009.

[270] 姚勇.集疏运系统在港口物流体系中的应用.浙江工业大学,2012.

[271] 叶峰,吴迎学.基于实现我国港口物流联盟的探索.森林工程,2009,(25):89－91.

[272] 殷缶,梅深.舟山将研究建设自由港.水道港口,2013(1):49.

[273] 殷克东,方胜民.中国海洋经济形势分析与预测.青岛:经济科学出版,2011.

[274] 殷克东,房会会.中国海洋综合实力测评研究.海洋经济,2012(4):6—12.

[275] 殷克东,黄杭州等.中国海洋经济计量研究的最新进展.中国渔业经济,2013(5):168—176.

[276] 殷克东,李兴东.我国沿海 11 省市海洋经济综合实力的测评.统计与决策,2011(3):85—89.

[277] 殷克东,刘雯静.中国海洋经济监测指标体系研究.海洋开发与管理,2011,28(5):94—99.

[278] 殷克东,马景灏等.中国海洋经济景气指数研究.统计与信息论坛,2011,26(4):41—46.

[279] 殷克东,张雪娜.中国海洋可持续发展水平的动态测度.统计与决策,2011(13):115—119.

[280] 尹锋.蚌埠港口物流发展研究.南京农业大学,2010.

[281] 于雅岑,王喜富.区域性现代港口物流信息平台系统设计研究.物流技术,2007,26(7):103—105.

[282] 于颖.港口物流战略发展的思路.河北企业,2010(4):32—33.

[283] 俞坤一.世界经济贸易地理.北京:首都经济贸易大学出版社,1997.

[284] 元晓鹏.世界先进港口物流的发展理念及主要措施分析——以欧美,日本,香港等港口为例.港口经济,2011(7):34—37.

[285] 袁朱.国内外大都市圈或首都圈产业布局经验教训及其对北京产业空间结构调整的启示.经济研究参考.2006(28).

[286] 曾嘉,金桥,申金升.港口供应链模式下连云港现代物流发展分析.中国储运,2007(6):68—69.

[287] 曾小彬.试论珠三角和香港港口物流业的合作竞争关系.国际经贸探索,2005,20(6):12—15.

[288] 张诚. 我国供应链管理研究综述. 华东交通大学学报, 2011, 28(3):92—97.

[289] 张铎, 王耀球. 国际物流和国际物流系统网络. 中国物资流通, 1999(10):26.

[290] 张锟. 山东半岛港口物流发展战略研究. 中国海洋大学, 2008.

[291] 张丽君, 刘佳骏(2008). 中国沿海港口吞吐量内在影响因素研究. 中国水运(10):54—56.

[292] 张玲, 胡明静, 李芝梅. 基于全球供应链管理的港口物流发展模式. 商业文化(学术版), 2008(2):69—70.

[293] 张萍, 张守国(2011). 江苏沿海港口吞吐量影响因素及预测分析. 水运工程(10).63—65.

[294] 张其仔. 新经济社会学. 北京:中国社会科学出版社, 2001.

[295] 张潜, 汪鸣与吴剑英. 福建区域港口物流信息平台规划研究. 中国港口, 2006(11):47—48.

[296] 张诗弦, 李晓锦. 从宁波—舟山港看联盟对港口物流绩效的促进. 物流技术, 2011,30(1):21—24.

[297] 张世坤. 有关汉堡港, 鹿特丹港, 安特卫普港的考察——兼谈我国保税区与国际自由港的比较. 港口经济, 2006(1):42—43.

[298] 张帅. 国际航运中心建设和发展经验——以汉堡港为例. 物流科技, 2010(1):18—20.

[299] 张顺义. 第三方物流的运作模式及经营策略. 交通科技, 2004(6):75—77.

[300] 张伟. 基于供应链的第三方物流供应商选择研究. 西安理工大学, 2005.

[301] 张小辉, 李旭宏, 何杰. 关于港口公共物流信息平台的探讨. 物流技术, 2009(10):135—137.

[302] 张晓燕. 南通港口物流发展的分析与对策. 物流技术, 2013, 31(12):113—114.

[303] 张炎.论国际货物多式联运经营人和货运代理人的区别.台声,2006(1):122.

[304] 张雨琴.我国港口集疏运系统发展现状与优化分析.物流工程与管理,2011(6):9—10.

[305] 张云婧,黄辉,张生柱.港口企业基于服务供应链的物流合作模式.综合运输,2011(7):29—31.

[306] 章建新,李锦谨.从天津保税物流园区透视物流企业集群的功能升级.中国物流与采购,2006(21):44—46.

[307] 赵会茹,杨璐,李春杰,马昕(2011).基于协整理论和误差修正模型的电网投资需求预测研究.电网技术(9):193—198.

[308] 赵骧.借鉴汉堡港经验发展我国的港口物流中心.水运科学研究所学报,2001(4):9.

[309] 赵毅,郑文含.香港港口物流发展初探.江苏城市规划,2006(10):12.

[310] 浙江省科学技术厅.(2011)舟山海洋生物产业现状及其发展方向.http://www.zjkjt.gov.cn/news/node11/detail110411/2013/110411_47483.htm

[311] 郑强,奚翠平.港口物流信息标准体系构建.科技信息,2009(24):10001—10001.

[312] 支燕.物流产业集聚的竞争优势研究.经济与管理研究,2005(3):39—42.

[313] 钟继雷.基于临港产业特色的舟山市物流信息平台研究.上海海事大学,2004.

[314] 钟凯凯."浙江舟山群岛新区"国际化发展产业定位探讨.海洋开发与管理,2013,30(2):85—88.

[315] 钟契夫.投入产出分析[M]北京:中国财政经济出版社,1993.

[316] 舟山发展与改革委员会课题组.(2012)舟山市海洋工程装备业发展研究.http://www.zsdx.gov.cn/news/2173849e-e811-40dd-8f

95-0f2aed690dc9. html.

[317]周剑青,周万森,金红宇.港口企业组建物流联盟的途径.世界海运,2005,28(3):20—22.

[318]周金荣,徐盈.舟山发展港口物流业的思路与建议.太原城市职业技术学院学报,2009(9).

[319]周美庆.基于产业链的舟山旅游资源整合研究.经济研究导刊,2012(11):137—139.

[320]周琴(2007).宁波港与上海港的寡头竞争分析.宁波大学学报(1):17—21.

[321]朱惠君.关于舟山发展现代港口物流基地的探讨.浙江国际海运职业技术学院学报,2005(2):32—35.

[322]朱文晖.香港现代物流业发展态势.经济理论与经济管理,2003(3):68—70.

[323]竺仙如.国际贸易地理.北京:对外贸易教育出版社,1994.

[324]祝建,余思勤(2011).基于贸易引力模型的我国沿海港口外贸货物吞吐量影响因素.上海海事大学学报(12):14—24.

[325]庄倩玮,王健.国外港口物流的发展与启示.物流技术,2005(6):34—37.

[326]庄韶辉.舟山国际物流岛建设路径分析与选择.浙江海洋学院学报:人文科学版,2012,29(4):24—29.

后 记

　　为积极响应国家海洋经济战略,服务浙江省海洋经济发展,推进舟山群岛新区建设,促进文科与海洋有关学科的交叉融合,浙江大学特设立"浙江大学文科海洋交叉研究专项课题",本书就是由我主持的该专项课题一般项目"舟山自由港建设及其配套产业发展研究"的科研成果。

　　该项目自 2013 年 6 月立项以来,经过近一年的努力终于得以完成,需要感谢的人很多,尤其是我所带的研究生们。本书的逻辑框架是我由设计搭建的,各章节书稿写作分工如下:绪言由博士生徐梁同学主笔完成;第一章由博士生徐梁同学和硕士生袁盈盈同学主笔完成;第二章由博士生徐梁同学主笔完成;第三章由博士生徐梁同学、张洪胜同学和硕士生周雪晴同学主笔完成;第四章由博士生吴国杰同学和硕士生周雪晴同学主笔完成;第五章由博士生吴国杰同学主笔完成;第六章由博士生吴国杰同学主笔完成;第七章由硕士生李嫣君同学主笔完成;第八章由硕士生李嫣君同学主笔完成;第九章由硕士生李嫣君同学主笔完成;第十章由博士生徐梁同学主笔完成。从逻辑框架搭建到专著书稿写作,曾多次在我所带研究生每周例行的组会上展开讨论,所以,我的其他研究生为此也做出了他们的贡献。

　　时间过得很快,距离 2014 年 7 月我将书稿提交浙江大学出版社已经六年有余,浙江大学出版社仍坚持出版本书,当年的博士生和硕士生早已毕业离校,是我的博士后宁波大学教师伍湘陵博士完成了全书的修订工作,做了进一步的完善,才使得本书顺利出版。

马述忠

2020 年 12 月于浙大紫金港